Das Auer
Sprachbuch
3

Lehrerhandbuch
für das 3. Schuljahr

Erarbeitet von
Birgit Herdegen, Birgit Illmann, Monika Marrendt, Ute Müller

Illustriert von Beate Hoyer

Unter die Lupe genommen von

Mit Kopiervorlagen

Auer Verlag GmbH

Zu diesem Unterrichtswerk gehören:

Das Auer Sprachbuch 3

Schulbuch für das 3. Schuljahr

Erarbeitet von Ruth Dolenc, Christel Fisgus, Gertrud Kraft,
Edeltraud Röbe, Heinrich Röbe

ISBN 3-403-0**3266**-3

Das Auer Sprachheft 3

Arbeitsheft

Erarbeitet von Ruth Dolenc, Christel Fisgus, Gertrud Kraft,
Edeltraud Röbe, Heinrich Röbe

ISBN 3-403-0**3464**-X

Das Auer Rechtschreibheft 3

Arbeitsheft, inkl. „Mein Gewusst-wie-Heft"

Erarbeitet von Ruth Dolenc, Christel Fisgus, Gertrud Kraft,
Edeltraud Röbe, Heinrich Röbe

ISBN 3-403-0**3267**-1

Gedruckt auf umweltbewusst gefertigtem, chlorfrei gebleichtem
und alterungsbeständigem Papier.

1. Auflage. 2002
Nach der Neuregelung der deutschen Rechtschreibung
© by Auer Verlag GmbH, Donauwörth
Alle Rechte vorbehalten
Umschlaggestaltung: Martina Gollnick
Gesamtherstellung: Ludwig Auer GmbH, Donauwörth
ISBN 3-403-0**3268**-X

Inhalt

- 4 Vorwort

- 6 Wir von der dritten Klasse

- 13 Der Natur auf der Spur

- 19 Medien – Fenster zur Welt

- 26 Werbung weckt Wünsche

- 33 Typisch Mädchen? Typisch Junge?

- 40 Feuer – Erde – Wasser – Luft

- 47 Unser Ort – früher und heute

- 54 Das macht uns zusammen Spaß

- 61 Mit dem Fahrrad unterwegs

- 69 Ein Pausenhof nach Wunsch

- 75 Richtig schreiben

- 114 Kopiervorlagen*

- 164 Stoffverteilungsplan mit Verknüpfungen der Lernbereiche im Sprach- und Lesebuch

* Verweise auf Kopiervorlagen sind im Text so gekennzeichnet:

Vorwort

Basierend auf dem neuen Lehrplan für bayerische Grundschulen wurde im Auer Verlag ein Sprach- und Lesebuchprogramm für den Deutschunterricht in der dritten Jahrgangsstufe vollkommen neu entwickelt. Hierzu gehören:
- Das Auer Sprachbuch 3 (Schulbuch) BN 3266
- Das Auer Sprachheft 3 (Arbeitsheft) BN 3464
- Das Auer Rechtschreibheft 3 (Arbeitsheft), inkl. einem DIN-A5-Übungsheft (Mein Gewusst-wie-Heft) zum Grundwortschatz BN 3267
- Das Auer Lesebuch 3 (Schulbuch) BN 3274
- Der Auer Lesepass 3 BN 3795

Die Teile des Sprach- und Leseprogramms beziehen sich konsequent aufeinander. Dies eröffnet den Kindern einen immer wieder neuen Zugang zur Schriftsprache und ermöglicht den Lehrkräften einen integrativen, didaktisch fundierten Sprachunterricht. Obwohl Sprach- und Lesebuch in ihren Lernthemen eng verzahnt sind, lassen sie sich auch unabhängig voneinander verwenden.

Konzeption des Auer Sprachbuchprogramms

Die gesamte Produktfamilie, zu der das vorliegende Sprachbuch gehört, verpflichtet sich, „schriftsprachliches Lernen und Leisten" als „grundlegende sprachliche Bildung zu vermitteln" (S. 24).[1] Das Unterrichtswerk ist durchgehend von einer klaren Aufgabenlogik bestimmt. Nur so kann schulisches Lernen die „subjektiv stimmigen Vorstellungen der Kinder objektivieren" (S. 7) und durch Kenntnisse, Fähigkeiten und Fertigkeiten aus sprachsystematischer Sicht anreichern. Die lernenden Kinder und die unterrichtenden Erwachsenen finden darin die didaktische Orientierung und Sicherheit, die gerade in offenen Lernsituationen unverzichtbar sind.

Das Auer Sprachbuch 3 – Gliederung

Das Lernwerk ist thematisch gegliedert und erleichtert so die Verknüpfung mit dem Sachunterricht.[2] Die Themen und didaktischen Leitlinien sind aufeinander abgestimmt; Begleitfiguren, Seitenüberschriften, Kapitelvignetten und eine stimmige grafische Gestaltung erleichtern das Erkennen des wechselseitigen Bezugs.
Die Teilbereiche „Sprechen und Gespräche führen", „Für sich und andere schreiben" und „Sprache untersuchen" werden unter Berücksichtigung ihrer spezifischen Arbeitsweisen und Aufgaben durchgängig aufeinander bezogen. Damit initiiert und fördert es integrative Sprachlernprozesse sowie vernetztes Lernen und Denken.

Die sprachliche Arbeit geht von authentischen, lebensnahen und entwicklungsgemäßen Sprachsituationen aus. Diese lassen die Kinder die Sprache in ihrer pragmatischen, semantischen und syntaktischen Dimension erfassen und ihre Ästhetik erleben. Auf dieser Grundlage gewinnen die Kinder erste Einsichten in Sprachstrukturen, erkennen sie sprachliche Zusammenhänge und lernen, die Sprache bewusst und schöpferisch zu gebrauchen.

- *Der Lernbereich „Sprechen und Gespräche führen"*
  zieht sich als Aufgabe durch das ganze Sprachbuch. Jedes Kapitel fördert die Fähigkeit zu natürlicher mündlicher Kommunikation; dies ermöglicht zunehmend „sach-, partner- und situationsbezogenes Sprachhandeln" (S. 24), verbunden mit der Erfahrung, dass dies „immer auch soziales Handeln ist" (S. 24).

- *Der Lernbereich „Für sich und andere schreiben"*
  erschließt den Kindern unser Schriftsystem als aktiv-produzierendes Sprachhandeln unter drei Perspektiven:
  1. *„Texte verfassen"*
     führt ein in den aktiven Gebrauch der Schriftsprache im Dienste der Dokumentation und Kommunikation. Vielfältige Aufgabenstellungen fordern zu gebundenem und freiem Schreiben heraus und nutzen die Klasse als Kommunikationsgemeinschaft. So erfahren die Kinder, dass Schreiben stets inhalts-, sach- und partnerbezogen sein muss und Gestaltungskriterien für das Planen, Gestalten und Überarbeiten von Texten unverzichtbar sind.
  2. *„Richtig schreiben"*
     führt ein in die orthographische Konvention unserer lautorientierten Schrift. Rechtschreibphänomene werden so angeboten, dass sie die kindliche Neugier wecken und zu eigenen Rechtschreibentdeckungen herausfordern. Die Kinder können durchgängig durch eigenständiges Erproben, Vergleichen und Nachdenken rechtschriftliche Regelungen durchschauen und Strategien gewinnen. Da im Lernbereich *„Richtig Schreiben"* in ganz besonderer Weise die Sachsystematik respektiert werden muss, wird dieser nicht nur integriert angeboten, sondern auch als eigener Teil angefügt. Auf dem Lernweg der Kinder von der alphabetischen Schreibung hin zur orthographischen Überformung wird der verbindliche Grundwortschatz im Sprachbuch durchgängig eingearbeitet.
  3. *„Die Schrift entwickeln"*
     und dabei Lesbarkeit, Geläufigkeit und Ästhetik anstreben, wird als durchgängiges Prinzip respektiert. Ihm wird in einer Fülle von Gestaltungsaufgaben entsprochen, die auch die gestalterischen Möglichkeiten der Schuldruckerei, des Computers usw. nutzt.

---

[1] Diese Aussagen sind der Endfassung des neuen Grundschullehrplans entnommen, die Seitenzahlen verweisen auf diese Quelle.
[2] Siehe die zur Produktfamilie gehörenden Heimat- und Sachrichtsbücher:
- Das Auer Heimat- und Sachbuch 3 (Schulbuch) BN 3292
- Die Auer Sach- und Machblätter 3 (Arbeitsheft) BN 3412

- *Der Lernbereich „Sprache untersuchen"*

  rückt den Gegenstand Sprache, den die Grundschulkinder vorwiegend expressiv und spontan gebrauchen, in ihre reflexive Aufmerksamkeit. Die Schriftsprache wird im Unterricht zum Objekt kindlicher Neugier und Entdeckungen. Die Lernaufgaben lassen Einsichten gewinnen und machen die Sprache selbst zum Gegenstand des Unterrichtsgesprächs. Dafür ist es notwendig, dass die Beobachtungen und Vermutungen auch begrifflich gefasst, interpretiert und geklärt werden. Diese „detektivische" (metakommunikative) Spracharbeit wird von „Flo" und „Flipp", den beiden Begleitfiguren, immer wieder herausgefordert. Sie werden an für den sprachlichen Reflexionsprozess entscheidenden Stellen zu Lernpartnern, die sich auf die metakognitive Ebene vorwagen. All dies vermeidet die Überbetonung formalen grammatischen Wissens, das lediglich als auswendig gespeichertes Wissen abgerufen werden kann. Es ist vielmehr ein Handlungswissen; auch die im Lehrplan geforderten grammatischen Bezeichnungen sind somit keine inhaltsleeren Begriffe, sondern fassen aktiv erworbenes Sprachwissen zusammen.

Das Auer Sprachbuch 3 – Lernqualität

Das Sprachbuch respektiert den kindlichen Forscherdrang und führt zu entdeckend-problemlösendem und zunehmend selbstständigem Lernen. Sachgemäße Lern- und Arbeitsweisen ermöglichen die Aneignung wichtiger Lernstrategien und fundieren Methodenkompetenz. Es ergänzen sich spielerische und systematische, soziale und individuelle Lernmomente.

Da jedes Grundschulkind ein Recht auf tragfähige sprachliche Grundlagen hat, werden Übung und individuelle Förderung in mehrfacher Hinsicht berücksichtigt:

- Unverzichtbare Kenntnisse, Lernstrategien, Arbeitstechniken und Einsichten werden übersichtlich und prägnant dargestellt. Dies gibt Überblick und Orientierung.
- Wiederholende und vertiefende Übungen helfen, das in der Sprachhandlung gewonnene Wissen immer wieder zu sichern und verfügbar zu halten. Die Gestaltung der Lernaufgaben folgt einer didaktischen Differenzierung. Sie mutet allen Kindern ein gemeinsames Lernthema zu, ohne sie im Gleichschritt zu führen. Zusatzaufgaben werden ergänzend angeboten (Aufgaben mit grau hinterlegter Nummerierung).
- „Sprachstudio" und „Schreibstudio" sind besondere Übungsseiten am Ende eines jeden Kapitels. Sie dienen nicht nur der Sicherung des Gelernten, sondern vor allem seiner Übertragung in neue Lernkontexte.
- Das Arbeitsheft Das Auer Sprachheft 3 (Lernbereiche: „Sprache untersuchen" und „Für sich und andere schreiben") bietet für den Lernstoff vertiefende und kreative Aufgabenstellungen an. Auch wenn darin die Übertragung in neue Zusammenhänge erfolgt, bleibt die Aufgabenstruktur gleich. Ihre verlässliche Wiederkehr erleichtert eine selbstständige Aufgabenbewältigung. Die grafisch gestalteten Schreibräume sind Impulse für eigenes Schreiben und Gestalten und geben selbst verfassten Texten eine ästhetische Rahmung.
- Im Arbeitsheft Das Auer Rechtschreibheft 3 (Lernbereich: „Richtig schreiben") findet sich die im Rechtschreiben zu respektierende Sachsystematik wieder. Es beginnt mit der Vergewisserung der alphabetischen Strategie und sichert die Grundlagen elementarer Rechtschreibsicherheit. Die vom Lehrplan geforderte orthographische und morphematische Überformung ist in klar strukturierte Lernthemen übersetzt. Alle Aufgaben fördern eine sprachlich-operative Lernweise und zielen auf das sichere Verfügen unverzichtbarer Strategien, z. B.: Wörter verlängern bei Auslautverhärtung, verwandte Wörter suchen, Berichtigen von Fehlern, Nutzen des Bauprinzips der Sprache und Ausbilden von Schreibschemata. Der Grundwortschatz wird damit durch verschiedene Zugriffsweisen von den Kindern immer wieder aktiv durchdrungen, „erschrieben" und mit Strategien verbunden. Dies fördert einen verständnisintensiven Rechtschreibunterricht.

Im DIN-A5-Übungsheft (Mein-Gewusst-wie-Heft) zu Das Auer Rechtschreibheft 3 wird der verbindliche Grundwortschatz auf eine besondere Weise präsentiert: Es orientiert sich an den Rechtschreibstrategien und fordert die Kinder besonders zu einer kognitiv-aktiven Bearbeitung des Wortschatzes heraus. Auch das Hinzufügen eigenen, interessengeleiteten Wortmaterials ist nicht lediglich alphabetisch oder semantisch ausgerichtet, sondern folgt erarbeiteten metakognitiven Schriftsprachstrukturen. Individuelle Fehlerwörter können damit besonders lernintensiv bearbeitet werden.

Wir wünschen Ihrem Unterricht und Ihrer Arbeit mit den Kindern ein gutes Gelingen!

Ruth Dolenc, Christel Fisgus, Gertrud Kraft, Prof. Dr. Edeltraud Röbe, Dr. Heinrich Röbe (Autoren der Sprach- und Lesebücher sowie der Arbeitshefte)

Wir von der dritten Klasse

Jeder ist bei uns wichtig

Auf einen Blick

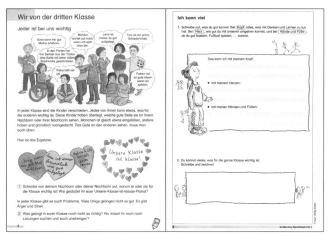

Das Auer Sprachbuch 3, S. 4 — Das Auer Sprachheft 3, S. 2

1. Pädagogisch-didaktische Überlegungen

„Dazu ist die Schule da, damit das Kind die anderen finde."[1] Das gilt in der Klassengemeinschaft nicht nur für die eigenen Freunde, zu denen ohnehin schon positive Bindungen bestehen. Auch alle anderen sind in einer Klassengemeinschaft Partner. Aber nicht allen Kindern fällt es leicht, die anderen positiv wahrzunehmen, das Gute an ihnen zu sehen, ihre Leistungen und Fähigkeiten anzuerkennen. Ein einigermaßen stabiles Selbstwertgefühl sowie das Erleben, von anderen angenommen und geliebt zu werden, ist Voraussetzung für eine angstfreie und positive Zuwendung. „Das Gute an den anderen sehen, muss man auch üben", heißt es auf der Sprachbuchseite. Interaktionsspiele zur Sensibilisierung der Wahrnehmung sowie die auf den folgenden Sprachbuchseiten vorgestellten vielfältigen Anlässe für Verständigung, Kontakt, Austausch, gegenseitiges Kennenlernen in der Klassengemeinschaft helfen den Kindern, den „Blickwinkel" für ihre Mitschüler zu erweitern und gleichzeitig für sich die Erfahrung zu machen: „Auch ich bin wichtig und wertvoll in der Klassengemeinschaft."

2. Vorschläge zu Unterricht und Übung

- Folgendes **Bewegungs- und Begrüßungsspiel** bietet eine Möglichkeit der Kontaktaufnahme: Die Kinder bewegen sich zu einer ruhigen Musik im Klassenraum, ohne einander zu berühren. Wenn die Musik eine Pause macht, sucht sich jedes Kind in seiner Nähe einen Partner. Die beiden begrüßen sich, jeder macht dem anderen „ein Kompliment", sagt etwas Nettes (z. B. „Du bist ein guter Sportler!", „Du kannst gut malen!", „Dein Pulli ist schön!"). Beim nächsten Musikstopp sollte ein anderes Kind zur Begegnung gewählt werden.

[1] Vgl.: Schlatter, A.: Dazu ist die Schule da, damit das Kind die anderen finde. In: Lichtenstein-Rother, I.: Zusammen lernen – miteinander leben. Soziale Erziehung in der Schule. Freiburg: Herder 1981, S. 121–127

- **Variante:** Ein ähnliches Spiel ist auch im Morgenkreis möglich. Dazu erhält ein Kind in der Mitte des Kreises einen Ball, ein Tuch, eine Feder o. Ä. und darf damit im Kreis laufen und spielen. Beim Musikstopp wählt es ein Kind aus, begrüßt dieses, macht ein Kompliment … und gibt z. B. den Ball weiter. Am Ende überlegen alle: War jedes Kind an der Reihe?

- **Zu Aufgabe 1:** Ein weiteres **Kontaktspiel** am nächsten Schultag mündet in die schriftliche Form. Dazu erhält jedes Kind die Hälfte eines Herzens aus hellem Tonpapier. Der Lehrer/die Lehrerin hat im Vorfeld die Herzen so geteilt, dass immer zwei Teile zusammen genau ein Herz ergeben.
Für die Kinder lautet die Aufgabe nun, zunächst ihren Partner über das Herausfinden des passenden Puzzleteiles zu suchen. Anschließend setzen sich die beiden Partner zusammen und überlegen: Was kann mein Partner gut, was gefällt mir besonders an ihm? Warum ist er für unsere Klasse wichtig? Welche besonders guten Eigenschaften hat er?
Jedes Kind soll nun etwas Gutes über seinen Partner auf seine Herzhälfte schreiben. Das andere Kind kann dabei helfen und eigene Stärken nennen, falls das Aufschreiben Schwierigkeiten bereitet. Zum Abschluss besteht die Aufgabe für jedes Paar darin, die Gestaltung für den Rand des Herzens so zu überlegen, dass das Herz zusammengefügt eine Einheit ergibt.
Im anschließenden Kreis lesen die Kinder die Texte auf ihren Herzen vor. Sie werden alle auf ein Plakat aufgeklebt und ergeben ein Klassenplakat. Dieses kann noch beschriftet und ausgestaltet werden.

- **Zu Aufgabe 2:** Kaum ein Schultag wird ohne kleinere oder größere Problemsituationen im Zusammenleben vergehen: Streit mit dem Tischnachbarn, Konflikte in der Pause, ein vermeintlich gestohlener Spitzer usw. Die Fragen im Sprachbuch sollen dazu anregen, gemeinsam in der Klasse immer wieder neu zu überlegen, was noch nicht so richtig gelingt. Wichtig ist, bestehende Probleme als gemeinsame Lernaufgaben zu verstehen, die über das Gespräch, das Finden von Lösungen und das gemeinsame Erstellen von Regeln angegangen werden müssen. (→ Das Auer Sprachbuch 3, S. 5–7)

Zusätzliche **Anregungen** bezüglich der Thematik:
→ Das Auer Sprachheft 3, S. 2/3

Jeder soll gern in unsere Klasse gehen

Auf einen Blick

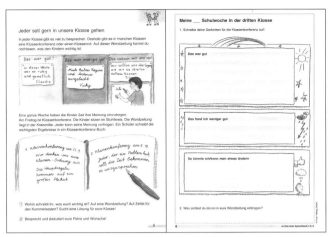

Das Auer Sprachbuch 3, S. 5   Das Auer Sprachheft 3, S. 4

1. Pädagogisch-didaktische Überlegungen

In einer Klassengemeinschaft, in der Kinder Mitverantwortung tragen dürfen, in der ihre Meinung gefragt ist, in der sie als gleichwertige Partner zu bestimmten Themen und Fragen mitentscheiden dürfen, werden sie sich ernst, angenommen und damit auch wohl fühlen. Die auf dieser Sprachbuchseite vorgestellten Formen der Mitsprache und Selbstverwaltung initiieren auf kindgemäße Weise das Einüben von demokratischen Sozialformen:
Die **Wandzeitung**[1] ermöglicht es jedem Kind, seine Meinung kundzutun und Wünsche und Anliegen an die Gruppe zu stellen. Diese schriftliche Form erleichtert es gerade auch zurückhaltenden und schüchternen Kindern, sich in die Klassengemeinschaft mit einzubringen.
In einer regelmäßig stattfindenden **Klassenkonferenz** – auch Klassenrat genannt – werden anstehende Fragen und Probleme miteinander besprochen und gemeinsam nach Lösungen gesucht. Auch wichtige Mitteilungen der Wandzeitung kommen hier ins Gespräch.
Das Festhalten der gemeinsamen Ergebnisse und Lösungen in einem **Klassenkonferenz-Buch** unterstreicht die Ernsthaftigkeit dieses sozialen Forums und damit auch die Verbindlichkeit der getroffenen Entscheidungen.

2. Vorschläge zu Unterricht und Übung

- **Zu Aufgabe 1:** Bevor die **Wandzeitung** eingeführt und die Sprachbuchseite zum Einsatz kommt, erfolgt ungefähr eine Woche lang ein täglicher Rückblick auf den Schultag in mündlicher Form: „Was haben wir heute gemacht? Was hat mir besonders gut gefallen? Was hätte besser sein können?"
In der folgenden Woche entdecken die Kinder im Sprachbuch die Möglichkeit einer schriftlichen Form dieses Rückblickes.
Gemeinsam mit dem Lehrer/der Lehrerin suchen sie nun einen Platz im Klassenzimmer für ihre eigene Wandzeitung. Im Anschluss bekommen sie farbige Zettelchen, schreiben ihre Meinungen auf, tragen sie den Mitschülern vor und bringen ihre Botschaft in der entsprechenden Spalte der Wandzeitung an. Wichtig ist, dass Kommentare aus der Spalte „Das war weniger gut!" im Kreis besprochen werden. In den nächsten Schulwochen bekommen die Kinder nun immer am Freitagmittag Raum und Zeit, für die Wandzeitung zu schreiben. Sind sie mit dieser Form nach einigen gemeinsamen Einträgen vertraut, kann das Angebot so geöffnet werden, dass jedes Kind zu jeder Zeit hier etwas anschreiben darf. Nur eine Regel sollte unbedingt gelten: Es darf keine Mitteilung ohne den Namen des Schreibers angebracht werden.
Auch eine Erweiterung der Wandzeitung um weitere Rubriken ist denkbar, zum Beispiel: „Herzlichen Glückwunsch" oder „Das ist mir/uns gut gelungen!"

- **Zu Aufgabe 2:** Die Klassenkonferenz ist als Gesprächsrunde im Kreis gedacht, in der z. B. Anliegen, Wünsche, geplante Unternehmungen und Vorhaben aber auch Probleme bzw. Streitigkeiten thematisiert werden. Jedes Kind sollte bei gegebener Notwendigkeit eine Klassenkonferenz einberufen dürfen. Ansonsten ist es sicherlich auch sinnvoll, einen regelmäßigen Termin dafür zu vereinbaren.
Die Gesprächsleitung der Konferenz übernimmt anfangs der Lehrer/die Lehrerin. Mit der Zeit ist es auch denkbar, bei einigen Themen die Verantwortung hierfür den Kindern zu übergeben.
In der Klassenkonferenz trägt der Gesprächsleiter die Wünsche, Anliegen oder Probleme vor. Diese werden nun entweder im Plenum oder aber in einer Kindergruppe, die sich in einem kleineren Kreis zusammenfindet, diskutiert. Die anderen Kinder hören zu und beurteilen im Anschluss die Diskussion: Konnte jeder seinen Standpunkt vortragen? Wurde fair miteinander diskutiert? Das **Sprachheft Seite 4** weist darauf hin, dass auch eine schriftliche Vorbereitung auf eine Klassenkonferenz möglich ist.
Beschlüsse und Entscheidungen einer Klassenkonferenz hält man am besten in einem Klassenkonferenz-Buch fest, um ihre Wichtigkeit zu unterstreichen. Die Beschlüsse können somit immer nachgelesen werden.

---

[1] Vgl.: Freinet, C.: Die moderne französische Schule. Paderborn: Schönigh 1979

Ein Klassensprecher für die dritte Klasse/In der dritten Klasse gibt es noch mehr Ämter

Auf einen Blick

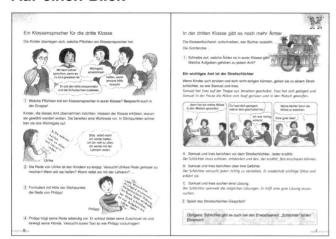

Das Auer Sprachbuch 3, S. 6/7

1. Pädagogisch-didaktische Überlegungen

Mitsprache, Mitverantwortung und ein Stück Selbstverwaltung erfahren die Kinder auch über Dienste und Ämter, die das Miteinanderleben in der Klasse unterstützen. Neben der Wahl des Klassensprechers geht es darum, gemeinsam zu überlegen, welche Dienste und Ämter für die eigene Klasse sinnvoll und wichtig erscheinen. Als ein besonderes Amt wird auf **Seite 7** das Amt des Streitschlichters vorgestellt.

Seite 6 regt zunächst dazu an, den Verantwortungsbereich eines **Klassensprechers** gemeinsam zu definieren. Die beiden Wahlreden bieten im Anschluss – sowohl im mündlichen als auch im schriftlichen Bereich – Gelegenheit zu sprachlicher Reflexion: Sind die Anliegen und Meinungen klar und verständlich formuliert? Fühlen sich die Zuhörer durch die Wahlrede bzw. Vortragsweise angesprochen? ... Nach der Wahl des Klassensprechers und der sinnvollen Auswahl von zusätzlichen Ämtern richtet das Sprachbuch auf **Seite 7** die Aufmerksamkeit auf das Amt des **Streitschlichters**. Dafür wird ein Kind gewählt, das den anderen in Konfliktsituationen hilft, eine Lösung für ihr Problem zu finden, ohne dass der Lehrer/die Lehrerin den Lösungsprozess begleiten muss. Das Amt des Streitschlichters ist freilich für Kinder im Grundschulalter eine noch sehr anspruchsvolle Aufgabe. Sie kann nur da gelingen, wo im Klassenleben aggressionsfreie Konfliktlösungen auf vielfältige Weise vorgelebt und erprobt werden.

2. Vorschläge zu Unterricht und Übung

- **Zu Seite 6, Aufgabe 1:** Im Kreis stellt der Lehrer/die Lehrerin die Wahl eines Klassensprechers zur Diskussion. Da die Kinder sicherlich von einer Klassensprecherwahl begeistert sind und viele gern Klassensprecher sein würden, ist es nötig, sich zunächst über Aufgaben und Funktion dieses Amtes zu verständigen. Dazu werden die Vorstellungen der Kinder über die Aufgaben gesammelt und z. B. an der Tafel festgehalten. Im Anschluss muss darüber beraten, überlegt und entschieden werden:
  - Welche Aufgaben sollte der Klassensprecher in alleiniger Verantwortung übernehmen?
  - Welche Aufgaben betreffen eigentlich alle Kinder, z. B. anderen helfen, die Jacke in der Garderobe aufhängen, für Ordnung am Arbeitsplatz sorgen?
  - Welche Aufgaben sollten zeitweise an einzelne Kinder übergeben werden, z. B. Hefte einsammeln und austeilen, die Tafel putzen, Klassenbücherei in Ordnung halten?

  Als Aufgaben eines Klassensprechers könnten sich herauskristallisieren:
  - die Meinung der Klasse vertreten und äußern;
  - kleine Botendienste zwischen den Klassen übernehmen;
  - eventuell Milchgeld einsammeln;
  - eventuell eine Liste führen, in der verzeichnet ist, wer welchen Dienst hat.

  Natürlich gilt für einen gewählten Klassensprecher ganz besonders, dass er anderen hilft, wenn sie Hilfe brauchen, dass er tröstet, wenn jemand traurig ist und dass er bei Streitigkeiten hilft zu schlichten.

- **Zu Aufgabe 2 und 3:** Eigentlich könnte nun gewählt werden. Damit aber nicht allein Sympathie oder freundschaftliche Bindung die Wahl entscheiden, stellen Wahlreden – sowohl für die Wähler als auch für die Kandidaten selbst – eine Möglichkeit dar, die Verantwortung des Amtes noch einmal zu überdenken.
  Die inhaltliche und sprachliche Untersuchung der beiden Wahlreden geben Anregungen und Hilfen, eigene Wahlreden zu verfassen. In der Freien Arbeit oder zu Hause haben die Kandidaten nun ein paar Tage Zeit, allein, zu zweit oder in einer Gruppe, eine Wahlrede zu formulieren, vielleicht sogar ein Wahlplakat zu gestalten.

- **Zu Aufgabe 4:** Da die Wahlrede natürlich auch „mit Erfolg gekrönt sein soll", muss der Redner mit seinem Vortrag nun versuchen, seine Zuhörer zu fesseln und zu überzeugen. Dies setzt freilich im Vorfeld ein intensives Üben des Textes voraus: Der Vortrag selbst gewinnt durch möglichst häufigen Augenkon-

takt mit den Zuhörern, lebendige Stimmführung, wirkungsvolle Pausen sowie durch das Einbeziehen von Gestik und Mimik.

Fächerverbindungen:
– HSU: Demokratische Mitwirkung in der Schule/Eine Klassensprecherwahl durchführen (→ Das Auer Heimat- und Sachbuch 3, S. 32 f.)

● **Zu Seite 7, Aufgabe 1:** Die Entscheidung für die Auswahl von Ämtern ergibt sich stets aus der individuellen Klassensituation. In Gruppen erarbeiten die Kinder nun, welche Aufgabenbereiche die einzelnen Ämter in ihrer Klasse umfassen, sie beraten darüber und halten ihre Ergebnisse schriftlich fest: Was beinhaltet das Amt? Welche Verantwortung übernimmt man damit? Wie oft und wann muss der Dienst erledigt werden? Wie wird er gewechselt? Die Gruppenergebnisse werden im Plenum diskutiert, gegebenenfalls ergänzt oder verändert.
Folgende „Pläne" für das Klassenzimmer erinnern an die Dienste. Sie eröffnen den Kindern aber auch ein Stück Selbstständigkeit, indem sie lernen, ihre Ämter zu verwalten:
– Die erarbeiteten Texte der Gruppen ergänzen die Kinder durch Zeichnungen. So entsteht ein Dienstplakat. Die Namen der „Amtsinhaber" werden auf Wortkärtchen dem jeweiligen Dienst zugeordnet.

– Anstelle der Zeichnungen können auch kleine Gegenstände (Gießkanne, Schiefertafel, Puppenkleiderbügel etc.) als Symbol für die einzelnen Dienste stehen.

– Die Einteilung der Dienste muss sicherlich zunächst mit Hilfe des Lehrers/der Lehrerin erfolgen. Mit der Zeit kann er/sie sich auch aus dem Entscheidungsprozess zurückziehen und ihn den Kindern überlassen. Ein Kind bekommt dazu die Namenskärtchen und übernimmt die Gesprächsleitung. Damit die Dienste gerecht verteilt werden, wäre das Führen eines „Dienstebuches" hilfreich. In dieses trägt z. B. der Klassensprecher wöchentlich ein, wer welchen Dienst übernimmt.

● **Zu Aufgabe 2** finden sich auf der Sprachbuchseite zahlreiche Anregungen.

Das Klassenzimmer wird schöner

Auf einen Blick

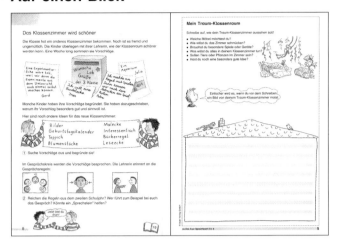

Das Auer Sprachbuch 3, S. 8   Das Auer Sprachheft 3, S. 5

1. Pädagogisch-didaktische Überlegungen

Wird das Klassenzimmer als Raum für individuelles, aktives Miteinanderleben und -lernen verstanden, spiegelt sich das immer in seiner Ausstattung sowie in der Raumästhetik wieder. Natürlich wird der Lehrer/die Lehrerin den Raum – aus pädagogischen Überlegungen heraus – sorgsam vorstrukturieren, um den Kindern dadurch Möglichkeiten zu geben, in ihm aktiv tätig zu werden. Die Sprachbuchseite gibt nun viele Anregungen, wie die Kinder selbst in die Klassenzimmergestaltung einbezogen werden können. Dies geschieht durch vielfältigen Austausch von Ideen, Wünschen und Meinungen. Es gilt, diese sowohl in mündlicher als auch schriftlicher Form den anderen vorzustellen und sie sinnvoll zu begründen.
Sachlich geführte Gespräche sind hier für eine Verständigung untereinander wichtig. Damit dies gelingen kann, ist es notwendig, mit den Kindern über Gesprächsregeln nachzudenken.

2. Vorschläge zu Unterricht und Übung

- **Zu Aufgabe 1:** Der Lehrer/die Lehrerin stellt das Vorhaben zur Diskussion: „Wir wollen unser Klassenzimmer verschönern!" Im Gespräch äußern die Kinder zunächst ihre Vorstellungen und erste Ideen: „Wir brauchen einen Geburtstagskalender." „Ich hätte gerne eine Bauecke!" ... Alle Vorschläge werden zunächst gesammelt und aufgeschrieben. Auf der Sprachbuchseite haben vier Kinder ebenfalls ihre Wünsche geäußert.
Durch den Vergleich der Vorschläge von Gerd/Petra und Ines/Julia entdecken die Kinder, dass Wünsche und Anliegen eher vorstellbar bzw. realisierbar erscheinen, wenn sie ausführlicher beschrieben und zudem begründet sind.

Die Kinder bekommen nun die Aufgabe, innerhalb einer Woche – entweder in der Freien Arbeit oder auch im Wochenplan – ihre Vorstellungen für das Klassenzimmer aufzuschreiben und zu begründen. Dabei können die Vorschläge von Flipp und Flo im Sprachbuch helfen (→ Das Auer Sprachheft 3, S. 5).

- **Zu Aufgabe 2:** Nach einer Woche hat jedes Kind die Möglichkeit, seinen Vorschlag im Morgenkreis zur Diskussion zu stellen. Bevor das Vorlesen der Ergebnisse beginnt, sollten für die Besprechung mit den Kindern sowohl einige wichtige Gesprächsregeln wiederholt als auch einige „Leitfragen" für die inhaltliche Diskussion erarbeitet werden:

Gesprächsregeln:
– Ein Kind liest seinen Vorschlag vor.
– Die anderen Kinder hören bis zum Schluss zu.
– Anschließend darf jeder seine Meinung dazu äußern, muss aber warten, bis er aufgerufen wird.
– Festgelegt werden muss auch, ob der Lehrer/die Lehrerin oder ein Kind die Gesprächsleitung übernimmt.

Leitfragen für die Diskussion:
– Ist der Vorschlag sinnvoll?
– Ist das beschriebene Vorhaben realisierbar?
– Ist die Begründung gelungen?
– Wie ist das Vorhaben in die Tat umzusetzen?

3. Anregungen für Freie Arbeit, Wochenplan und individuelle Förderung

- Zu ihren Vorschlägen fertigen die Kinder **Zeichnungen bzw. Skizzen** an und stellen diese an einer Informationswand aus.

- Auch eine **Beschriftung/Beschilderung** der einzelnen Ecken und Aktivitätsbereiche im Klassenzimmer können die Kinder selbst leisten: Sie zeichnen und gestalten z. B. ein Schild für die Leseecke, entwerfen ein Symbol für das Regal mit dem Rechenübungsmaterial etc.

- Auf einer ausgehängten **Liste** sammeln die Kinder Materialien bzw. Utensilien, die sie beispielsweise für den Experimentiertisch benötigen. Wer etwas mitbringen kann, trägt sich ein.

Fächerverbindungen:
– Kunst: Blumenübertöpfe gestalten (Tontöpfe mit Dispersionsfarben bemalen und anschließend mit Sprühlack fixieren).
Da diese Arbeit sehr zeitraubend ist und schlecht unterbrochen werden kann, bietet es sich an, z. B. mit Elternunterstützung einen Nachmittag zu organisieren, an dem die Kinder Tontöpfe und Farben mitbringen. Sie gestalten einen Topf für die Schule und einen für zu Hause.

SPRACHSTUDIO

Auf einen Blick

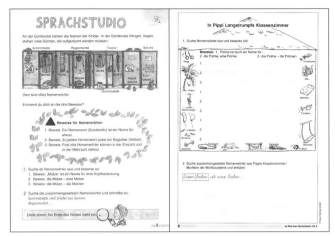

Das Auer Sprachbuch 3, S. 9   Das Auer Sprachheft 3, S. 6

1. Pädagogisch-didaktische Überlegungen

Im **Sprachstudio** werden die in der zweiten Klasse erarbeiteten Beweise für das Namenwort wiederholt. Viele Kinder der dritten Klasse haben noch Schwierigkeiten, Substantive, Verben und Adjektive sicher zu unterscheiden. Deshalb fördert nur ein regelmäßiges, möglichst tägliches Üben die Sicherheit der Kinder im Umgang mit den Wortarten. Das gilt auch für die auf der Seite neu eingeführten lateinischen Begriffe Substantiv und Artikel.
Flo weist am Ende der Sprachbuchseite noch einmal auf die bereits bekannten Satzregeln hin.

2. Vorschläge zu Unterricht und Übung

- **Zu Aufgabe 1:** Die Kinder sprechen über das Bild im Buch und räumen die Garderobe auf: „Ich räume die *Schuhe* (usw.) auf." Sie heften das entsprechende Namenwort als Wortkarte an die Tafel. Was haben alle Wörter gemeinsam? Sie werden großgeschrieben, weil es Namenwörter sind. Die aus der zweiten Jahrgangsstufe bereits bekannten drei Beweise (→ Das Auer Sprachbuch 1/2, S. 27) werden den Kindern in Erinnerung gerufen:

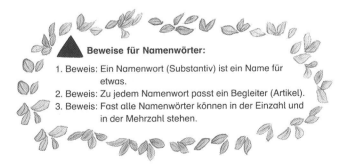

Beweise für Namenwörter:
1. Beweis: Ein Namenwort (Substantiv) ist ein Name für etwas.
2. Beweis: Zu jedem Namenwort passt ein Begleiter (Artikel).
3. Beweis: Fast alle Namenwörter können in der Einzahl und in der Mehrzahl stehen.

Gemeinsam wird ein Wort (z. B. Mütze) anhand der drei Beweise überprüft. Die übrigen Wörter untersuchen die Kinder in mündlicher Partnerübung.

- **Zu Aufgabe 2:** Da für die zusammengesetzten Namenwörter die gleiche Beweisführung gilt, bieten sich auch diese als „Übungsfutter" an. (Weiteres Übungsmaterial → Das Auer Sprachheft 3, S. 6.)

- Eine regelmäßige Wiederholung der drei Beweise ist zum Beispiel durch **tägliches Satztraining** möglich: Dazu diktiert der Lehrer/die Lehrerin den Kindern jeden Tag einen ihnen unbekannten Satz (z. B. zur Jahreszeit, zum HSU-Thema oder auch zu einer rechtschriftlichen Thematik passend). Der Lehrer/die Lehrerin liest den Satz vor, die Kinder klären gemeinsam die „Lupenstellen" und schreiben den Satz auf. Im Anschluss daran überlegen sie, welche Wörter Namenwörter sind, wenden die drei Beweise an und kennzeichnen die Namenwörter entweder durch Unterstreichen in einer bestimmten Farbe oder mit dem Symbol ▲. Der Lehrer/die Lehrerin korrigiert die Sätze täglich und vermerkt auf dem Diktatblatt individuelle Übungsaufgaben, die die Kinder am nächsten Tag z. B. im Wochenplan lösen. Weitere Anregungen zum täglichen Rechtschreibtraining befinden sich auf S. 85 des Lehrerhandbuches.

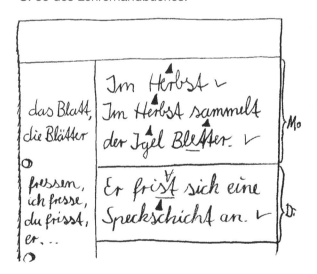

In diesem täglichen Training bietet es sich an, auch die **lateinischen Begriffe** mit den Kindern schrittweise einzuführen. Für das Erlernen sind die Kinder in der Regel leicht zu begeistern, steht das Beherrschen solch „schwieriger Wörter" doch dafür, etwas aus der Erwachsenenwelt zu können. Durch den täglichen Umgang mit den Begriffen werden die Kinder schnell Sicherheit gewinnen.

3. Anregungen für Freie Arbeit, Wochenplan und individuelle Förderung

- **Namenwort-Domino** (114)
- **Würfelspiel für Namenwort-Forscher** (115/116)

SCHREIBSTUDIO

Auf einen Blick

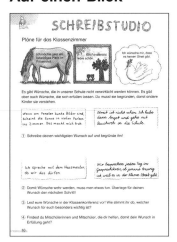

Das Auer Sprachbuch 3, S. 10

1. Pädagogisch-didaktische Überlegungen

Das **Schreibstudio** greift das Thema Klassenzimmergestaltung noch einmal auf und regt zur Formulierung eigener Vorstellungen an: Die Kinder äußern Wünsche bzw. Anliegen und begründen ihre Meinung in schriftlicher Form. Die Beispiele im Buch deuten bereits an, dass es nicht allein die Möbel und Ausstattungselemente sind, die Geborgenheit sowie vertraute Ordnung in einem Raum schaffen. Es ist vielmehr auch das Mit- und Füreinander der Menschen, die in diesem Raum zusammen leben und lernen, denn Kinder haben ein äußerst sensibles Gespür dafür, in welcher Lernatmosphäre sie sich wohl fühlen.
Das **Kaleidoskop** auf **Seite 11** führt noch ein Stück weiter. Ein friedvolles Für- und Miteinander einer Gemeinschaft wird auch immer durch Rechte und Verantwortlichkeiten eines jeden Einzelnen getragen. So kann die gemeinsame Reflexion hierüber dazu beitragen, den Blick der Kinder für Nöte, Sorgen und Ängste anderer zu öffnen.

2. Vorschläge zu Unterricht und Übung

- **Zu Aufgabe 1 und 2:** Noch einmal sollen die Kinder über Ideen und Wünsche für die Klassenzimmer- und Schulhausgestaltung nachdenken. Dazu betrachten sie die drei Vorschläge im Sprachbuch. Nach freien Äußerungen lenkt der Lehrer/die Lehrerin die Aufmerksamkeit auf die schriftliche Ausarbeitung.

 1. Wünsche bedürfen einer genauen Formulierung, damit andere sie verstehen.

 2. Wünsche bedürfen einer Begründung.

 3. Die Verwirklichung von Wünschen ist oft mit eigenem Einsatz und Handeln verbunden.

Die Zeichen helfen den Kindern, diese drei Gedankenschritte bei der Versprachlichung und Verschriftung eines Wunsches zu berücksichtigen.
Zunächst werden nun die beiden ersten Vorschläge mündlich, gegebenenfalls auch schriftlich erarbeitet. Einen neuen Aspekt bringt das dritte Beispiel im Buch mit ein. Hier geht es nicht um Raumgestaltung, sondern um die Atmosphäre des Zusammenlebens. Die Bedeutung der dargestellten Taube als Symbol für Frieden und Friedensarbeit sollte mit den Kindern geklärt werden.
Im Anschluss überlegen die Kinder noch einmal ihre Wünsche für das Klassenzimmer und beziehen nun auch die für sie bedeutsamen Aspekte des Zusammenlebens mit ein.

- **Zu Aufgabe 3 und 4:** In der Klassenkonferenz stellen die Kinder ihre fertigen Beiträge zur Diskussion. Wird ein Vorschlag angenommen, überlegen sie, ob weitere Hilfe bei der Verwirklichung des Wunsches vonnöten ist.

Fächerverbindungen:
– Lesen: Gudrun Pausewang: „Frieden kommt nicht von allein", Ravensburg: Ravensburger Buchverlag 1982
– Lesen: Gedichte zum Frieden (117)

KALEIDOSKOP

- Kinder, Eltern, Lehrer – alle haben Rechte: Die Beispiele im Buch sind Anlass, mit den Kindern das Thema „Menschen- und Grundrechte" anzusprechen und bilden die Grundlage für die Erstellung einer klasseneigenen „Charta", die als Plakat im Klassenzimmer oder auch als besonderer Eintrag im Klassentagebuch verankert ist.

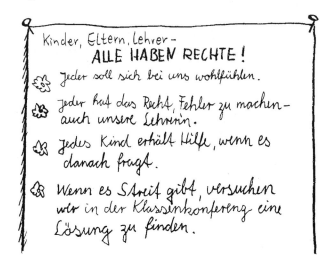

Der Natur auf der Spur

Pflanzen und Tiere des Waldes

Auf einen Blick

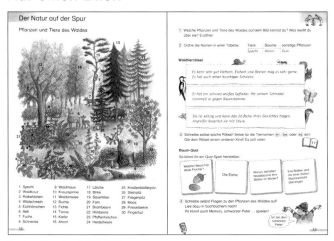

Das Auer Sprachbuch 3, S. 12/13

Das Auer Sprachheft 3, S. 7

1. Pädagogisch-didaktische Überlegungen

Anknüpfend an den Heimat- und Sachunterricht wird in diesem Kapitel das Thema „Leben mit der Natur/Wald" aufgegriffen und für vielfältiges Sprachhandeln im Sinne des ganzheitlichen, fächerverbindenden Lernens genutzt. So dient das Waldbild auf **Seite 12** als Erzählanlass, der eine Vielzahl von Assoziationen zulässt, Sachwissen aktiviert und dadurch das Sachgespräch in den Mittelpunkt rückt. Die Nummern im Bild fordern dazu auf, die Fachnamen richtig zuzuordnen. Um den Anreiz für die Kinder zu erhöhen, eigenes Sachwissen im Gespräch zu artikulieren, sollte zunächst ohne die darunter abgebildete Legende gearbeitet werden, diese dient lediglich zur Kontrolle.

Um die Fürwörter als Stellvertreter der Namenwörter zu erarbeiten, wird an die Rätsellust der Kinder angeknüpft. Die Schüler können ihrer Freude am Verfassen von Rätseln nachgehen, um andere zu unterhalten und verwenden dabei bereits die funktionale Ersatzprobe, indem sie die zu erratenden Tiernamen durch die Fürwörter „er/sie/es" ersetzen. An dieser Stelle geht es noch nicht um das formale Erkennen von Fürwörtern. Durch die eigenen Rätsel wird ein kommunikativer Kontext geschaffen, in dem Fürwörter als sprachliche Mittel ihren Platz haben. Die Schüler werden so durch eigenes Sprachhandeln für Sprachstrukturen sensibilisiert.

2. Vorschläge zu Unterricht und Übung

- **Zu Seite 12 und 13, Aufgabe 1 und 2:** Nach einer einstimmenden Betrachtung des Waldbildes, z. B. auf Folie mit ruhiger Hintergrundmusik, äußern sich die Schüler zu bekannten Tieren und Pflanzen und bringen ihr sachliches Vorwissen ein. Dabei können sich die Schüler gegenseitig aufrufen, um das aktive Zuhören untereinander zu schulen. Der Lehrer/die Lehrerin notiert während des Unterrichtsgespräches die genannten Tier- und Pflanzennamen an der Tafel. Diese werden anschließend nach Ordnungsvorschlägen der Kinder in einer Tabelle geordnet. Eventuell könnten an dieser Stelle die Beweise für Namenwörter nochmals wiederholt werden.

- **Zu Aufgabe 3:** Vor dem Verfassen der **Waldtierrätsel** bietet sich eine Sinnesübung mit Naturmaterialien (Kastanie, Buchecker, Eichel, Rindenstück, Moos, verschiedene Blätter, …) an. Dazu erhalten die Kinder in Gruppenarbeit eine Tasche mit den Waldgegenständen mit der Bitte, nicht hineinzusehen. Alle Kinder schließen die Augen und das Kind, das an der Reihe ist, bekommt die Augen verbunden. Nun holt es einen Waldgegenstand aus der Tasche und versucht, möglichst genau zu beschreiben, was es ertastet und riecht, ohne dabei den Namen des Gegenstandes zu nennen. Falls das Kind das Material selbst sicher erkannt hat, kann es möglicherweise bei seiner Beschreibung bereits Sachwissen einbringen. Die anderen Kinder versuchen zu erraten, um was es sich handelt. Hierbei wird die Aufmerksamkeit auf die Wahrnehmung geweckt und gleichzeitig die Fähigkeit geschult, das Wahrgenommene möglichst genau zu versprachlichen.

Beispiel:

„Auf der Oberseite fühlt sie sich rau und rissig an.
Innen ist sie ganz glatt.
Sie riecht nach Holz und Harz.
Sie ist ein wichtiges Schutzteil."

(Baumrinde)

Im Anschluss werden gemeinsam die **Waldtierrätsel** auf **Seite 13** erraten und Kriterien für das Erstellen eigener Rätsel erarbeitet. Um schreibschwächere Kinder anfangs nicht zu überfordern, wäre es auch möglich, **Aufgabe 3** in Gruppen zu erarbeiten. Als Auswertung tauschen die Gruppen ihre Rätsel aus. Mit dem Ausblick, in einer weiteren Unterrichtsstunde selbst Tierrätsel zu verfassen, erhalten die Kinder den Arbeitsauftrag, sich ein Waldtier auszusuchen und in Form eines Steckbriefes (→ Das Auer Sprachheft 3, S. 7) sachliche Informationen zu ihrem Tier zu sammeln.

Im Sprachbuch wird auf die **Sprachstudio-Seite 17** verwiesen, auf der die Bezeichnung „Fürwörter" formal eingeführt wird. Auf diese formale Erarbeitung in einer Folgestunde wird in den Ausführungen zum **Sprachstudio** näher eingegangen.

- **Zu Aufgabe 4:** Das **Baum-Quiz** stellt eine weitere motivierende Möglichkeit dar, Sachwissen zu erarbeiten und spielerisch zu versprachlichen. Hier bietet sich eine Differenzierungsmöglichkeit für schwächere Schüler an. Diese erhalten Satzstreifen, die sie für ihre Quizkarte in eine Frage umformulieren.

Beispiel:

Die Lärche wirft im Herbst die Nadeln ab.

Welcher Baum wirft im Herbst die Nadeln ab?

Die Lärche

Fächerverbindungen:
- Lesen: Burkard Mönter: „Der Boden – ein Zuhause für Tiere" (Sachtext), „Tiere im Herbstwald" (Rätsel), Hans Manz: „Tierrätsel" (Gedicht) (→ Das Auer Lesebuch 3, S. 36, S. 38/39, S. 45)
- HSU: Leben mit der Natur/Wald (→ Das Auer Heimat- und Sachbuch 3, S. 44–59)
- Kunst: „Wir geben den Bäumen die Blätter zurück" – Collage in Anlehnung an Andy Goldsworthy: Auf ein Transparentpapier (DIN A3) werden gepresste Blätter geklebt. Diese werden nach dem Trocknen an die kahlen Bäume gehängt.
- Musikerziehung: Lied „Ich habe einen Freund, das ist ein Baum", in: Kreusch-Jacob, D.: Ich schenk dir einen Regenbogen. Düsseldorf: Patmos Verlag 1996

3. Anregungen für Freie Arbeit, Wochenplan und individuelle Förderung

- **Waldtier-Quiz**
  Analog zum Baum-Quiz kann ein Waldtier-Quiz erstellt werden.

Beispiel:

Wie nennt man das Tier, das in einem Kobel wohnt?

Eichhörnchen

- **Informationstisch**
  Auf einem Tisch werden Sachbücher, Lexika, gesammelte Texte aus Zeitschriften usw. zum selbstständigen Recherchieren ausgelegt.

- **Beschaffung von Informationen über CD-ROM und Internet**
  Beispiele:
  CD-Rom: Begegnungen im Wald (Unterrichtssoftware). Heinsberg: interdidact GmbH

   www.wald.de

- **Waldtierrätsel-Kiste**
  Die erarbeiteten Waldtierrätsel werden auf Karteikarten geschrieben. Auf der Rückseite steht als Kontrolle Bild und Name des Tieres.

- **Gestalten und Beschriften von Baumkisten**
  In jeweils einem aufgestellten Schuhkarton werden die zu einer Baumart gehörenden Teile ausgestellt und beschriftet.

Durch den Wald mit allen Sinnen/Ein Naturgedicht

Auf einen Blick

Das Auer Sprachbuch 3, S. 14/15

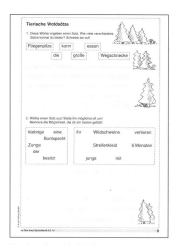

Das Auer Sprachheft 3, S. 9

1. Pädagogisch-didaktische Überlegungen

Die Fähigkeit, Teile eines Satzes zu erkennen, ist für das entdeckende und forschende Umgehen mit Sprache wesentlich. Durch das richtige Erfassen der Sinnordnung der Wörter und des gliedmäßigen Aufbaus eines Satzes wird die Sprachkompetenz der Schüler erweitert. Die Erfahrung der Sinnordnung der Wörter in einem Satz vollzieht sich zunächst unbewusst. Mit Hilfe der Symbole erfragen die Schüler die richtige Stelle der Wörter im Satz, erreichen durch farbiges Kennzeichnen eine optische Unterscheidung und bilden so mehrere Waldsätze nach dem gleichen Schema. Hierbei geht es jedoch nicht um ein formales Satzstrukturtraining, sondern um ein handelndes Einüben von Satzmustern mit Sätzen aus dem Erfahrungsbereich der Schüler.

Zu Beginn der **Seite 15** stehen Naturgedichte, die dem Bauplan der japanischen Gedichtform „Haiku" ähneln. Kindern macht es Spaß, Sprache in Gedichtform zu erfahren und zu benutzen. So sollen sie einerseits dazu angeregt werden, ihre eigenen Sinneserfahrungen in kreativer Weise zum Ausdruck zu bringen. Andererseits üben die Kinder durch die Vorgabe des Bauplanes unbewusst wiederkehrende Strukturen, wodurch die syntaktische Kompetenz der Schüler weiter gefestigt wird.[1]

In **Aufgabe 1** experimentieren die Kinder zunächst mit Wörtern auf Wortkarten, die sie zu sinnvollen Sätzen zusammenstellen. Dabei verwenden sie die Umstellprobe und erkennen, dass einige Wörter zusammenstehen bleiben, während andere Wörter allein stehen. Der Terminus „Satzglied" wird an dieser Stelle noch nicht verwendet, hier geht es primär um den handlungsorientierten, spielerischen Umgang mit Sprache.

[1] Vgl.: Moers, E./Zühlke, S.: Schreibwerkstatt Grundschule, Donauwörth: Auer Verlag 1999

2. Vorschläge zu Unterricht und Übung

- **Zu Seite 14:** Möglicher Unterrichtsverlauf: Zur Sensibilisierung der Kinder für die sich anschließende Arbeit mit Sätzen dient ein Sinnesspaziergang durch den Wald in Form einer Fantasiereise (118). Mit Hilfe der Verben **sehen, hören, fühlen, riechen** an der Tafel äußern sich die Schüler zu ihrer Fantasiereise. Einige Sätze der Kinder könnten während des Gespräches aufgegriffen und in der Gegenwartsform zum jeweils passenden Verb geschrieben werden. Anschließend werden die Satzgliedsymbole (Pfeile, Kreis) besprochen, durch Erfragen an die richtige Stelle über die Sätze der Kinder gehängt und die einzelnen Teile farbig gekennzeichnet. Der Satz „Jonathan fühlt die Rinde" auf Wortkarten dient als weiteres Erarbeitungsbeispiel.

Beispiel TA:

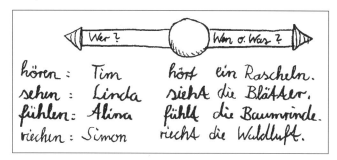

Als Übungsphase bietet sich eine Gruppenarbeit an: Dazu erhält jede Gruppe ein Plakat mit den Symbolen und leere Wortkarten mit dem Auftrag, Waldsätze zu erfinden, unter das Pfeilschema zu kleben und die einzelnen Satzteile farbig zu markieren.

Die **Aufgaben 1–3** dienen als Sicherung in Einzelarbeit. Dabei wird bei **Aufgabe 3** wieder die funktionale Ersatzprobe verwendet. Flo gibt hier einen wichtigen Tipp: Die Kinder sollen darauf achten, worauf sich das Fürwort bezieht.

- **Zu Seite 15:** Vor dem Verfassen eigener Naturgedichte ist ein Unterrichtsgang in den Wald sinnvoll. Nur durch das eigene Empfinden und Erleben – z. B. die Blätter rascheln hören – entwickelt ein Kind eine emotionale Beziehung zur Natur. Diese ist Voraussetzung für das kreative Verfassen von Naturgedichten, etwa in einer Schreibwerkstatt. An dieser Stelle bietet es sich an, die Form des Haikus einzuführen. Diese japanische Gedichtform besteht aus drei Zeilen. Durch ihre klare Bauform kann sie von Kindern leicht nachempfunden werden.

Beispiel/Bauplan:

Spa-zier-gang im Wald,	= 5 Silben
ich hö-re den Ku-ckucks-ruf.	= 7 Silben
Das klingt wun-der-bar!	= 5 Silben (kein Endreim)

- **Zu Aufgabe 1–3:** Hier wird von einem Satz ausgegangen, dessen Teile sich ohne Sinnveränderung umstellen lassen. Die Bearbeitung der Aufgaben könnte in Partnerarbeit erfolgen, um Schüler mit wenig Sprachgefühl nicht zu überfordern. Die Kinder erkennen, dass einige Wörter nicht auseinander „wollen", während andere Wörter allein stehen können.

- **Zu Aufgabe 4:** Indem die Schüler ihre Sätze lesen, erkennen sie die Bedeutung des Klanges für den Satz. Auch wenn sich der Sinn des Satzes nicht grundlegend verändert, so resultieren dennoch aus der veränderten Stellung im Satz semantische Veränderungen hinsichtlich der Betonung und Gewichtung.

- **Zu Aufgabe 5:** Die nächsten Sätze werden auf Papierstreifen geschrieben. Die Kinder müssen nun vorher – durch Umstellen im Kopf – überlegen, welche Wörter zusammenbleiben. Die Satzteile werden dann ausgeschnitten und noch einmal zu unterschiedlich gestellten Sätzen verbunden. In einer Folgestunde kann der Satzgliedbegriff eingeführt werden.
  (→ **Sprachstudio:** Das Auer Sprachbuch 3, S. 17)

Fächerverbindungen:
- Lesen: Steve Parker: „Tagebuch einer Ameise", „Endlose Geschichte" (→ Das Auer Lesebuch 3, S. 40, 45)
- HSU: Leben mit der Natur/Unterrichtsgang in den Wald mit Walderfahrungsspielen
- Musik: Musik erfinden: Bau eigener Waldinstrumente, z. B. Rasseln aus Eicheln und Joghurtbechern, Klanghölzer, ... und Vertonung der Naturgedichte
- Kunst: Blätterbilder legen – nach Andy Goldsworthy: Die Kinder sammeln Blätter und legen auf dem Pausenhof Muster. Damit die Blätter nicht wegwehen, werden sie mit Wasser begossen.

KALEIDOSKOP

→ Das Auer Sprachbuch 3, S. 19: Fußpfad

3. Anregungen für Freie Arbeit, Wochenplan und individuelle Förderung

- **Schreibwerkstatt**
  - Drucken der Naturgedichte/Haikus
  - Vorbereitung einer Präsentation mit vertonten Naturgedichten

- **Spiel: „Komm, wir finden einen Satz!"**
  Jeder Mitspieler bekommt eine Wortkarte mit einem Satzglied umgehängt. Die Kinder bewegen sich zu einer Hintergrundmusik im Raum und lesen dabei leise die Satzteile ihrer Mitschüler. Sobald die Musik stoppt, finden sich drei oder vier Kinder zu einem Satz zusammen und stellen sich in der richtigen Reihenfolge auf. Die Sätze werden vorgelesen. Anschließend beginnt das Spiel von vorne.

- **Kreisspiel: Satzteile rücken**
  Die Kinder sitzen im Kreis. Der rechte Stuhl neben dem beginnenden Schüler bleibt frei. Das erste Kind erfindet einen Satz und rückt einen Stuhl weiter. Nun zerlegen die folgenden Kinder den Satz und rücken pro Satzglied einen Platz weiter. Der Stuhl nach dem letzten Schüler bleibt frei. Das Spiel kann mit einem neuen Satz von vorn beginnen.

- **Satzmaschine** (mit 3 oder 4 beweglichen Satzteilen in verschiedenen Farben)

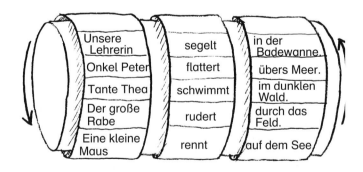

Unsere Lehrerin	segelt	in der Badewanne.
Onkel Peter	flattert	übers Meer.
Tante Thea	schwimmt	im dunklen Wald.
Der große Rabe	rudert	durch das Feld.
Eine kleine Maus	rennt	auf dem See.

- **Satzquartett für 3–5 Personen**
  Vorgegebene oder eigene Sätze der Schüler mit vier Satzgliedern werden – durch Abfragen mit Hilfe der Symbole – nach den jeweiligen Satzgliedern eingeteilt. Jedes Satzglied wird auf eine Karte geschrieben.
  Nun erhält jeder Mitspieler 12 Karten. Durch Ziehen je einer Karte bei einem der Mitspieler versucht jeder, möglichst viele Sätze aus vier Karten zu erhalten, die er dann ablegen kann.

Die Natur bewahren

Auf einen Blick

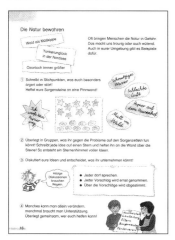

Das Auer Sprachbuch 3, S. 16

1. Pädagogisch-didaktische Überlegungen

Durch die Darbietung verschiedener Schlagzeilen sollen die Schüler für das Problem der Umweltzerstörung durch den Menschen sensibilisiert und zum Nachdenken über weitere Gefährdungen der Natur angeregt werden. Indem sie ihre Meinungen in Stichpunkten auf Sorgensteinen notieren und präsentieren, erlernen die Schüler eine wichtige Moderationstechnik, die ihnen hilft, Meinungen und Äußerungen darzustellen. Durch das selbstbestimmte und handlungsorientierte Finden von Lösungsideen gewinnen die Schüler an Sozialkompetenz, die notwendig ist, um aktives Umweltbewusstsein zu entwickeln. Die Verwendung der Symbole visualisiert die Arbeitsergebnisse der Schüler und zeigt die Möglichkeiten aktiven Handelns deutlich auf. Da Umwelterziehung vor allem in einem fächerverbindenden Sachzusammenhang sinnvoll ist, bietet es sich an, diese Seite im Rahmen eines Projektes, z. B. „Unser Wald – Was können wir tun, um ihn zu schützen?", zu bearbeiten.

2. Vorschläge zu Unterricht und Übung

- **Zu Aufgabe 1:** Als motivierender Einstieg könnten die Schlagzeilen im Buch als Nachrichten auf Kassette gesprochen werden. Anschließend folgt ein Unterrichtsgespräch mit weiteren Beispielen und das Notieren auf Sorgensteine, evtl. in Partnerarbeit. Diese werden im Klassengespräch vorgestellt und – wenn möglich – thematisch geordnet an die Pinnwand gehängt.

- **Zu Aufgabe 2:** Hier bietet sich arbeitsteilige Gruppenarbeit an. Jede Gruppe erhält dabei Sorgenzettel, zu denen sie Lösungsmöglichkeiten überlegt und sie später auf Sternen der Klasse präsentiert.

- **Zu Aufgabe 3:** Flo verweist auf wichtige Diskussionsregeln. Diese elementaren Regeln der Gesprächsführung müssen immer wieder bewusst gemacht und eingeübt werden, um den Umgang miteinander gut zu gestalten. Eine Visualisierung dieser Regeln im Klassenzimmer ist dabei sicherlich hilfreich.

Fächerverbindungen:
- Ethik: Unserer schönen Welt sorgsam begegnen
- Lesen: Josef Guggenmos: „Warum", Eugen Roth: „Waldfrieden" (Gedichte)
- HSU: Funktionen und Gefährdungen des Waldes: Wald braucht Schutz (→ Das Auer Heimat- und Sachbuch 3, S. 57)
- Kunst: Collage „Wie wir mit unserer Welt umgehen" aus Naturmaterialien und Müll; Erstellen eines Spielplanes für ein Umweltspiel
- Musik: Rolf Krenzer/Ludger Edelkötter: „In unserm Wald" (119)

3. Anregungen für Freie Arbeit, Wochenplan und individuelle Förderung

- **Erstellen von laminierten Plakaten zum Verhalten im Wald** – Verfassen eines Briefes an den Förster mit der Bitte, diese Plakate eine Weile im Wald aufzustellen.

- **Schreibwerkstatt/Schreibanregungen:** Ein alter Baum erzählt, Umwelt-Elfchen, ...

- Erstellen **von Karteikarten** mit Stichpunkten zu Umweltproblemen.

Beispiel:

> Viele Menschen werfen Müll achtlos weg.
> Manches braucht jedoch lange, bis es verrottet:
> Glas: 50 000 Jahre
> Batterien: 100 Jahre
> Joghurtbecher: 5 Jahre
> ...

- **Entwickeln eines Umweltspieles mit Spielplan und Aktionskarten**

Beispiele für Aktionskarten:

Dein CD-Player dröhnt zu laut durch den Wald.	Du nimmst dein Pausenbrot in einer Brotdose mit.
2 Felder zurück!	2-mal würfeln!

- Adressen für Aktive (→ Das Auer Sprachbuch 3, S. 19)

SPRACHSTUDIO/SCHREIBSTUDIO

Auf einen Blick

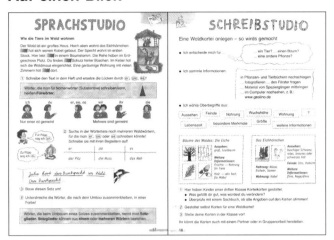

Das Auer Sprachbuch 3, S. 17/18

1. Pädagogisch-didaktische Überlegungen

Im **Sprachstudio** werden anhand weiterer Übungen die jeweiligen Fachbegriffe „Fürwörter" und „Satzglieder" eingeführt und durch entsprechende Merksätze gestützt. Die Einbettung der Fürwörter in einen Kontext in **Aufgabe 1** zeigt hier nochmals deutlich ihre Leistungen im Hinblick auf Lesen und Schreiben: So sind sie einerseits Stellvertreter für Substantive, andererseits können durch sie auch Sätze in einem Text miteinander verbunden werden.
Als Abschluss des Kapitels erhalten die Kinder im **Schreibstudio** eine strukturierte Anleitung, die ihnen helfen soll, eine klasseneigene Waldkartei anzulegen. Nachdem sich die Schüler für ein Thema entschieden haben, werden sie angeregt, verschiedene Informationsquellen zu nutzen, um ihr fachspezifisches Wissen – im Sinne des „Lernen lernens" – selbstständig zu erweitern. Die vorgegebenen Oberbegriffe sollen dabei eine Ordnungshilfe geben. Durch Vorgabe der Beispiele (vgl. **Aufgabe 1**) werden Überarbeitungsstrategien (sachliche Richtigkeit, Verständlichkeit, …) angebahnt.

2. Vorschläge zu Unterricht und Übung

- **Zu Seite 17:** Da sprachschwächeren und ausländischen Schülern die Verwendung des richtigen Fürwortes oft Schwierigkeiten bereitet, wäre es sinnvoll, **Aufgabe 1** zunächst gemeinsam am OHP zu besprechen. Dabei könnte auch ein klasseneigener Merksatz von den Kindern formuliert werden. Das Sprachbuch zeigt Möglichkeiten auf, Fürwörter mit Zeichen zu stützen. Diese werden gemeinsam eingeübt und auf einem Plakat visualisiert. Den Kindern kann so auch der Zusammenhang der **Fürwörter** im Singular und Plural deutlich werden:
Einzahl: 1 Hand / **Mehrzahl:** 2 Hände
ich/wir: zeigen auf sich
du/ihr: von sich fort
er/sie/es/sie: über die Schultern

- **Zu Seite 18:** Die Kinder bringen von zu Hause Bücher, Zeitschriften, Fotos, Naturmaterialien, … mit, stellen diese im Sitzkreis kurz vor und legen sie dann auf den Informationstisch. Nach einer Vermutungsphase, wozu die verschiedenen Informationsmaterialien nützlich sein könnten, wird die Zielangabe „Wir legen eine Waldkartei an" formuliert. Es folgt ein „brain-storming", bei dem die von den Schülern genannten Erstellungskriterien an der Tafel notiert und durch die Anleitung im Buch ergänzt und strukturiert werden. Nach der gemeinsamen Besprechung von **Aufgabe 1** könnte **Aufgabe 2** zunächst in Gruppenarbeit erfolgen. Dabei entdecken die Kinder, dass sich mehrere Bücher in ihren Informationen ergänzen, und notieren schließlich durch Vergleich die für sie wichtigen Stichpunkte. Die Informationsbeschaffung über das Internet sollte gerade in der heutigen Zeit nicht mehr außer Acht gelassen werden, eröffnet sich dadurch doch eine für das Kind motivierende Chance zum selbstgesteuerten Lernen.

3. Anregungen für Freie Arbeit, Wochenplan und individuelle Förderung

- **Fürwörter- und Satzgliedtraining** (120)
Material:
  – Blankowürfel (3 cm) wird mit Fürwörterzeichen und der entsprechenden Endung beklebt, Verbkarten, auf denen Tätigkeiten dargestellt sind.

Anleitung:
Die Verbkarten liegen verdeckt auf einem Stapel. Das erste Kind erwürfelt sich ein Fürwort und zieht eine Verbkarte. Damit erfindet es einen lustigen Satz und wendet dabei die vorgegebene Personalform an. Der Satz kann auf einen Streifen geschrieben und im Anschluss in seine einzelnen Satzglieder zerschnitten werden. Diese werden in einer Satzgliedkiste gesammelt und stehen für das Erfinden weiterer Sätze bereit.

- **Satzbaumeister mit Waldsätzen**

- **Würfel mit Satzbauteilen**

- **Ausgestaltung der Waldkartei**
  – Bereitlegen von Informationsmaterialien, Karteikarten, Präsentation, Erstellen eines Registers, alphabetisches Einordnen, …

Medien – Fenster zur Welt

Nachrichten

Auf einen Blick

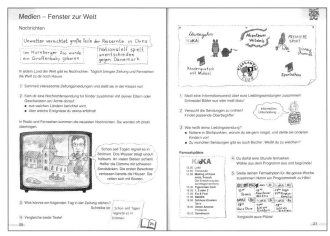

Das Auer Sprachbuch 3, S. 20/21

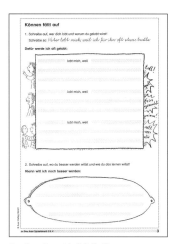

Das Auer Sprachheft 3, S. 10

1. Pädagogisch-didaktische Überlegungen

In unserer multimedialen Welt werden die Kinder täglich mit verschiedensten Nachrichten konfrontiert. **Seite 20** im Buch beschränkt sich zunächst auf Nachrichten in Zeitungen, das Fernsehen und das Radio.
Bei **Aufgabe 1** lesen die Kinder die unterschiedlichen Themeninhalte von Nachrichten. Sie werden angeregt, selbst interessante Zeitungsmeldungen zu sammeln und in der Klasse vorzustellen. Dadurch werden sie zum Sprechen und Gesprächeführen motiviert.
Hier kann bereits eine Analyse über die verschiedenen Qualitätsmerkmale der unterschiedlichen Nachrichtenangebote erfolgen. Beim Fernsehen hören und sehen wir das Geschehen, beim Radiohören werden Informationen akustisch erfasst. Zeitungsberichte müssen erlesen werden; gesprochene Nachrichten werden hierbei in geschriebene Sprache umgewandelt.
Durch den Arbeitsauftrag bei **Aufgabe 2** wird eine differenzierte Überprüfung der Nachrichteninhalte provoziert. Über welches Ereignis wird berichtet und aus welchem Land kommt diese Information?
In der weiteren Aufgabenstellung erkennen die Schüler, dass sich die Bildsituation und der Text aufeinander beziehen. Bei **Aufgabe 3** wird die Veränderung des Verbs bei der Präsensbildung angebahnt. Durch den Vergleich der dabei entstehenden zwei Texte wird die Vergangenheitsform besprochen und unregelmäßige Verben erarbeitet (→ Das Auer Rechtschreibheft 3, S. 40).
Auf **Seite 21** wird nochmals auf Oberbegriffe (Sammelnamen) eingegangen. Die Kinder notieren ihre Lieblingssendungen und erstellen eine Informationswand. Außerdem lernen sie, ihre Programmauswahl zu begründen.

2. Vorschläge zu Unterricht und Übung

- Als **Einstiegssituation** eignen sich eine Weltkarte, ein großformatiger Kinderatlas oder eine Folie mit der Erdkugel. Die Schüler benennen oder suchen Länder und Erdteile, über die sie bereits Nachrichten gehört haben, über die sie etwas erzählen können. Die Ereignisse der letzten Zeit haben das Interesse vieler Kinder auch auf die geographische Lage von Ländern oder Erdteilen gelenkt.

- Nun wird erläutert, wie die Nachrichten aus allen Teilen der Welt zu uns gelangen, durch Fernsehen, Radio und Zeitungsberichte. In einem Kreisgespräch bringen die Kinder ihr vorhandenes Sachwissen ein.
Im Anschluss werden die in **Aufgabe 1 und 2** geforderten Arbeitsaufträge ausgewertet. Die mitgebrachten Zeitungsmeldungen werden besprochen, sortiert und nach Inhaltsschwerpunkten an der Tafel gesammelt. In Partnerarbeit werden nun Oberbegriffe für die einzelnen Bereiche gefunden (Sport, Politik, Freizeit, …).
Bevor die Berichte über die mit den Eltern gesehenen Nachrichtensendungen erfolgen, ist es vor allem für sprachschwächere Schüler hilfreich, wenn eine bestimmte Erzählreihenfolge erarbeitet wird, z. B.:
  – Aus welchem Land wurde berichtet?
  – Über welches Ereignis wurde berichtet?
  – Welche Personen oder Tiere waren beteiligt?
  – War es ein erfreulicher Bericht?
Bei der Bearbeitung der Bild-Textsituation bietet es sich an, die Kinder selbst als Fernsehsprecher tätig werden zu lassen. Besonders motiviert hier die Kulisse eines Bildschirmes und der Gebrauch eines Mikrofones.
Nun wird erarbeitet, dass Nachrichten aus dem Radio oder Fernsehen meist direkt übertragen werden und deshalb in der Gegenwart gesprochen werden.
Die Schüler versuchen anschließend die Geschichte als Zeitungsreporter zu erzählen. Sie erkennen, dass ein Bericht, wenn er von einem bereits vergangenen

Ereignis erzählt, in der Vergangenheit geschrieben werden muss.
Als Vorübung werden die Verben farblich markiert. Nun kann in Partnerarbeit versucht werden, die Verben in die 1. Vergangenheit zu setzen.
An dieser Stelle sollte nochmals an die Beweise für die Verben erinnert werden. Es muss bewusst gemacht werden, dass sie die Zeitform bestimmen. Die unregelmäßigen Verben sollten vor allem mit ausländischen Kindern besprochen werden. Hilfreich für das eigenständige Schreiben sind die Listen von **Seite 119–122**.
Beim abschließenden Vergleichen der beiden Texte wird wiederholend auf die Funktion der Verben eingegangen.

- Auf **Seite 21** gestalten die Schüler selbst eine Informationswand über ihre Lieblingssendungen, die erneut nach bestimmten Oberbegriffen geordnet werden.
In einem Expertengespräch können die Schüler über ihre Lieblingssendung erzählen und auch begründen, warum diese Sendung gerne gesehen wird. Bitte beachten, dass nur Sendungen aus dem Kinderkanal besprochen werden.

- Der Lehrplan fordert, dass das breite Spektrum der Medienträger erarbeitet wird und auf die unterschiedlichen Auswahlkriterien hingewiesen wird. Die Leistung der einzelnen Themen wird anders erlebt. So kann in Printmedien immer wieder geblättert werden, Bilder können genau und ohne Zeitdruck betrachtet werden. Im Fernsehen sind wir zeitlich gebunden, wir sehen zu und das Gesehene ist vorbei.

- Für die Auswahl bei **Aufgabe 4** sollte das Programm des Kinderkanales angeboten und auf den kritischen Umgang mit Medien eingegangen werden.
Im Vergleich der einzelnen Fernsehpläne können die unterschiedlichen Vorlieben der Mitschüler aufgezeigt werden (Sport, Natur, Umwelt, …).

Fächerverbindungen:
– Lesen: Nachrichten aus Zeitungen
– HSU: Klassennachrichten
– Kunst: Gestaltung eines Bildes zu einem Zeitungsbericht
– Musik: Musikalische Untermalung einer Nachrichtensendung (Trommel, Flöte)

3. Anregungen für Freie Arbeit, Wochenplan und individuelle Förderung

- **Zeitungskiosk**
In einem Ringordner werden aktuelle Zeitungsberichte gesammelt. Die Tunwörter werden aus einzelnen Abschnitten herausgesucht und in der Gegenwarts- und Vergangenheitsform aufgeschrieben. Die Listen von **Seite 119–122** und ein Wörterbuch dienen als Kontrolle. Diese Übung eignet sich vor allem für die Partnerarbeit im Helfersystem.

Variante: Ein Kind spielt den Verkäufer am Kiosk. Er berichtet über das Gelesene in der Vergangenheitsform.

- **Fernsehstation/Zeitungsstation**
In einem Karteikasten werden Fernsehsprechertexte aufgeschrieben und gesammelt. Ein Kind liest immer einen Satz als Fernsehsprecher hinter dem Pappbildschirm, ein anderes Kind schreibt den Satz als Reporter in der Vergangenheit auf. Die Tunwörter werden farblich markiert.

- **Tunwörterdomino**

- **5-Minuten-Training**
Wörterliste mit unregelmäßigen Verben:
Die unregelmäßigen Verben aus dem Wortschatz der Kinder werden gesammelt und in Listen eingetragen. In der linken Spalte stehen die Wörter in der Grundform, rechts müssen die unregelmäßigen Verben ergänzt werden. Um den Zeitrahmen zu begrenzen und die Kinder zu motivieren, wird eine Sanduhr verwendet. Die Kontrolle erfolgt durch ein Kontrollblatt.

- **Tunwörterbingo/Gruppenspiel**
Die Schüler erhalten einen Arbeitsplan, auf dem die Verben in der 1. Vergangenheit stehen. Der Spielleiter erhält Wortkarten mit den Verben in der Gegenwart. Es wird immer eine Karte aufgedeckt und vorgelesen. Wer auf seinem Plan das passende Verb entdeckt, ruft „Stopp", verbalisiert die Wörter nochmals, erhält die Karte und legt diese auf den Plan. Wer eine Reihe waagerecht, senkrecht oder diagonal belegt hat, ruft „Bingo" und erhält eine Perle. Wer am Ende die meisten Perlen besitzt, ist Tagessieger (124/125).
Variante: Der Spielleiter bildet mit der gezogenen Wortkarte einen Satz, die Spieler müssen mit dem gleichen Satz im Präsens antworten.

- **Fernsehtipp zum Tage**
Auf einer Pinnwand werden jeden Tag sehenswerte Sendungen kurz beschrieben und gesammelt.

Schreiben am Computer/Der Computer – nicht nur ein Schreibwerkzeug

Auf einen Blick

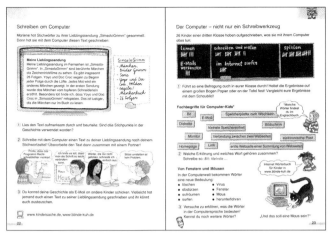

Das Auer Sprachbuch 3, S. 22/23

1. Pädagogisch-didaktische Überlegungen

Auf **Seite 22** sollen die Kinder den Computer als Schreibwerkzeug kennen und nutzen lernen.
Durch die Gegenüberstellung des Textes von Marlene und ihres Stichpunktzettels wird zunächst deutlich, dass vor dem Schreiben inhaltliche Schwerpunkte notiert werden, die bei der Ausführung berücksichtigt werden sollten. Dies wird durch die Aufgabenstellung und Auswertung von **Aufgabe 1** erreicht.
Das Aufschreiben der Stichpunkte zur eigenen Lieblingssendung führt zur Erarbeitung eines Textes am PC. Hierbei erfahren die Kinder die verschiedenen Vorteile des Schreibprogramms: Rechtschreibfehler werden markiert und können sofort verbessert werden, die Schriftgröße ist zu verändern, Sätze können problemlos umgestellt und Wörter gelöscht werden.
Die Textüberarbeitung in Partnerarbeit und das Probieren der verschiedenen Funktionen motiviert die Kinder zu intensiver Arbeit, vor allem, wenn der Text anschließend per E-Mail an andere Schüler verschickt wird.
Auf **Seite 23** wird der Computer als vielseitiges Informations- und Kommunikationsmedium kennen gelernt. Durch eine Befragung der Schüler wird zuerst festgestellt, wie der PC hauptsächlich genutzt wird. Anwendungsmöglichkeiten mit Vor- und Nachteilen werden besprochen.
In **Aufgabe 2** wird das Erfahrungswissen der Kinder in Bezug auf die Computersprache ermittelt und die unterschiedliche Deutung der Ausdrücke mit der Normalsprache erörtert.
Falls möglich, kann hier das Internet-Wörterbuch aufgesucht oder alternativ mit dem Karteikasten gearbeitet werden (122/123).

2. Vorschläge zu Unterricht und Übung

- **Zu Seite 22:** Als Einstieg dient eine Folie mit den Stichpunkten von Marlene. Der Sinn der Stichwortliste wird besprochen.

- Anschließend wird der Text im Sprachbuch gelesen. In Partnerarbeit kann nun über die Vollständigkeit der Ausführungen gesprochen werden.

- Bevor die Kinder nun selbst eine Geschichte am PC schreiben, sollten grundlegende Schreibfunktionen besprochen werden (Rechtschreibprogramm, Fehlerkorrektur, Entfernen, …).

- Das Schreiben kann in Einzel- oder Partnerarbeit erfolgen, je nach Anzahl der PC-Arbeitsplätze. Da Kinder die unterschiedlichsten Erfahrungen im Umgang mit dem Computer haben, bietet sich das Helfersystem an. Häufig können hier auch leistungsschwächere Schüler ihr Wissen einbringen und erhalten so eine positive Verstärkung.

- Bei **Aufgabe 3** sollte nun exemplarisch eine E-Mail an einen Freund, eine Partnerklasse, Partnerschule, Elternbeirat, … geschickt werden. Um den Schülern einen Einblick in die Möglichkeiten des Internets zu ermöglichen, könnten die angegebenen Adressen aufgesucht werden.

- Auf **Seite 23** motiviert die Ergebnisdarstellung der Umfrage einer 3. Klasse zur Befragung im Klassenverband. Durch die Auswertung erfolgt nun ein Gespräch über den unterschiedlichen Gebrauch des Computers.

- Bei **Aufgabe 2** lernen die Kinder unterschiedliche Begriffe der Computersprache kennen. In Partnerarbeit wird nun versucht, die Bedeutungen der Fachbegriffe mit Hilfe eines Englischwörterbuches oder mit dem Erfahrungswissen der Kinder zu klären.

- In der anschließenden Schreibaufgabe werden die entsprechenden Wörter und die Erklärung schriftlich fixiert. Sehr motivierend wirkt es, wenn sich jedes Kind eine kleine Computerkartei zusammenstellen darf. Dabei wird der Fachbegriff auf die Vorderseite einer Karteikarte geschrieben, die Erläuterung folgt auf der Rückseite. Eine Erweiterung der Begriffe erfolgt durch die Kopiervorlagen im Anhang (122/123).

- Interessant ist es, wenn die Kinder in **Aufgabe 3** die unterschiedliche Bedeutung der Wörter in der Computersprache untersuchen. Durch die pantomimische Darstellung oder durch konkrete Handlungen erkennen sie die gewünschte Wortbedeutung.

- Nun sollten die unterschiedlichen Begriffe, wenn möglich, durch die Arbeit mit dem PC erfahren werden:
  z. B. – das Löschen von Daten,
  – das richtige Herunterfahren,
  – das Aufräumen (Datei in Ordner verschieben),
  – das Benennen von Maus, Fenster, Monitor, Diskette.

- Um den Kindern die Begriffe auch visuell zu verdeutlichen, kann zu einigen Begriffen auch ein Bild gemalt werden. Dies ist vor allem für leistungsschwächere Schüler eine sinnvolle Merkhilfe.

Fächerverbindungen:
– Lesen: Harald Braem: „Computerlied" (Gedicht), John Farndon: „Elektronische Post" (Sachinfos zum Internet), Agthe Arendt u. a.: „Hans der Hacker" (Text als Diskussionsanlass), „BR-Kinderinsel-Funkhaus/Kinder machen Radio" (Beispiel für Internetseiten) (→ Das Auer Lesebuch 3, S. 47–53)
– HSU: Medien vergleichen und einsetzen, Informationen beschaffen (→ Das Auer Heimat- und Sachbuch 3, S. 20–23)
– Kunst: Zeichnerische Gestaltung eines Lernplakates zu entsprechenden Computerbegriffen

3. Anregungen für Freie Arbeit, Wochenplan und individuelle Förderung

- **Kartei mit Computerbegriffen**

  Mit der Kartei kann in Einzel- oder Partnerarbeit geübt werden. Ein Kind liest den Begriff vor, der Partner erklärt diesen oder der einzelne Schüler überprüft sein Wissen in selbsttätiger Karteiarbeit.

- **Bilderkartei**
  Die bildlich darstellbaren Computerbegriffe (z. B. Cliparts verwenden) werden ebenfalls in einer Kartei gesammelt. Die Bearbeitung erfolgt analog (s. o.).

- **Pantomime**
  Pantomimisch darstellbare Begriffe werden auf Wortkarten geschrieben und verdeckt auf den Tisch gelegt. Jeder Teilnehmer der Runde zieht eine Karte und versucht den gesuchten Begriff zu spielen. Wer diesen errät, versucht ihn zu erklären und zieht die nächste Wortkarte.

- **Bücherecke**
  Computerbücher der Kinder werden ausgestellt.

- **Arbeit am PC**
  Die Kinder probieren an einem vorgegebenen Text die Ausführung bestimmter Arbeitsaufträge: z. B.: „Lösche das Wort ‚gehen‘ und ersetze es durch einen anderen Begriff! Speichere den Text auf einer Diskette! Fahre den Computer ordnungsgemäß herunter! …"

Brennen

Brennen wird das Speichern von Daten auf einer CD-ROM genannt.
Zum Brennen benötigst du einen CD-Brenner und eine spezielle Software.

Klassenradio selbst gemacht

Auf einen Blick

Das Auer Sprachbuch 3, S. 24

1. Pädagogisch-didaktische Überlegungen

Diese Sprachbuchseite konfrontiert die Schüler eingehend mit dem Medium „Radio".
Durch die Vorschlagsliste werden unterschiedliche Hörfunkbereiche aufgezeigt, die zu einem Gruppengespräch motivieren. Die Schüler beraten, welchen Beitrag sie bearbeiten wollen, welche Informationen sie benötigen (Titel, Interpret, ...). Hier sollte auf die unterschiedlichen Info-Quellen verwiesen werden (Internet, Zeitung, Sachbücher).
Bei **Aufgabe 2** sollen wesentliche Merkmale für einen Bericht, ein Interview oder unterhaltende Beiträge erkannt und zugeordnet werden.
Die Auswertung der schriftlich fixierten Arbeiten erfolgt in einer kritischen Konferenz. Hierbei sollen die Kinder den Umgang mit Lob und sachlicher Kritik lernen.
Abschließend werden die nochmals überarbeiteten Beiträge in eine sinnvolle Sendereihenfolge gebracht (Musik, Interview, Musik, ...).

2. Vorschläge zu Unterricht und Übung

- Die Schüler erhalten in Gruppen Programmhefte unterschiedlicher Radiosender und markieren Sendungen, die hauptsächlich gehört werden. Im Erzählkreis wird über die Vorlieben und Erfahrungen gesprochen. An der Tafel werden Oberbegriffe fixiert und durch spezielle Sendungen ergänzt:
  z. B. Sportberichte – Fußball, Tennis, Eishockey, ...
  Hörspiele – Harry Potter, Käpt'n Blaubär, ...

- An dieser Stelle können auch Ausschnitte verschiedener Sendungen abgespielt werden, um das Bewusstsein der Kinder auf die Sprache der Radiosprecher zu lenken (deutliche Aussprache, betontes Sprechen, bildhafte Sprache), je nach Intention der Sendung. Dies führt zur Bearbeitung von **Aufgabe 2**.

  In Partner- oder Gruppenarbeit werden die wesentlichen Merkmale des Interviews, des Berichtes und der Unterhaltung erarbeitet und besprochen.

- Nun beginnt die Arbeit der Redaktionsgruppen. Unter Berücksichtigung der in **Aufgabe 2** angegebenen Tipps werden die unterschiedlichen Beiträge geschrieben.

- Vor dem Vortrag der Arbeitsergebnisse müsste besprochen werden, dass die Bewertung der Beiträge in sachlicher Form zu erfolgen hat. Lob und Anerkennung sowie Verbesserungsvorschläge sollten offen angenommen und in die Überarbeitung einbezogen werden.

- Bei **Aufgabe 5** versuchen die Schüler, ihre Beiträge in einer Probelesung vorzustellen. Hierbei sollte auf eine deutliche Aussprache und die richtige Betonung geachtet werden.

- Nachdem die Kinder in Gruppenarbeit die einzelnen Beiträge in eine sinnvolle Reihenfolge gebracht haben, werden diese auf einen Tonträger aufgenommen.

- Abschließend wird die Klassensendung der Partnerklasse oder den Eltern vorgespielt.

Fächerverbindungen:
– Lesen: „BR-Kinderinsel-Funkhaus/Kinder machen Radio" (Radio im Internet) (→ Das Auer Lesebuch 3, S. 52/53); im Internet können auch Audio-Dateien (Kinderreporter-Interviews) angehört werden!

3. Anregungen für Freie Arbeit, Wochenplan und individuelle Förderung

- **Radiokönig**
  Selbstgeschriebene Berichte oder Interviews einzelner Schüler werden in der Vorviertelstunde oder in der Freiarbeit einer Gruppe oder einem Partner vorgestellt.

- **Musikstation**
  Geräuschekassetten oder CDs werden abgehört und eine entsprechende Hintergrundmusik zu einem bestimmten Text ausgewählt.

- **Sprechstation**
  Bei dieser Station üben die Kinder das deutliche Sprechen anhand von Reimen oder Versen:
  z. B. Fischers Fritze fischt frische Fische.

- **Sinnfolgen erkennen**
  Ein Bericht wird in Sinnschritte zerschnitten. Die Schüler lesen und ordnen den Bericht in der richtigen Reihenfolge. Zur Kontrolle bieten sich Bilder auf der Rückseite an.

SPRACHSTUDIO/SCHREIBSTUDIO

Auf einen Blick

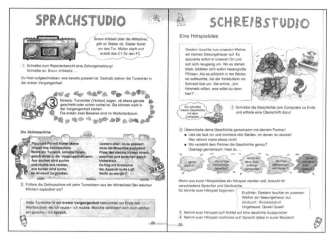

Das Auer Sprachbuch 3, S. 25/26

Das Auer Sprachheft 3, S. 11/12

1. Pädagogisch-didaktische Überlegungen

Auf der **Sprachstudioseite 25** wird die gesprochene und geschriebene Sprache in Verbindung gebracht. Durch den Radiobericht bei **Aufgabe 1** wird nochmals deutlich, dass eine Reportage in der Gegenwartsform gesprochen wird. Das anschließende Schreiben eines Reporterberichtes macht den Kindern bewusst, dass Tunwörter in der Gegenwart oder Vergangenheit stehen können (3. Beweis für Tunwörter).

Flipp und Flo motivieren in **Aufgabe 3** zur Arbeit mit der Zeitmaschine. Durch die Eingabe verschiedener Tunwörter wird erfahren, dass sich die Vergangenheitsformen verändern können. Der Merksatz sollte nun durch intensive Übung mit der Verbenliste im Anhang **(Seite 119–122)** verinnerlicht werden.

Im **Schreibstudio** sollen die Schüler einen Text nach verschiedenen Vorgaben bearbeiten. Der Anfang der Geschichte vom Seeungeheuer regt die Fantasie der Kinder an und motiviert zum Schreiben und zum Finden einer passenden Überschrift.

In **Aufgabe 2** wird zum kritischen Überdenken des eigenen „Geschriebenen" durch lautes Vorlesen angeregt. Die in den „Pfützen" aufgeführten Hilfsimpulse erleichtern die Überprüfung und Bearbeitung.

Die anschließende Umarbeitung des Geschriebenen in eine Hörspielfassung lässt die Kinder kreativ Sprache gestalten. Geräusche müssen erfunden werden (Kaleidoskop), die Stimme kann verstellt werden (Sprechen in verschiedenen Tonlagen), ... Beim Aufnehmen des Hörspieles muss auf eine deutliche Aussprache geachtet werden.

2. Vorschläge zu Unterricht und Übung

- Als Einstieg für **Seite 25** bietet sich das Abspielen der Fußballreportage an, bei der die Schüler den Arbeitsauftrag erhalten, die Tunwörter zu beachten und diese zu notieren. Bei der Auswertung werden die Tunwörter in der Gegenwartsform an die Tafel geheftet.

- Kindern mit nichtdeutscher Muttersprache oder leistungsschwächeren Schülern wird das Finden der in **Aufgabe 1** erforderlichen Vergangenheitsform erleichtert, wenn mit dem Partner oder in der Gruppe gearbeitet wird.

- Nun erkennen die Kinder, dass Tunwörter in der Gegenwart oder in der Vergangenheit stehen können. Dies ist ein weiterer Beweis für das Erkennen der Verben.

- Um die unregelmäßigen Verben zu üben und zu erkennen, bietet sich das Basteln einer Zeitmaschine **(Aufgabe 3)** an. Jedes Kind erhält zwei Streichholzschachteln, eine wird als Zeitmaschine gestaltet, die andere erhält die Aufschrift „EXPLOSIV". Nun werden Wortkarten mit Verben in der Gegenwartsform auf der linken Seite eingeschoben und rechts herausgezogen. Die Schüler verbalisieren: „Ich spiele – ich spielte, ich fliege – ich flog." Handelt es sich um ein regelmäßiges Verb, so wird die Endung -te ergänzt, handelt es sich um ein unregelmäßiges Verb, so wandert die Wortkarte in die Schachtel „EXPLOSIV". Anhand der Verbenliste **Seite 119–122** werden nun die unregelmäßigen Verben auf der Rückseite der „Explosivwörter" geschrieben. Diese dienen dann als Übungshilfe für die häusliche Arbeit.

- Als Einstieg für die **Schreibstudioseite** bietet sich die Vorgabe der Bilder des Seeungeheuers am OHP an. Die Kinder sprechen zu den Bildern und stellen Vermutungen über den Verlauf der Geschichte an.

- Nach dem Erlesen des Textes schreiben die Kinder die Geschichte am Computer zu Ende. Das Finden der Überschrift könnte in Gruppenarbeit erfolgen.

- Wichtig erscheint hier, die Schüler zum kritischen Bearbeiten ihrer Geschichte anzuleiten. Dazu gehört das laute Vorlesen, bei dem Schwachstellen des Geschriebenen vom Kind selbst erkannt werden können. Ebenso die Anwendung von Überprüfungsstrategien, wie sie bei **Aufgabe 2** angeboten werden.

- Viel Freude bereitet es, wenn die Geschichte zu einem Hörspiel umgeschrieben wird. Beim Arbeiten in der Gruppe entfalten die Kinder meist eine enorme Fantasie und Kreativität in den Gestaltungsfragen. Hier finden meist auch leistungsschwächere Schüler ihre Bestätigung, wenn z. B. Hintergrundgeräusche zu produzieren sind.

- Vor dem Aufnehmen des Hörspieles erscheint es sinnvoll, einen Probedurchlauf vorzuschalten. Hierbei wird nochmals das deutliche, langsame, betonte Sprechen geübt.

- Im Kaleidoskop auf **Seite 27** werden Anregungen für eigene Hörspielgeräusche und für die Verwendung von Zeichensprache gegeben.

Fächerverbindung:
– Kunst: Gestaltung einer Streichholzschachtel als Zeitmaschine, Bilder zum Hörspiel gestalten

3. Anregungen für Freie Arbeit, Wochenplan und individuelle Förderung

- **Tunwörterbingo** (124/125)

- **Verben-Bilderstation**
Auf dem Tisch liegen Verb-Bildkarten, auf denen Tätigkeiten dargestellt sind. Die oberste Karte wird aufgedeckt und das Tunwort benannt. Nun sprechen die Kinder das Verb in der Gegenwartsform und in der 1. Vergangenheit (Verb-Bildkarten z. B. beim Schubi-Verlag zu beziehen).

Vorderseite	Rückseite
schwimmen: ich schwimme ich schwamm er, sie, es schwamm	

- **Zeitmaschine**
Die Kinder entscheiden, ob es sich um ein regelmäßiges oder unregelmäßiges Verb handelt (genauere Beschreibung siehe Vorschläge zu Unterricht und Übung).

- **Übungsstation: Verbenkartei**
Die Kinder arbeiten mit Karteikarten. Auf der Vorderseite steht das Verb in der Grundform. Auf der Rückseite steht das Verb in der 1. Vergangenheit.

lesen	ich las er, sie, es las

- **Geräuschestation**
Hier stehen den Kindern verschiedene Materialien zur Verfügung: Reis, Schachteln aus verschiedenen Materialien, kleine Steine, Fön, Wasser, … Ziel ist es, verschiedene Hintergrundgeräusche zu finden. Die Ergebnisse werden in einem Geräuschebuch aufgeschrieben.

Beispiele
– Regen: Reis rieselt in einen Karton.
– Knall: einen Luftballon zerplatzen lassen.
– Quietschgeräusche: mit einem Edding-Stift auf einem aufgeblasenen Luftballon entlangfahren.

- **Smileys erfinden**
Die Kinder versuchen, mit der Gestaltung von Smileys möglichst viele Gefühle auszudrücken. Die Partner müssen die Bedeutung erkennen.

Werbung weckt Wünsche

Werbung durchschauen

Auf einen Blick

Das Auer Sprachbuch 3, S. 28/29

1. Pädagogisch-didaktische Überlegungen

„Ratz-Fatz wirkt Wunder!" – Die Kinder begegnen hier einer Werbeanzeige, die – wie in realen Lebenssituationen – genau auf ihre eigenen Bedürfnisse, Wünsche und Träume abzielt. Wer will als Kind nicht stark und fit sein, gute Noten und immer Spaß haben? Am Beispiel von Ratz-Fatz wird die „Machart" der Werbung für die Kinder durchschaubar: Werbung weiß genau, was wir uns wünschen und sie lockt uns mit Versprechungen. Dabei bedient sie sich neben optischen Effekten vor allem sprachlicher Mittel. Diese manipulativen Möglichkeiten der mündlichen und schriftlichen Werbesprache untersuchen die Kinder auf den folgenden Sprachbuchseiten genauer. Sie entdecken: Werbung arbeitet häufig mit Schlag- oder Signalwörtern (z. B. „super", „spitze" etc.), sie will uns mit eingängigen Slogans überreden (z. B. „Ratz-Fatz wirkt Wunder!") und mit Ausrufen und Appellen (z. B. „Los, hol dir dein Ratz-Fatz!") auffordern, etwas zu kaufen.

2. Vorschläge zu Unterricht und Übung

- **Zu Seite 28:** Die Kinder lesen und betrachten das Werbeplakat, welches eventuell als vergrößerte Kopie oder als Folie an der Tafel hängt. Zum Thema Werbung werden die Kinder sicherlich viel zu erzählen wissen. Sie berichten, wo sie überall Werbung finden (Zeitungen, TV, Kino, Internet), welche Sendungen, Anzeigen, Werbesprüche sie kennen etc. Im Anschluss an das freie Erzählen wird das Ratz-Fatz-Plakat genauer untersucht:

  – Was verspricht uns die Werbung, wenn wir Ratz-Fatz kaufen und trinken? Wie sind diese Versprechungen dargestellt? Die Kinder entdecken: Auf dem Plakat stehen viele kurze Schlagwörter, viele Ausrufe und Aufforderungen. Die Werbung will uns damit überreden, etwas zu kaufen.
  – Wie ist die Werbung „aufgemacht"? Die Kinder untersuchen dazu Schrift und Schriftgröße auf dem Plakat, Farbigkeit des Plakates, die grafische Gestaltung, Mimik und Gestik der beiden dargestellten Kinder, …

  Eventuell notiert der Lehrer/die Lehrerin die wichtigsten Ergebnisse an der Tafel mit.

- **Seite 29, Aufgabe 2** führt die Klasse weiter: Ratz-Fatz verspricht vieles, was sich Kinder wünschen. Sicher gibt es noch mehr Wünsche, die auf einem Plakat gesammelt werden können:

Im Anschluss vergleichen die Kinder noch einmal ihre eigenen Wünsche mit den Aussagen der Ratz-Fatz-Werbung und auch mit anderen Reklameversprechen. Das Gespräch führt zu der gemeinsamen kritischen Reflexion: Stimmt das wirklich, was uns die Werbung verspricht? Bekommt man z. B. wirklich gute Noten, wenn man Ratz-Fatz trinkt? Kann die Werbung wirklich unsere Wünsche erfüllen?

- **Zu Aufgabe 3:** Am Beispiel des Ratz-Fatz-Plakates haben die Kinder erfahren: Werbung will überzeugen und überreden. Sie bedient sich dazu einer besonderen Sprache: So verwendet sie oft „starke Eigenschaftswörter", übertreibt häufig, lockt mit Sprüchen, die leicht zu merken, oft auch witzig sind. Häufig fordert uns die Werbung durch Appelle zum Kauf auf. Nun sammeln die Kinder weitere Werbewörter, Ausrufe und Werbesätze auf Plakaten. Sie untersuchen dazu in Gruppen Zeitschriften und Reklameblätter oder notieren Werbesprüche, die sie auswendig kennen.

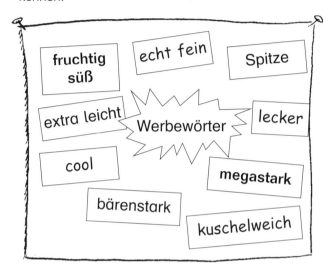

Die Wörter werden aus den Zeitschriften ausgeschnitten und aufgeklebt oder mit dicken, bunten Stiften auf das Plakat geschrieben.
Oft arbeitet die Werbung auch mit Fremdwörtern (cool, light, mega, ultra, …). Die Kinder erforschen, was diese Wörter bedeuten.

Wie muss die Ratz-Fatz-Werbung wohl gelesen und gesprochen werden, um Käufer für das Produkt zu interessieren und zu überreden? Diese Überlegungen führen im Anschluss zur Planung einer Reklamesendung, wie sie zum Beispiel im Radio zu hören sein könnte: Mit einem Partner oder in einer kleinen Gruppe überlegen sich die Kinder Spielszenen, Texte und Möglichkeiten zur Vertonung der Sendung. Zur Verfügung steht einfaches Orff-Schlagwerk. Auch die erstellten Plakate mit den Werbewörtern und typischen Werbeaufforderungen dienen als „Werbefutter". Besondere Freude macht es natürlich, wenn die Beiträge der Kinder auf Kassette aufgenommen und wieder abgespielt werden.

3. Anregungen für Freie Arbeit, Wochenplan und individuelle Förderung

- Verpackungen, z. B. von Süßwaren eignen sich ebenfalls zum Untersuchen für „Werbeexperten". Auch hier wird mit viel Farbe und Versprechungen um den Käufer geworben! Im Kreis stellen die Kinder ihre „unter die Lupe" genommenen Produkte vor.

- **Lesetexte** (126) stehen in der Freien Arbeit oder im Wochenplan zum Üben zur Verfügung. Hier wirkt eine Untermalung mit Geräuschen oder Musikinstrumenten ebenso.

- Die Kinder führen eine **Befragung** von Eltern, Geschwistern und Verwandten durch:

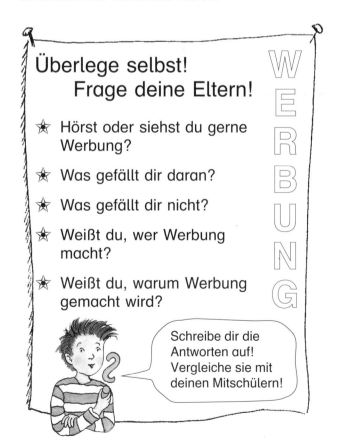

zu Das Auer Sprachbuch 3 S. 28/29

Werbung selbst gemacht

Auf einen Blick

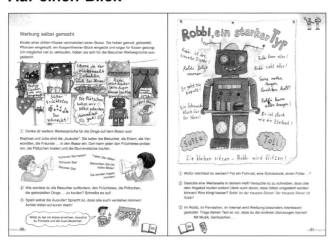

Das Auer Sprachbuch 3, S. 30/31

– Eine selbst gebastelte Sprechtüte bündelt die Stimme und erhöht die Lautstärke des Ausrufers.

Die Kinder sammeln die Ausrufe und schreiben sie anschließend auf ein Plakat (z. B. in Form einer Sprechtüte). Die Ausrufezeichen werden farbig markiert.
Im Anschluss kann im Klassenzimmer ein Basar oder Flohmarkt aufgebaut werden, um die erlernten „Werbekünste" zu erproben. Vielleicht lässt sich ein Basar oder Flohmarkt auch mit einem aktuellen Anlass im Rahmen der Schule verbinden.

- **Zu Seite 31:** Das Werbeplakat wird zunächst „unter die Lupe" genommen: Sind Gestaltung, Sprache und Inhalt so gewählt, dass der Leser sich für den Roboter interessiert, ihn kaufen möchte? **Aufgabe 2** im Buch verweist auf die Möglichkeit, dass durch einfache Satzumstellungen Werbesätze größeren Aufforderungscharakter bekommen. So erhält z. B. der Produktname größeres Gewicht, wenn er am Anfang des Satzes genannt wird.

- **Zu Aufgabe 1:** Die Kinder arbeiten alleine, mit einem Partner oder auch in einer Gruppe: Sie entscheiden sich für ein Produkt, für das sie werben möchten und fertigen zunächst einen Entwurf für die grafische Gestaltung sowie den Werbetext an. Anschließend, nach Besprechung, Korrektur und Überarbeitung, malen und schreiben sie auf großen Plakaten (→ Das Auer Sprachheft 3, S. 14).

Fächerverbindungen:
– Lesen: Vera Ferra-Mikura: „Werbung" (→ Das Auer Lesebuch 3, S. 59)
– HSU: Werbung (→ Das Auer Heimat- und Sachbuch 3, S. 24–28)

1. Pädagogisch-didaktische Überlegungen

Um die Strategien der Werbung noch besser zu durchschauen, werden die Kinder nun selbst als „Werbeproduzenten" aktiv. Im Sprachbuch **Seite 30** ist die Situation eines Basars dargestellt. Hier gilt es vor allem, über mündliche Gestaltungsmittel Käufer anzulocken und für die ausgestellten Waren zu werben. Dadurch üben die Kinder, ihre Sprechsprache „werbewirksam" zu gebrauchen, auf gute Artikulation zu achten, Intonation und Stimmführung zu üben sowie Gestik und Mimik in die Werbeausrufe mit einzubauen. Die Funktion des Ausrufes und des Ausrufezeichens wird dabei noch einmal wiederholt und vertieft. Auf **Seite 31** nehmen die Kinder ein Werbeplakat aus dem Basar bezüglich der Werbewirksamkeit und Werbesprache unter die Lupe („Robbi ein starker Typ"). Mit Hilfe ihres inzwischen erworbenen „Know-hows" können sie im Anschluss daran – sicherlich mit großer Freude – eigene Werbungen entwerfen, Werbetexte schreiben, Werbeplakate gestalten und gemeinsam Werbesendungen „produzieren".

3. Anregungen für Freie Arbeit, Wochenplan und individuelle Förderung

- **Werbesendungen für das Fernsehen erfinden:** Ein alter Fernsehrahmen und eine Verkleidungskiste fordern zum Erfinden und Spielen weiterer Reklamesendungen auf.

- **Werbecollagen:** Aus Zeitschriften schneiden die Kinder einzelne Produkte aus. Sie kleben das Bild auf, entwerfen dazu selbst eine Werbeseite und malen bzw. schreiben dazu.

2. Vorschläge zu Unterricht und Übung

- **Zu Seite 30:** Auf einem Flohmarkt möchte Flo ihre Waren verkaufen. Die Kinder überlegen, wie Flo Käufer an ihren Stand „locken" und zum Kauf auffordern kann:
  – Lautes, deutliches Sprechen ist dazu ebenso wichtig wie verständliche kurze Sätze.
  – Die Ware muss besonders angepriesen werden (z. B. durch Verwendung von Eigenschaftswörtern wie „toll", „super", …).
  – Durch Ausrufe (z. B.: „Kommen sie herein!") sowie auffordernde Gesten (z. B. Hereinwinken) fühlt sich der Vorbeigehende besonders eingeladen.

Bühne frei für Marionetten

Auf einen Blick

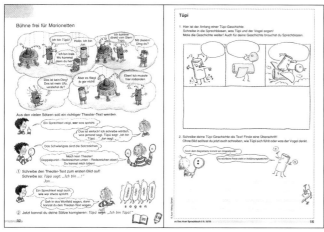

Das Auer Sprachbuch 3, S. 32   Das Auer Sprachheft 3, S. 15

1. Pädagogisch-didaktische Überlegungen

Der Gebrauch der wörtlichen Rede beim Verfassen ihrer eigenen Geschichten ist für Kinder oft nicht leicht. Das Sprachbuch versucht deshalb auf **Seite 32**, schrittweise zu erarbeiten, warum und wie die wörtliche Rede in Erzähltexten eingesetzt werden muss.

Am Beispiel des Marionettenspiels wird nachvollziehbar: In einem Theaterspiel kann der Zuschauer immer mitverfolgen, wer spricht. Auch bei einem Marionettenspiel sieht er dies über die Bewegung und Aktion der Puppen. Ebenso ist in einer Geschichte die Zuordnung zu einem Sprecher eindeutig, wenn der Text in Sprechblasen steht; dies ist vielen Kindern aus Comicbüchern vertraut. In einem Erzähltext dagegen sieht man nicht, wer etwas spricht. Deshalb muss der Erzähler oder Sprecher benannt und die wörtliche Rede besonders gekennzeichnet werden.

Geübt wird mit den Kindern zunächst die einfache Form des **Begleitsatzes** zur wörtlichen Rede. Es bietet sich an, in diesem Zusammenhang eine erste kurze Wortfeldübung zum Wortfeld „sagen/sprechen" (→ Das Auer Sprachbuch 3, S. 118) anzuschließen.

2. Vorschläge zu Unterricht und Übung

- **Zu Seite 32:** Ins Theater gehen oder selbst Theater spielen – welches Kind taucht nicht gerne in diese Fantasiewelt ein? So regt das Marionettenspiel im Buch sicherlich zuallererst die Fantasie der Kinder an und lädt natürlich zum Nachspielen und Weitererzählen ein. Im Sprachbuch findet sich auf **Seite 35** im **Kaleidoskop** eine Bauanleitung für die Marionettenfiguren. Mit einfachen Mitteln lässt sich eine kleine Bühne im Klassenzimmer aufbauen, auf der die Kinder die Szene im Buch nach- und weiterspielen.

Die Kinder erfahren durch das eigene Spiel, dass es notwendig ist, den Text aufzuschreiben. Nur so können ihn die einzelnen Spieler üben und bei der Vorführung sicher vortragen.

- Mit Hilfe der **Aufgabe 1** überlegen die Kinder, wie sie einen Theatertext aufschreiben, damit jeder weiß, was er zu sprechen hat. Flipp und Flo erklären dies im Buch. An der Tafel werden die ersten Sätze in wörtlicher Rede erarbeitet, die Satzzeichen farblich markiert.
  Zu den weiteren Bildern schreiben die Kinder selbst den Theatertext.

- **Zu Aufgabe 2:** Beim Vorlesen des gesamten Textes werden die Kinder sicher selbst merken, dass die ständige Wiederholung des Tunwortes „sagen" langweilig klingt. Weitere Wörter aus dem Wortfeld werden gesammelt, die Texte entsprechend überarbeitet.

3. Anregungen für Freie Arbeit, Wochenplan und individuelle Förderung

- **Partnerübung**
  Die Kinder zeichnen selbst Spielszenen mit Texten in Sprechblasen. Nach rechtschriftlicher Korrektur schreibt der Nachbar anschließend den Theatertext mit wörtlicher Rede auf.

- **Kartei mit kurzen Comicszenen**
  Aufgabe für die Kinder: Schreibe den Theatertext mit wörtlicher Rede auf!

- **Puzzlestreifen** (zum Legen auf dem Boden, eventuell laminiert), mit denen Dialoge zusammengesetzt werden können:

Tüpü ruft:	„Kommt doch mit! Ich fliege los."
Jan und Ina antworten:	„Toll, da sind wir mit dabei!"
Tüpü erzählt:	„Mit meinem Ufo war ich schon auf dem Planeten Mars."
Tüpü fragt:	„Wer fliegt mit zum Stern Topo?"
Ina fragt:	„Darf meine Katze Mio auch mitfliegen?"
Tüpü erklärt:	„Deine Katze darf mit. Aber sie darf nicht mit den Knöpfen im Raumschiff spielen."

- **Satzmaschine**

SPRACHSTUDIO

Auf einen Blick

Das Auer Sprachbuch 3, S. 33

1. Pädagogisch-didaktische Überlegungen

Das **Sprachstudio** führt die Einführung in die wörtliche Rede von **Seite 32** weiter. An einer weiteren Marionetten-Spielszene üben die Kinder noch einmal die Umsetzung eines Sprechtextes in einen Theatertext. Die Begriffe „Begleitsatz" und „Wörtliche Rede" werden nun eingeführt. Zudem wiederholt die Sprachbuchseite die Funktion des Ausrufezeichens, hier im Zusammenhang mit Aufforderungssätzen.

2. Vorschläge zu Unterricht und Übung

- **Zu Aufgabe 1:** Im Anschluss an das Lesen oder Nachspielen der Szene entsteht der Anfang des Theatertextes an der Tafel. Der Lehrer/die Lehrerin schreibt den Begleitsatz und die wörtliche Rede dabei jeweils in zwei verschiedenen Farben auf. Auch der Doppelpunkt sowie die Redezeichen werden farblich gekennzeichnet.
Flipp und Flo erklären nun im Buch, wie die einzelnen Teile des Satzes zu benennen sind. Nun vervollständigen die Kinder die Szene und halten die Satzteile und Zeichen in den vereinbarten Farben fest. Am Schluss überlegen noch einmal alle gemeinsam: Welche Wörter aus dem Wortfeld „sagen/sprechen" passen besonders gut?
Die Szene im Buch regt dazu an, sie weiter zu zeichnen und zu schreiben. Die Kinder erfinden dazu entweder selbst eine Geschichte oder der Lehrer/die Lehrerin bietet zur Differenzierung Sätze an, die von noch unsicheren Schreibern „zusammengebaut" werden können:

Ina fragt: „Dürfen wir dein Raumschiff besichtigen?"

Tüpü antwortet: „Gerne. Aber dreht nicht an den Knöpfen?"

Die Kinder meinen: „Du hast ein ganz tolles Raumschiff, Tüpü!"

- **Aufgabe 2** verknüpft eine Übung zum Wortfeld „sagen/sprechen" mit einer Sprechübung. In der abgebildeten Szene fordert Jan Tüpü auf, sich auf Mios Rücken zu setzen. Jan kann dies sowohl freundlich, als auch bestimmt, ärgerlich oder wütend sagen. Über das Nachsprechen (z. B. mit Puppen) versuchen die Kinder ausfindig zu machen, wie sie durch unterschiedliche Stimmführung, Lautstärke, Mimik oder Gestik die Ausdruckskraft von Sätzen verändern können. Nun wird überlegt: Welches Wort des Wortfeldes „sagen/sprechen" passt nun zu dem jeweils Gesagten? *Jammert, schreit, schluchzt* oder *jubelt* Jan den Satz?
Trotz unterschiedlicher Intonation bleibt der Satz von Jan eine Aufforderung. Am Schluss des Satzes steht also ein Ausrufezeichen. Die Kinder sollen nun zunächst mündlich weitere Aufforderungen sammeln und das Sprechen dazu ausprobieren. Anschließend hängen Plakate mit verschiedenen Figuren und leeren Sprechblasen an der Tafel.

Was rufen die einzelnen Figuren? Zu was fordern sie auf? Die Kinder schreiben ihre Ideen auf Papierstreifen und kleben diese in eine Sprechblase der passenden Figur. Die Ausrufezeichen, die einen Aufforderungssatz beenden, werden farbig hervorgehoben.

3. Anregungen für Freie Arbeit, Wochenplan und individuelle Förderung

- **Kurze Erzähltexte** auf Karteikarten zum Abschreiben und Einsetzen der Redezeichen:

Tüpü will mit seinem Raumschiff losfliegen. Er ruft die Kinder: Beeilt euch! Wir wollen gleich starten. Die Kinder antworten: Wir sind schon hier! Es kann losgehen.

Das Raumschiff landet auf dem Stern Topo. Ines ruft: Hier ist es aber toll! Tüpü meint: Der Stern Topo ist er schönste Stern im ganzen Weltraum!

SCHREIBSTUDIO

Auf einen Blick

Das Auer Sprachbuch 3, S. 34

1. Pädagogisch-didaktische Überlegungen

Das **Schreibstudio** bietet auf dieser Seite einige weitere Anregungen, Ideen und Tipps für das Schreiben von Werbetexten. So stellen die beiden Werbetexte „Laufen Sie! Kaufen Sie!" die Werbetaktik durch Verändern der werbewirksamen Eigenschaftswörter buchstäblich „auf den Kopf" und regen zum Erfinden eigener unsinniger und lustiger Werbungen an.

In den **Aufgaben 2 bis 4** erproben die Kinder Wortbildungsmöglichkeiten mit Wiewörtern: Sie wissen bereits, dass Werbung oft mit „kräftigen" Wiewörtern arbeitet. Durch zusammengesetzte Wiewörter lässt sich dieses sprachliche Mittel der Werbung noch verstärken.

2. Vorschläge zu Unterricht und Übung

- **Zu Aufgabe 1:** Der Lehrer/die Lehrerin hat die beiden Beispiele auf einem Plakat an der Tafel (oder als Folie) vorbereitet. Die Kinder lesen und entdecken, dass in diesen Werbeanzeigen etwas nicht richtig ist: Hier kauft bestimmt niemand etwas! Die Werbungen sind unsinnig, weil die falschen Wiewörter eingesetzt wurden – richtig wäre immer das Gegenteil. An einem weiteren Werbeplakat an der Tafel probieren die Kinder diesen Effekt nun selbst aus:

Die Kinder unterstreichen zunächst die Wiewörter im Text, formulieren im Anschluss in Einzel-, Partner- oder Gruppenarbeit auch diesen Werbetext in eine lustige und verdrehte Werbung um. Im Anschluss daran erfinden sie eigene lustige Werbesätze und malen sowie zeichnen dazu.

Als Hausaufgabe schreiben die Kinder die beiden Werbetexte des Sprachbuches mit den richtigen Wiewörtern in ihr Heft.

- **Zu Aufgabe 2:** Flipp und Flo haben einen Tipp, wie Verkäufer noch geschickter ihre Waren anpreisen können. An der Tafel hängen dazu Wortkarten, die von den Kindern zusammengesetzt werden:

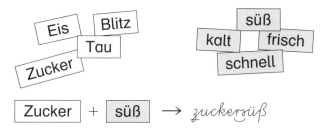

Bei der Notation des zusammengesetzten Wiewortes gilt es, den Hinweis von Flipp und Flo zu beachten: Auch ein zusammengesetztes Wiewort bleibt ein Wiewort und wird klein geschrieben. Die Kinder prüfen die Wörter an der Tafel durch die ihnen bekannten Beweise für das Wiewort nach.

Anschließend schreiben sie die beiden Werbetexte in veränderter Fassung auf. Das laute Vorlesen der fertigen Texte kann auch in eine Spielszene mit einem Marktverkäufer umgesetzt werden. Somit wird die Werbewirksamkeit der zusammengesetzten Wiewörter noch einmal besonders deutlich.

- **Zu Aufgabe 3 und 4:** Nun sind wieder „Verkaufskünstler" gefragt. Diese Aufgabe sollte differenziert angeboten werden: Kinder, die die Aufgabe selbstständig lösen können, arbeiten alleine oder mit einem Partner. Mit einer Gruppe setzt der Lehrer/die Lehrerin die Wiewörter zunächst gemeinsam zusammen, bevor die Kinder einen eigenen Text dazu schreiben. Einer weiteren Gruppe steht der Text als Lückentext zur Verfügung, in dem die zusammengesetzten Wiewörter eingesetzt werden müssen.

> *Extra für Sie!*
> Wir haben _____ Tee!   [zuckersüßen]
> Hier gibt es _____ Plätzchen!
> Kaufen Sie unsere _____ Kissen!
> [kuschelweichen]   [honiggelben]

Auch die **Aufgabe 4** bietet sich als individuelle Aufgabe, z. B. im Rahmen des Wochenplans, an.

Fächerverbindung:
– Lesen: Vera Ferra-Mikura: „Werbung" (→ Das Auer Lesebuch 3, S. 59)

3. Anregungen für Freie Arbeit, Wochenplan und individuelle Förderung

- **Domino-Spiel:** Zusammengesetzte Wiewörter (127)

- Eine **Sammlung** von zusammengesetzten Wiewörtern dient auch als „Wörterschatz" für die Überarbeitung eigener Geschichten. So können z. B. Plakate in Collagetechnik gestaltet werden:

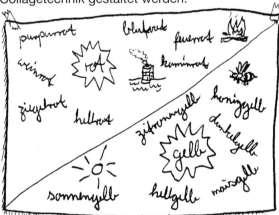

- **Beschriftungsbilder** mit Sprechblasen zum Einsetzen von Werbeausrufen:

- **Lesetext mit zusammengesetzten Wiewörtern**

> **Prinzessin 🍌 leicht und Prinz ● rund**
>
> 1. Es lebte einmal eine Prinzessin, die war 🍌 leicht.
> 2. Sie hatte eine ✏ spitze Nase und 👁 blaue Augen.
> 3. Sie trug immer 🍋 gelbe Kleider aus 🕸 dünner Seide.
> 4. Eines Tages heiratete die Prinzessin einen Prinzen.
> 5. Der war ● rund und 🗼 groß.
> 6. Er trug einen Anzug aus Silber
> 7. und hatte eine 🥄 glatte Glatze.
> 8. Sie feierten ein großes Hochzeitsfest und tanzten und
> 9. tanzten, bis ihnen heiß und schwindlig wurde.
> 10. Ein Diener öffnete ein Fenster.
> 11. Frische Luft wehte in den Festsaal.
> 12. Aber, o weh!
> 13. Der Luftzug trug die 🍌 leichte Prinzessin hinaus,
> 14. hoch in den Himmel.
> 15. Der ● runde Prinz wollte sie festhalten.
> 16. Er rannte ♩ schnell hinterher,
> 17. stolperte, rollte den Schlossberg hinab,
> 18. und niemand konnte ihn einholen.
> 19. Er rollte und hüpfte, hüpfte hoch und höher,
> 20. bis er am Nachthimmel hing.
> 21. Dorthin hatte der Wind die 🍌 leichte Prinzessin getragen.
> 22. Den ● runden Prinzen kannst du in mancher Nacht
> 23. am Himmel sehen.
> 24. Und wenn du genau hinsiehst, kannst du auch
> 25. die Prinzessin erkennen!
>
> *Heinrich Röbe*

Typisch Mädchen? Typisch Junge?

Wir starten eine Umfrage / Typisch – stimmt das?

Auf einen Blick

Das Auer Sprachbuch 3, S. 36/37

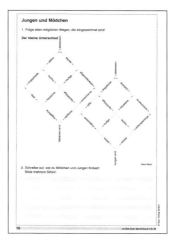

Das Auer Sprachheft 3, S. 16

1. Pädagogisch-didaktische Überlegungen

Da sich Mädchen und Jungen im Grundschulalter häufig voneinander abgrenzen und im Schulalltag gegeneinander agieren, scheint es wichtig zu erfragen, was Mädchen und Jungen wirklich voneinander denken.

Aufgabe 1 auf **Seite 36** stellt das Ergebnis einer solchen Umfrage dar. Nachdem die Schüler die Aussagen gelesen haben, werden an einer Pinnwand Vorschläge gesammelt, wie eine eigene Umfrage gestaltet werden könnte. Hierbei sollten die in **Aufgabe 2** aufgeführten vier Gedanken Berücksichtigung finden.

Als Auswertung bietet sich die Gestaltung einer Wandzeitung an, die für alle Schüler der Schule ausgehängt werden sollte.

Auf **Seite 37** folgt nun die Diskussion über die Befragungsergebnisse. Der Begriff „typisch" sollte hinterfragt werden, ebenso, weshalb manche Verhaltensweisen geschlechtsspezifisch als typisch erachtet werden.

Durch das Gespräch zwischen Lena und Raphael werden unterschiedliche Meinungen deutlich. An dieser Stelle wäre es wichtig, die Regeln der Gesprächsführung zu erarbeiten:

Zum Beispiel:
- Die Gesprächsinhalte beziehen sich aufeinander.
- Wir hören einander zu.
- Wir fragen nach, wenn etwas nicht verstanden wurde, denn eine Nachfrage zeugt von Interesse.
- Wir bleiben sachlich.
- ...

2. Vorschläge zu Unterricht und Übung

- Als möglicher Einstieg könnte ein Streitgespräch zwischen einem Jungen und einem Mädchen von einem Tonträger abgespielt werden, bei dem die Äußerungen „Typisch Mädchen? Typisch Junge?" fallen:

Junge: „Immer musst du Gummihüpfen, typisch Mädchen!"

Mädchen: „Und du spielst immer nur Fußball, typisch Junge!"

- Dies führt direkt zu den Umfrageergebnissen auf der **Seite 36**. An dieser Stelle könnte auch auf geschichtliche und gesellschaftliche Rollenerwartungen im Wandel der Zeit eingegangen werden. Nach einer ersten Aussprache wird über das Vorgehen einer eigenen Befragung beraten.

Folgende Fragen müssten nun genau besprochen werden:
a) Wen befragen wir?
  – eigene Klasse, alle 3. Klassen, die ganze Schule, ...
b) Wo findet die Befragung statt?
  – während der Unterrichtszeit, in der Freizeit, sind Lehrer zu informieren, um mögliche Störungen einplanen zu können, ...
c) Wie halten wir die Antworten fest?
  – Stichpunktzettel, Videogerät, Kassettenrekorder, Fragezettel, ...
d) Wie werten wir die Ergebnisse aus?
  – Wandzeitung, Bildsituationen mit Sprechblasen, Inforunde, ...

- Auf **Seite 37** werden die typischen Verhaltensmuster hinterfragt und mögliche Verständigungsstrategien entwickelt. Dazu bietet sich erst einmal die Aussprache innerhalb des Klassenverbandes an:
  – Was heißt „typisch"? – Gibt es das überhaupt?
  – Wie äußert sich dies?
  – Warum ist manches „typisch"?

- In der Diskussion gibt es unterschiedliche Meinungen. Wichtig erscheint hier zu erörtern, dass das gegenseitige Zuhören die Grundlage für gegenseitiges Verstehen darstellt. Jeder sollte versuchen, dem anderen zuzuhören und nachzufragen, wenn Aussagen nicht verstanden werden, da dies das Interesse an dem Gehörten signalisiert. **Aufgabe 3** verdeutlicht dies.

- Bei **Aufgabe 4** könnten nun Strategien entwickelt werden, wie sprachliche Konflikte formuliert werden sollten, ohne den Partner zu verletzen. Dabei müssen die besprochenen Regeln auch dann eingehalten werden, wenn Gesprächsinhalte emotional belastet sind.

Fächerverbindungen:
– Lesen: Christine Nöstlinger: „Rosalinde hat Gedanken im Kopf" (→ Das Auer Lesebuch 3, S. 90–92)
– Lesen/Musik: Rolf Zuckowski: „Starke Kinder" (→ Das Auer Lesebuch 3, S. 93); Lied auf CD: MUSIK FÜR DICH Rolf Zuckowski OHG Hamburg
– HSU: Zusammenleben in der Schule (→ Das Auer Heimat- und Sachbuch 3, S. 4)

3. Anregungen für Freie Arbeit, Wochenplan und individuelle Förderung

- **Infostand Mädchen – Infostand Jungen**
  Um das gegenseitige Verständnis zu fördern, werden Bücher, Zeitschriften, Spiele und Spielzeug von Mädchen und Jungen auf zwei Tischen ausgestellt. Nun erklären sich die Kinder gegenseitig, warum sie z. B. ein Spiel gerne spielen und laden den Partner oder die Partnerin zum Mitspielen ein. Anschließend erfolgt eine Stellungnahme, die auch schriftlich fixiert zu dem Spiel geheftet wird.

- **Meckerkiste**
  Die Schüler schreiben ihre Konflikte mit dem anderen Geschlecht auf und werfen den Zettel in einen Briefkasten. Einmal wöchentlich wird die Meckerliste entleert, die Probleme im Sitzkreis besprochen und Lösungsstrategien entwickelt.

- **Rollenspiel**
  Konflikte werden gespielt. Dabei schlüpfen Mädchen in die Rolle des Jungen und umgekehrt. Hierbei soll das gegenseitige Verstehen und Empfinden gefördert werden.

- **Im Wandel der Zeit**
  Durch unterschiedliche Zeitungsberichte, Bilder und Bücher aus der Vergangenheit soll die geschlechtsspezifische Rollenverteilung erarbeitet werden. Auf einer Pinnwand werden typische Berufe, Verhaltensweisen, … getrennt aufgeschrieben. Nun erfolgt der Vergleich mit der heutigen Zeit.

- **Die eigenen Stärken kennen lernen**
  Ich bin gerne ein Mädchen – Ich bin gerne ein Junge, weil …
  Diese Sätze werden auf zwei Plakate geschrieben. Die Schüler ergänzen sie während des Zeitraumes von einer Woche mit möglichst vielen Argumenten. Bei der Auswertung werden die Unterschiede zwischen Mädchen und Jungen besprochen.

- **Ein Klassenzimmer für Jungen und Mädchen**
  In einem Ringordner werden Vorschläge für ein Klassenzimmer für Jungen und Mädchen gesammelt. Jeder Vorschlag muss sachlich begründet werden.

Ein Streit in der Pause/Gefühle

Auf einen Blick

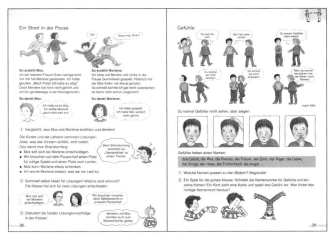

Das Auer Sprachbuch 3, S. 38/39

Das Auer Sprachheft 3, S. 17

1. Pädagogisch-didaktische Überlegungen

Auf **Seite 38** wird ein Pausenvorfall aus zwei verschiedenen Perspektiven gesehen. Die Kinder erzählen die Geschichte unterschiedlich und verwenden dabei sowohl die Erzähl-, als auch die Schreibsprache (habe gerufen – konnte).
„Die starre Trennung zwischen Erzählsprache und Schreibsprache wurde aufgehoben, um den Text besser klingen zu lassen."[1]

Nach der Auswertung von **Aufgabe 1** werden Lösungsvorschläge gesammelt und der Begriff des Brainstormings eingeführt, bei dem alle Gedanken der Kinder ungeordnet notiert werden. Lösungen werden diskutiert, auf den Sinn hin überprüft und vorgespielt. Die Möglichkeit der Streitschlichtung durch Mitschüler sollte an dieser Stelle besprochen werden.

Auf **Seite 39** wird die Kenntnis über die Namenwörter auf Abstrakta übertragen. Konkretes Beispiel sind hier die Gefühle, die nicht gesehen, gerochen oder angefasst werden können.

Bei **Aufgabe 1** wird deutlich, dass Gefühle durch Gestik oder Mimik sichtbar werden. Dadurch wird die Bild-Wortzuordnung ermöglicht.

Bei **Aufgabe 2** versuchen die Kinder, möglichst viele Gefühle zu finden und auf Karteikarten zu schreiben. Die pantomimische Umsetzung und das Finden der entsprechenden Namenwörter stellt bereits eine erste Übungsphase dar.

2. Vorschläge zu Unterricht und Übung

- Als Einstieg könnte hier nochmals auf das unterschiedliche Pausen-Spielverhalten von Jungen und Mädchen eingegangen werden. Hieraus ergibt sich ein Sprechanlass zu der im Sprachbuch angeführten Streitsituation zwischen Max und Marlene.

- Nach einer ersten Stellungnahme durch die Schüler sollte hier auf Verhaltens- und Rücksichtsregeln eingegangen werden. Jetzt folgt der sprachliche Vergleich durch Gegenüberstellung der beiden Erzählungen. Es wird besprochen, wie eine Erzählung besser klingt.

- Bei **Aufgabe 1** erfolgt die Einführung des Brainstormings. Auf einem großen Plakat oder an der Tafel werden nun die spontanen Einfälle der Kinder zur Problemlösung gesammelt. Für die Auswertung bietet sich an, zuerst in der Gruppe über die Vorschläge zu diskutieren und Begründungsmöglichkeiten für die Sinnhaftigkeit der Lösung zu finden.
In der Klassenkonferenz werden die verschiedenen Möglichkeiten besprochen; die einzelnen Gruppen könnten diese, falls möglich, auch im Rollenspiel darstellen.
Hier wird die Möglichkeit des Einsatzes eines Streitschlichters eingeführt. Diese Aufgabe sollte wöchentlich gewechselt werden, vor allem hat es sich bewährt, diese Funktion auch an Streitproduzierer zu übertragen, da dadurch evtl. eine Verhaltensänderung erfolgen könnte.

---

[1] Vgl. Menzel, W.: Grammatik-Werkstatt. Seelze-Velber: Kallmeyer 1999

- Kindern fällt es sehr schwer, ihre Gefühle wahrzunehmen, zu verbalisieren und zu begründen.
Deshalb könnten als Einstieg in den Themenbereich Bilder dienen, die unterschiedliche Situationen aufzeigen, z. B.: eine Schlägerei auf dem Schulhof, zwei Kinder umarmen sich, ein Brot wird geteilt, ein weinendes Kind im Kriegsgebiet, …
Die Schüler werden nun aufgefordert, sich in die entsprechende Situation zu versetzen und die Gefühle der entsprechenden Personen zu vermuten und zu begründen.

- Im Anschluss daran kann nun erarbeitet werden, dass man Gefühle nicht riechen, anfassen oder sehen kann, diese aber durch Gestik und Mimik deutlich werden. Die Namen der bisher gefundenen Gefühle werden auf Karteikarten geschrieben und an die Tafel geheftet. Mit den Abbildungen bei **Aufgabe 1** wird dieses Wissen nochmals vertieft. Es sollte intensiv darauf eingegangen werden, dass Sprache sehr verletzen kann. In einer Gesprächsrunde können die Schüler ihre eigenen Erfahrungen dazu äußern. Die Zuordnung der abstrakten Namenwörter zu den vorgegebenen Bildern kann jetzt in Gruppen- oder Partnerarbeit erfolgen.

- In einer anschließenden Spielphase werden nun die bisher gefundenen Namen für Gefühle auf Karteikarten geschrieben und entsprechend der Anweisung von **Aufgabe 2** ausgeführt.

3. Anregungen für Freie Arbeit, Wochenplan und individuelle Förderung

- **Situationsbilderkartei**
In einem Ringordner werden Bilder unterschiedlicher Alltagssituationen gesammelt.
In der Freiarbeit werden die Bilder besprochen, die Gefühle benannt und begründet.

- **Würfelspiel**
Auf Wortkärtchen werden die unterschiedlichsten Namenwörter geschrieben und auf der Rückseite jeweils die Symbole für sichtbare oder nicht sichtbare Namenwörter gemalt.

V:    R:

Auf einem Würfel werden 3 Felder mit einem sehenden Auge, drei Felder mit einem durchgekreuzten Auge beklebt.

Die Ausführung kann in Partner- oder Gruppenarbeit erfolgen. Die Wortkarten werden auf dem Tisch verteilt. Ein Spieler würfelt. Erhält er das Symbol mit dem durchgekreuzten Auge, so muss er ein abstraktes Namenwort suchen. Die Kontrolle erfolgt durch das Umdrehen der Wortkarte.
Das Spiel kann durch das Bilden eines Satzes mit dem entsprechenden Namenwort noch erweitert werden.

Gefühlsbarometer
Zwei DIN-A5-Karteikarten werden mit einem lachenden bzw. einem traurigen Smiley beklebt und mit einem Band zum Umhängen versehen. Will ein Kind der Klasse ein positives oder negatives Gefühl mitteilen (evtl. nach der Pause), so darf es sich die entsprechende Gefühlskarte umhängen und erhält so die Genehmigung zum Berichten.

Gefühle beschreiben/Würfelspiel (128–130)
Dieses Spiel erfolgt in Partnerarbeit. Der erste Spieler würfelt. Kommt er auf ein Ereignisfeld, so zieht er eine Ereigniskarte mit dem entsprechenden Symbol. Die Karte wird gelesen, das entsprechende Gefühl beschrieben und die zusätzliche Anordnung ausgeführt.

Namenwörter gesucht!

Auf einen Blick

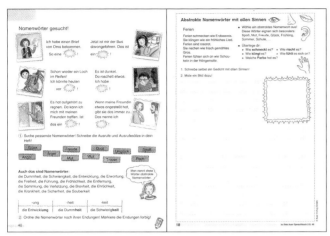

Das Auer Sprachbuch 3, S. 40   Das Auer Rechtschreibheft 3, S. 18

1. Pädagogisch-didaktische Überlegungen

Auf **Seite 40** wird die sinnvolle Anwendung abstrakter Namenwörter gesichert und die Substantivierung von Verben und Adjektiven durch Anhängen der Endungen -ung, -heit, -keit erläutert.
Durch die verschiedenen Bild- und Sprachsituationen bei **Aufgabe 1** werden die Kinder motiviert, die entsprechenden Gefühle zu erkennen, zu beschreiben und das passende Namenwort der Sprechblase zuzuordnen. Das anschließende Schreiben der Ausrufe und Ausrufesätze vertieft das bereits vorhandene Wissen um entsprechende Satzschlusszeichen.
Aufgabe 2 macht deutlich, dass die Wortbausteine -ung, -heit, -keit zur Großschreibung eines Verbs oder Adjektives führen. Diese Übung dient der Sicherheit im Umgang mit Wortbausteinen (Verbindung von *Richtig schreiben* und *Sprache untersuchen*).

2. Vorschläge zu Unterricht und Übung

- Als Einstieg könnten an der Tafel Satzstreifen mit den Ausrufezeichen „So ein Pech! So eine Freude! Ich habe Angst! So ein Glück! ..." angeheftet werden. In Partnerarbeit erfinden die Schüler eine kleine Geschichte, die den entsprechenden Ausruf zur Folge hätte. Die Auswertung kann in einer szenischen Darstellung erfolgen.

- Nun wird die **Aufgabe 1** mit dem umgekehrten Arbeitsauftrag erarbeitet. Zu einer vorgegebenen Situation werden die Namen für die entsprechenden Gefühle gesucht und die Zuordnung begründet.

- Vor der Bearbeitung von **Aufgabe 2** sollte die **Seite 101** „Richtig schreiben" behandelt werden.

- Als Wiederholung werden die Wortbausteine -ung, -heit, -keit als stummer Impuls an die Tafel geheftet. Die Schüler wiederholen den weiteren Beweis für Namenwörter: Wörter mit den Endungen -ung, -heit, -keit sind immer Namenwörter.

- Für die Bearbeitung von **Aufgabe 2** bietet sich eine differenzierende Aufgabengestaltung an. Von leistungsstarken Schülern kann zusätzlich das Aufschreiben des substantivierten Verbs oder Adjektivs gefordert werden, während leistungsschwächere Kinder die Substantive nach den Endungen ordnen und die entsprechenden Wortbausteine markieren.

- Als Zusatzaufgabe schreiben die Kinder mit den entsprechenden Namenwörtern Sätze auf.

3. Anregungen für Freie Arbeit, Wochenplan und individuelle Förderung

- **Wörterdosen**
Drei Karteikästchen oder Dosen werden jeweils mit einer Endung beschriftet. Auf Wortkarten stehen Verben oder Adjektive. Die Kinder entscheiden, welche Endung zur Substantivierung führt, schreiben das Namenwort auf und legen das Kärtchen in den entsprechenden Karteikasten.
Die Kontrolle erfolgt durch eine Wörterliste.

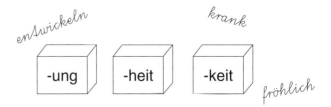

- **Entscheidungsstation**
Auf einem Tisch liegen Satzstreifen mit Lücken. Die Schüler entscheiden, ob es sich um ein Verb, Adjektiv oder Substantiv handelt.
Beispiel:
hoffen/Hoffnung
Ich _____ auf schönes Wetter.
Ich habe die _____ auf schönes Wetter.

SPRACHSTUDIO

Auf einen Blick

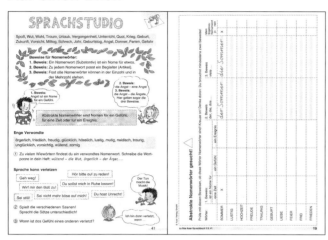

Das Auer Sprachbuch 3, S. 41   Das Auer Sprachheft 3, S. 19

1. Pädagogisch-didaktische Überlegungen

Auf **Seite 41** werden die Beweise der Namenwörter nochmals intensiv geübt und auf die Abstrakta übertragen. Durch das Ausprobieren der Beweisfindung erfahren die Schüler, dass die Mehrzahlbildung bei den meisten Abstrakta nicht möglich ist.
Aufgabe 1 weist auf den rechtschriftlichen Aspekt von Wortverwandten hin. Durch eine vorgegebene Auswahl von Adjektiven wird das verwandte Substantiv zugeordnet und auf die entsprechende Groß- und Kleinschreibung eingegangen.
In den **Aufgaben 2** und **3** wird erarbeitet, dass Sprache verletzen kann. Die unterschiedliche Betonung der Satzbeispiele verdeutlicht, dass das „Hören" zum Erkennen von Gefühlen einbezogen werden muss, da durch das Schriftbild allein keine Gefühle transportiert werden können.

2. Vorschläge zu Unterricht und Übung

- Als Einstieg könnten Wörter am OHP aufgedeckt werden, die nur in Großbuchstaben geschrieben sind.
  z. B.: MUT – NASE – ZORN – BLUMEN – TOPF, …
  Nach dem Lesen werden die Beweise für die Namenwörter erbracht. Es wird erkannt, dass die Mehrzahlbildung bei Abstrakta meist nicht möglich ist.

- Um die Wortverwandten zu finden, werden an eine Wandfläche Wortkarten mit Adjektiven, an die gegenüberliegende Wandfläche die verwandten Namenwörter geheftet. Es werden immer zwei Schüler beauftragt, ein Paar zu finden.

Vorgehensweise: Der 1. Schüler ruft das Adjektiv aus, der 2. Schüler sucht und benennt das verwandte Substantiv. Anschließend werden die Wortkarten nebeneinander an die Tafel geheftet. Die Weiterarbeit erfolgt analog.

- Vor der Erarbeitung von **Aufgabe 2** könnte ein Satzbeispiel mit unterschiedlicher Betonung von einem Tonträger abgespielt werden. Die Schüler erkennen dadurch die Wirkung der Betonung. Für Kinder nichtdeutscher Muttersprache und sprachschwächere Schüler wird durch diese Vorbereitung die Aufgabenbearbeitung erleichtert:
  Hör bitte auf zu reden!
  Hör **bitte** auf zu reden!
  Hör bitte **auf** zu reden!
  Hör bitte auf **zu reden**!

3. Anregungen für Freie Arbeit, Wochenplan und individuelle Förderung

- **Beweisstation: Namenwort/Wiewort?**
  Die Beweise für Substantive und Adjektive sind auf einem Plakat in zwei Spalten aufgeschrieben. Die Schüler erhalten Karten, auf denen Wörter in Großbuchstaben geschrieben stehen. Nun wird die Wortart durch Beweisführung bestimmt.

- **Der Ton macht die Musik/Partnerspiel**
  Auf Karten stehen Satzbeispiele analog **Aufgabe 2**. Ein Schüler zieht eine Karte und liest den Satz vor. Der Partner versucht, den Satz so umzuformulieren, dass er nicht mehr verletzend wirkt.

- **Welche Gefühle hast du?**
  Zu gebräuchlichen Redensarten sollen die Schüler das entsprechende Abstrakta finden.
  Beispiele:
  – „Ich habe Schmetterlinge im Bauch."
  – „Mir schlottern die Knie."
  – „Ich schwebe auf einer rosaroten Wolke."
  – „Mir bricht der Schweiß aus."

SCHREIBSTUDIO

Auf einen Blick

Das Auer Sprachbuch 3, S. 42

1. Pädagogisch-didaktische Überlegungen

Die Einstiegsbilder von **Seite 42** weisen auf die veränderte Schulsituation von früher und heute hin.
Die Schüler sollen die Veränderung von reinen Mädchen- und Knabenklassen zu einer gemischten Schulform als positive Entwicklung erkennen und nutzen lernen. Dies bietet der gedankliche Austausch über ein „Wohlfühlklassenzimmer" beider Geschlechter.
Zum Sammeln der Ideen wird wiederholend das Brainstorming angewendet. Neu erarbeitet wird bei der Auswertung die Strukturierungsform des „Mindmapping". Dieser Gedankenplan wird vor der Ausformulierung in Oberthemen und Unterpunkte gegliedert.
Die abschließende Klassenkonferenz stellt den Realitätsbezug her. Kinder müssen erkennen, was finanzierbar ist und durch welche Eigenleistungen das Wunschziel erreicht werden kann.

2. Vorschläge zu Unterricht und Übung

- Als Einstiegssituation dienen die Bilder der Sprachbuchseite. In einem Gesprächskreis bringen die Schüler ihre Gedanken zur damaligen Schulsituation ein. Erfahrungsgemäß bejahen die meisten Schüler der Grundschule die heutige Schulform und bemühen sich, miteinander ihr gemeinsames Klassenzimmer zu gestalten.

- Durch die den Schülern bereits bekannte Form des Brainstormings werden die spontanen Gestaltungsvorschläge an der Tafel notiert.

- Nun wird den Kindern die Gestaltungsform des „Mindmapping" vorgestellt. Dabei wird der systematische Aufbau dieser Gedächtnislandkarte besprochen. Das Hauptthema bildet den Kern der Grafik, diesem werden Unterthemen zugeordnet, bevor dann einzelne Details aufgeführt werden. Es ist sinnvoll, den Kindern diese Möglichkeit als Lerntechnik vorzustellen, die in vielen Fachbereichen beim Lernen von Inhalten Anwendung finden kann.

- Die erste Anwendung kann nun in Gruppenarbeit erfolgen. Die Schüler erhalten hierzu ein Plakat und einen Edding-Stift.

- In der Klassenkonferenz stellen die Gruppen ihre Ergebnisse vor. Es kann jetzt ein gemeinsamer Gedankenplan erstellt werden, bei dem Realisierungsmöglichkeiten und Eigeninitiative bereits Berücksichtigung finden können. Es sollte auch berücksichtigt werden, dass im Rahmen der Gleichberechtigung Mädchen und Jungen zufriedengestellt werden.

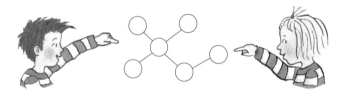

3. Anregungen für Freie Arbeit, Wochenplan und individuelle Förderung

- **Mindmap-Station:**
Auf Wortkarten sind bestimmte Themen vorgegeben, für die ein Mindmap erstellt werden kann:
Beispiele:
  – Wie kann ich einen Streit schlichten?
  – Wie bereite ich ein Interview vor?
  – Wir lernen für eine Probearbeit in HSU.
  – ...

- **Sammelordner für Gestaltungsvorschläge:**
In einem Ringordner werden Gestaltungsvorschläge und Zeichnungen der Kinder über ein „Wohlfühlklassenzimmer" gesammelt. Nach einem festgelegten Zeitpunkt werden die Beiträge besprochen und die Realisierung erörtert.

Feuer – Erde – Wasser – Luft

Feuer hat zwei Gesichter

Auf einen Blick

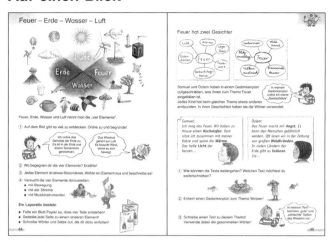

Das Auer Sprachbuch 3, S. 44/45

1. Pädagogisch-didaktische Überlegungen

Das Erforschen bzw. Erkunden der vier Elemente fasziniert Kinder. Zum einen fesseln Erzählungen und Geschichten über Kraft und Gewaltigkeit von Feuer, Erde, Wasser und Luft immer wieder aufs Neue, zum anderen führen Versuche und Experimente zu einer sachlichen Auseinandersetzung, die stets weiterführende Fragen mit sich bringt und nach Antworten verlangt. Die aufgegriffene Thematik des Sprachbuches bietet somit ein ideales Feld, um mit Hilfe der kindlichen Neugier das Eintauchen in eine Sache mit umfangreicher, sprachlicher Arbeit zu verknüpfen. So lernen die Kinder, sich durch Lesen von Büchern und Zeitschriften oder Befragungen selbst Informationen zu beschaffen, berichten und diskutieren über ihr neues Wissen, verfassen und halten Vorträge, schreiben passende Berichte sowie Geschichten, gestalten und beschriften Plakate oder Collagen.

Feuer, Erde, Wasser und Luft sind lebensnotwendig, bringen uns immer wieder zum Staunen, werden jedoch auch oft im Zusammenhang mit Naturkatastrophen genannt. Das Sprachbuch versucht auf den **Seiten 44–51** in den Kindern sowohl eine Wertschätzung *für* als auch eine gewisse Achtung *vor* der Natur heranreifen zu lassen, indem es die Thematik zum einen mittels sachlicher, zum anderen mittels handelnder, kreativ-schöpferischer und emotionaler Zugangsweisen aufbereitet.

2. Vorschläge zu Unterricht und Übung

- **Zu Seite 44, Aufgabe 1, 2 und 3:** Die Zeichnung im Sprachbuch regt zu einem ersten **freien Erzählen und Berichten** der Kinder an: „Feuer und Wasser bezeichnet man als die vier Elemente." „Jedes Element ist etwas Besonderes." „Feuer kann …" „Wasser kann …" usw.

Im Anschluss an diese erste Begegnung mit den Elementen bietet es sich an, die Gedanken bzw. das Vorwissen der Kinder in **Collagearbeiten** festzuhalten.

Beispiele:

- In der Mitte des Stuhlkreises liegen 4 verschiedene **Tücher** (vgl. Zeichnung im Buch). Jede Farbe steht für ein Element: Blau für Wasser, Braun für Erde usw. Die Kinder zeichnen nun Bilder, schreiben Gedanken auf kleine, farblich passende Tonpapierkärtchen, erzählen im Kreis zu den Bildern oder Texten und legen ihren Beitrag auf das entsprechende Tuch. Im Laufe der Woche erweitert sich diese Collage durch zusätzliche Bilder, Texte, Gedichte oder auch durch kleine Gegenstände wie z. B. Muscheln, kleine Boote, Schneckenhäuser, Spielzeugflugzeuge etc.
- Eine Collage kann auch auf **farbigen Plakaten** entstehen. Dazu teilt man die Klasse entweder in vier Gruppen ein und jede Gruppe bearbeitet ein Element oder jede Gruppe bearbeitet alle vier Elemente; dabei entstehen parallel mehrere Collagen. Auch für die Plakatcollagen sammeln die Kinder Bilder, zeichnen, schreiben Gedanken oder passende Wörter auf (→ Das Auer Sprachbuch 3, S. 51).

Nach getaner Arbeit stellen die Gruppen ihre Ergebnisse vor. Aus den Vorträgen ergeben sich wiederum vielfältige Anlässe für erlebnisbezogenes Erzählen, sachliches Berichten und Diskutieren **(vgl. Aufgabe 2 und 3)**.

- **Aufgabe 4** spricht besonders die **Imaginationskraft und die Fantasie** der Kinder an. So bekommen sie nun die Möglichkeit – wiederum am besten in Gruppen aufgeteilt – Tänze, Lieder oder kleine Musikstücke passend zu den vier Elementen zu erfinden, Gedichte zu schreiben und zu vertonen, Wasser- oder Luftgeräusche mit Instrumenten, mit ihrer Stimme oder ihrem Körper nachzuahmen etc.

Zur Verfügung stehen sollten den Kindern dafür beispielsweise: bunte Tücher (zum Tanzen, zum Verkleiden, zum Nachahmen von Wellen oder Feuerzungen usw.), farbiges Papier (zum Basteln einfacher Masken, zum Nachgestalten der Farbigkeit von Wasser, Feuer, Erde usw.), einfaches Orff-Schlagwerk, evtl. eine Verkleidungskiste etc. Die einzelnen Musikstücke und Szenen, die die Kinder erfinden, ergeben vielleicht sogar ein kleines Theaterstück, das anderen Klassen vorgespielt werden kann (→ Das Auer Sprachbuch 3, S. 51).

- **Zu Seite 45, Aufgabe 1:** Mit allen Elementen verbindet man sowohl positive als auch negative Assoziationen, sie haben also alle „zwei Gesichter". Am Beispiel des Elementes „Feuer" haben Samuel und Özlem zwei „Gedankenpläne" entworfen. Dazu sammeln und ordnen sie ihre „Geistesblitze": Samuel verbindet Feuer mit positiven Gedanken, Özlem macht

Feuer eher Angst. Jedes Kind darf nun für sich entscheiden, welche Meinung es teilt. Vielleicht gilt es auch, beide Auffassungen zu berücksichtigen! Frei schreiben die Kinder nun ihre Gefühle und Gedanken zu den „guten" und „schlechten" Seiten von „Feuer" in kleinen Texten unter Zuhilfenahme der Schlagwörter von Samuel und Özlem auf.

- Daran anknüpfend fordert **Aufgabe 2** die Kinder auf, selbst einen „Gedankenplan" aufzustellen. Das Buch schlägt das Element „Wasser" vor, aber auch zu den beiden anderen Elementen können „Gedankenpläne" verfasst werden.

Beispiele:

- **Aufgabe 3** verlangt nun wieder eine Entscheidung: Was bedeutet „Wasser" für mich? Finde ich „Wasser" toll oder eher bedrohend? Auch hier verfassen die Kinder kleine Texte, die auf der Grundlage ihrer gesammelten Wörter entstehen. Da das Entwerfen eines Gedankenplans bzw. das daraus resultierende Verfassen kleiner Texte schon einmal im Vorfeld zusammen geübt worden ist, können **Aufgabe 2 und 3** auch Teil des Wochenplans sein bzw. in die Freie Arbeit abgegeben werden.

Fächerverbindungen:
- Sport: Nachahmen von Wellen, z. B. mit dem Fallschirm oder aber auch mit dem eigenen Körper: „Wir tauchen auf den Meeresgrund!" „Hilfe, ein Sturm kommt auf!" Nachahmen von Luftströmungen: „Ein Flugzeug fliegt durch ein Gewitter!" „Wir machen im Segelflugzeug einen Ausflug!"/Nachempfinden verschiedener Bodenbeschaffenheiten: „Wir waten durch sumpfiges Gebiet!" „Im heißen Wüstensand!" usw.
- Kunsterziehung:
- Bildbetrachtung zum Element Wasser: Gustav Courbet: „Die Welle" und Katsushika Hokusai: „Die Welle", in: Eucker, J.: Kunst-STÜCKE 1/2, Leipzig: Klett Grundschulverlag 1997
Anwendungsaufgaben: Mischen von Blautönen bzw. von Farben des Wassers, malen von Wellenbewegungen mit Wasserfarben, Auftupfen der Gischt z. B. mit Deckweiß.

- Bildbetrachtung zum Element Luft: Katsushika Hokusai: „Wind in Yeigiri" oder Wassily Kandinsky: „Himmelblau" (→ Das Auer Lesebuch 2, S. 122)
Anwendungsaufgaben: Bäume im Herbstwind oder im Sturm (Hokusai), lustige Heißluftballone wirbeln durch die Luft (Kandinsky).
- Bildbetrachtung zum Element Feuer: Giuseppe Arcimboldo: „Das Feuer" (→ Das Auer Sprachbuch 3, S. 51)
Anwendungsaufgaben: Mischen von Rot- und Orangetönen, Gestaltung einer eigenen Collage; davon ausgehend sind Collagearbeiten mit den Titeln „Das Wasser", „Die Erde" oder „Die Luft" denkbar. (→ Das Auer Sprachbuch 3, S. 51)
- HSU: Optische und akustische Phänomene: Versuche mit Schall; Verbrennung: Gut oder schlecht brennende Stoffe, Gefahren im Umgang mit Feuer. (→ Das Auer Heimat- und Sachbuch 3, S. 72–75)
- Lesen: James Krüss: „Das Feuer" (→ Das Auer Lesebuch 3, S. 130), James Krüss: „Das Wasser", in: Krüss, J.: Der wohltemperierte Leierkasten, München: C. Bertelsmann Verlag 1997, Josef Guggenmos „Der Wind", in: Baumann, H. (Hg.): Ein Reigen um die Welt, Gütersloh: Sigbert Mohn Verlag 1961

3. Anregungen für Freie Arbeit, Wochenplan und individuelle Förderung

- Gestaltung eines **Leporellos** (→ Das Auer Sprachbuch 3, S. 44): Ein langer Papierstreifen wird so gefaltet, dass vier Felder entstehen. Jedes Feld wird passend zu einem Element gestaltet.

- **Aufgabe 2 und 3** auf der **Seite 45** können auf die Elemente „Erde" und „Luft" übertragen werden.

- Die Kinder schreiben auf farblich passende Tonpapierstreifen **Luft-, Wasser-, Erd- oder Feuersätze**, die in der nächsten Woche im Wochenplan als Dosen- oder Laufdiktat geübt werden.

KALEIDOSKOP

- Feuer – Wasser – Tanz (vgl. Vorschläge zu Unterricht und Übung)
- Feuer, Erde, Wasser, Luft – Plakate (vgl. Vorschläge zu Unterricht und Übung)
- Feuermobile: Mischen von Rot- und Orangetönen, Falt- und Schneidearbeit
- Bildbetrachtung: Giuseppe Arcimboldo (vgl. Fächerverbindungen)
(→ Das Auer Sprachbuch 3, S. 51)

Wasserwörter – Feuerwörter

Auf einen Blick

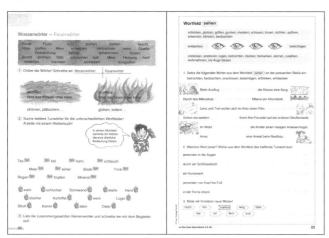

Das Auer Sprachbuch 3, S. 46   Das Auer Sprachheft 3, S. 23

1. Pädagogisch-didaktische Überlegungen

Je gewandter, differenzierter und genauer es Kindern möglich ist, von Experimenten oder Versuchen zu erzählen, desto intensiver werden sie in der Lage sein, erlebte Sacherfahrungen wahrzunehmen. In **Aufgabe 1** führt die Suche nach Wasser- bzw. Feuerwörtern zu einer umfangreichen Wortschatzerweiterung. Die fachgerechte Ausdrucksweise der Kinder, die dadurch gefördert werden soll, hilft ihnen wiederum, sich detaillierter mit der Sache auseinander zu setzen.
Auch die weiteren Aufgabenstellungen der Sprachbuchseite unterstützen eine aktive Wortschatzerweiterung.
In **Aufgabe 2** lassen sich durch Zusammensetzungen viele weitere Feuer- und Wasserwörter finden. Die Überlegungen „Was kann Feuer?", „Was kann Wasser?" führen in **Aufgabe 3** zu einer Sammlung von Tunwörtern, die eine ähnliche Bedeutung haben. Der Begriff „Wortfeld" wird erarbeitet.

2. Vorschläge zu Unterricht und Übung

- **Zu Aufgabe 1:** Einführend geht es darum, Wasser- bzw. Feuerwörter zu ordnen. Dazu bereitet der Lehrer/die Lehrerin einige Wortkarten vor und lässt die Kinder entweder im Kreis oder in der Gruppe eine Ordnung finden. Nach der Einteilung in Wasser- bzw. Feuerwörter gilt es zu überlegen: Welche weiteren Wörter passen noch zu den Elementen? Jedes gefundene Wort wird auf einen Papierstreifen geschrieben und mit einer Begründung zur richtigen Wortgruppe dazugelegt.
Um die Suche etwas zu erleichtern, stehen in **Aufgabe 1** viele Wörter zum Zuordnen zur Verfügung.
Im Anschluss bilden die Kinder Sätze mit ein, zwei oder drei Feuer- bzw. Wasserwörtern. Die Sätze – auf Streifen aufgeschrieben – kommen in eine Dose. Immer ein Kind darf einen Streifen ziehen und den anderen diktieren, so dass das neue Wortmaterial gleich in einen Sinnzusammenhang gebracht und rechtschriftlich geübt wird.

- In einer Wortfeldübung werden Wörter gesammelt, deren Bedeutung ähnlich ist. **Aufgabe 2** beschäftigt sich mit den Wortfeldern „Was kann Feuer?" und „Was kann Wasser?". Obwohl die Kinder natürlich auch hier möglichst eigenständig Wörter suchen sollen, wird der Lehrer/die Lehrerin – je nach Klassensituation – zusätzlich Wortmaterial vorgeben müssen, da sich viele der Wörter sicherlich nicht im aktiven Wortschatz der Kinder befinden:
  - Wasser: fließen, tropfen, sprudeln, spritzen, schäumen, rauschen, perlen, tosen, schwappen, peitschen usw.
  - Feuer: brennen, zischen, knistern, knacken, rauchen, glühen, lodern, flackern usw.

Hier ist es besonders wichtig, die einzelnen Wörter in einen Sinnzusammenhang zu bringen. Die Kinder können dazu nun entweder wieder selbst Sätze mit dem Partner oder in der Gruppe formulieren oder der Lehrer/die Lehrerin bietet Lückensätze an, die die Kinder mit dem passenden Tunwort vervollständigen müssen (→ Das Auer Sprachheft 3, S. 23/Wortfeld „sehen"). Zur Unterscheidung der einzelnen Wasser-Tunwörter können auch verschiedene Wassergeräusche (fließen, plätschern, tropfen) auf einer Kassette aufgenommen oder Bilder dazu gemalt werden.

- Bei **Aufgabe 3** entdecken die Kinder, dass sich durch Zusammensetzungen mit den beiden Wortbestandteilen „Wasser" und „Feuer" viele weitere Namenwörter finden lassen. Auch hier lädt die Aufgabe zum Weitersammeln ein. Die Verwendung eines Wörterbuches oder Lexikons kann hier als wichtiges Hilfsmittel dienen.

3. Anregungen für Freie Arbeit, Wochenplan und individuelle Förderung

- Zu den gesammelten Feuer- und Wasserwörtern entstehen zwei Plakate. Die Kinder mischen Blau- bzw. Orangetöne, malen Wellen bzw. Feuerzungen und schreiben die Wörter wiederum in Blau- bzw. Orangetönen darauf. Die Plakate können durch selbstgemalte Bilder oder durch Bilder aus Zeitschriften ergänzt werden.

- Wendekarten mit Rätselfragen oder Bildern:
  - Er tritt im Zirkus auf und schluckt Feuer.
  - Dieser Hahn kann nicht krähen.
  - Sie kommt schnell, wenn es brennt.

Versuche – Wir experimentieren

Auf einen Blick

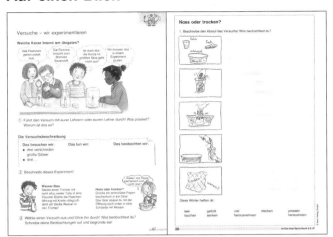

Das Auer Sprachbuch 3, S. 47

Das Auer Sprachheft 3, S. 20

1. Pädagogisch-didaktische Überlegungen

Beachtet man, dass das eigene Tun, Versuchen und Ausprobieren doch der für Kinder spannendste und erfahrungsreichste Weg ist, die Phänomene der Umwelt zu ergründen, versteht man ihre große Begeisterung und Freude am Experimentieren und Forschen.
Geschieht dies zusammen mit einem Partner oder in einer Gruppe, so bestimmt ein sachliches Diskutieren, Abwägen und Überlegen die Kommunikation untereinander. Was benötigen wir für den Aufbau des Versuches? Wie müssen wir den Versuch aufbauen, anordnen bzw. durchführen? Warum lässt sich wohl dieses oder jenes beobachten?
Die Sprachbuchseite greift derartige „Fachgespräche" von Kindern für weitergehende Diskussionen auf. Die Beispiele regen zum eigenen Durchführen von Versuchen mit Feuer bzw. Wasser an. Schließlich begegnen die Kinder auf dieser Seite auch Möglichkeiten der schriftlichen Dokumentation von Experimenten.

2. Vorschläge zu Unterricht und Übung

- **Zu Aufgabe 1 und 2:** Der vorbereitete Versuch der Kindergruppe im Buch (als Folie, die Sprechblasen sind zunächst noch zugedeckt) regt die Klasse zu ersten Überlegungen bzw. Vermutungen an: Was können wir mit diesem Versuch erforschen? Wie lautet wohl das Ergebnis?
Während des Gespräches deckt der Lehrer/die Lehrerin passend zu den Aussagen der Kinder oder als neuen Gesprächsanlass die Sprechblasen nacheinander auf. Die Äußerung des Mädchens, das Experiment zu prüfen, sollte zum Schluss des Gespräches Anlass sein, den Versuch in der Klasse – am besten in kleineren Gruppen – selbst durchzuführen.

Dazu beschreiben die Kinder zunächst noch einmal genau den Versuchsaufbau (benötigtes Material und dessen Anordnung) sowie den Versuchsablauf. Beides wird parallel dazu in Stichpunkten an der Tafel festgehalten. Zur Planung des Experimentes gehört auch eine genaue Aufgabenverteilung, die in jeder Arbeitsgruppe festgelegt werden muss, z. B.: Wer stoppt die Zeit? Wer beobachtet, was mit der Flamme passiert? Wer notiert die Ergebnisse?
(131)
Nach der Durchführung des Experimentes besprechen und vergleichen die Kinder gemeinsam den Versuch und überprüfen, ob sie mit ihren Anfangsvermutungen richtig lagen.
Die sich an den Versuch anschließende schriftliche Notation **(vgl. Aufgabe 2)** erfolgt mit Hilfe der schon an der Tafel fixierten Stichpunkte. Auch die Versuchsbeschreibung im Buch hilft die einzelnen Schritte des Versuches zu ordnen bzw. zu strukturieren. Nachdem einige Kinder den gesamten Ablauf des Versuches noch einmal mündlich zusammengefasst haben, sollte es für alle möglich sein, selbst eine Versuchsbeschreibung zu verfassen.

- Anhand von **Aufgabe 3** können die Kinder nun wie in **Aufgabe 1 und 2** die neuen Versuche beschreiben, durchführen und dokumentieren. Als Differenzierung für den Versuch mit dem Papiertaschentuch bietet das **Sprachheft** auf **Seite 20** einen Erfassungs- bzw. Dokumentationsbogen an.

3. Anregungen für Freie Arbeit, Wochenplan und individuelle Förderung

- Für die **Experimentierecke** im Klassenzimmer sammeln die Kinder die Versuchsbeschreibungen (z. B. auf Karten festgehalten, vgl. **Aufgabe 2**: Versuchsbeschreibung). Diese können im Laufe des Schuljahres – auch durch selbst erfundene Experimente – stets ergänzt und erweitert werden.
- In Anlehnung an die „brevets" aus der Freinetpädagogik[1] bieten sich ein **Forscherpass**, eine **Forscherurkunde** oder ein **Forscherbutton** an, die die Kinder jeweils nach einer bestimmten Anzahl von durchgeführten und notierten Versuchen als Fertigkeitsbescheinigung ihrer Leistung erwerben können (131).

---

[1] Vgl. dazu: Freinet, C.: Die moderne französische Schule, Paderborn: Schönigh 1979

Das erste Feuer

Auf einen Blick

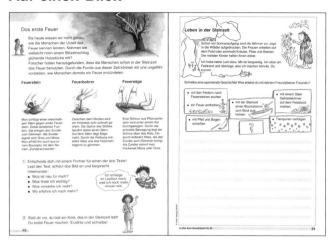

Das Auer Sprachbuch 3, S. 48   Das Auer Sprachheft 3, S. 21

1. Pädagogisch-didaktische Überlegungen

Das Leben der Menschen in der Urzeit ist für Kinder von besonderem Interesse, verbinden sich in ihrer Vorstellungswelt damit doch vor allem Spannung und Abenteuer. Die tatsächlichen Lebensbedingungen, Sitten, Gebräuche sowie Arbeitstechniken der Menschen dieser fernen Zeit, lassen sich heute jedoch nur noch über Forschungsergebnisse und Funde der Archäologie nachvollziehen. Wer also über die Urzeit genauere Informationen in Erfahrung bringen will, muss dazu entweder ein entsprechendes Museum aufsuchen oder alte Schriften bzw. Sachtexte danach „durchforsten".
Letzteres ermöglicht **Seite 48** in kleinem Rahmen. Mittels einiger kurzer Sachtexte finden die Kinder selbst heraus, wie Menschen früher Feuer gemacht haben *könnten*. Obwohl sie die eine oder andere Vorgehensweise vielleicht schon einmal ausprobiert haben, müssen die Texte zunächst genau gelesen sowie Wichtiges unterstrichen werden, um exakt zu erforschen, wie das Feuermachen mit den unterschiedlichen Hilfsmitteln früher gelingen konnte.
Zu einer gewinnbringenden Arbeit am Text gehören nach dem genauen Erlesen auch weitere Überlegungen: „Habe ich alles verstanden?", „Was verstehe ich noch nicht?" oder „Woher kann ich noch mehr Informationen bekommen?"... Auch darauf geht die Sprachbuchseite ein.
Die „Geschichte des Feuermachens" entfacht sicherlich in einigen Kindern ein „Forscherfeuer", das im Rahmen des Unterrichts oder der Freien Arbeit genutzt und weiter „geschürt" werden sollte.
Aufgabe 2 der Sprachbuchseite regt schließlich noch zum fantasievollen Erzählen und Schreiben an.

2. Vorschläge zu Unterricht und Übung

- **Zu Aufgabe 1:** In der Mitte des Kreises liegen verschiedene Gegenstände (Feuersteine, Holzstab, Schnur, Sägemehl, trockenes Gras/Moos, zwei dickere Äste). Beim Ausprobieren auf dem Schulhof werden die Kinder merken, dass es gar nicht so einfach ist, damit schnell und erfolgreich eine Flamme zu entfachen; es entsteht also die Notwendigkeit, genauere Informationen bezüglich des Feuermachens in Erfahrung zu bringen.
Dazu lesen die Kinder den Einleitungstext im Buch, fassen ihn mündlich zusammen, unterstreichen Wichtiges, klären unbekannte Wörter und überlegen, wo und wie sie vielleicht noch mehr Informationen über das Feuer bekommen könnten (Internet, Sachbücher, Lexika, Zeitschriften, ...). Nach der gleichen Vorgehensweise bearbeiten die Kinder nun einen der drei folgenden Texte im Buch. Im Anschluss daran dürfen sie noch einmal „Feuer machen", um ihr neu erworbenes Wissen auch ausprobieren bzw. überprüfen zu können. Die durch die Recherche entstandenen „Experten" sind danach sicherlich in der Lage, ihren Mitschülern „ihre" Art des „Feuermachens" demonstrieren und erklären zu können.

- **Zu Aufgabe 2:** Angeregt durch das Eintauchen bzw. die intensive Auseinandersetzung mit der Urzeit fällt es den Kindern sicherlich leicht, sich in diese Zeit „hineinzudenken" und von den Erlebnissen und Abenteuern eines „Steinzeitkindes" zu berichten. (→ Das Auer Sprachheft 3, S. 21)

Fächerverbindungen:
– Lesen: 3 „Geschichten vom Feuer" vergleichen (→ Das Auer Lesebuch 3, S. 122–125)
– HSU: Technische Entwicklung (→ Das Auer Heimat- und Sachbuch 3, S. 84/85)
– Kunst: Giuseppe Arcimboldo: „Das Feuer" (→ Das Auer Sprachbuch 3, S. 51)

3. Anregungen für Freie Arbeit, Wochenplan und individuelle Förderung

- Ein kleines **„Steinzeitmuseum"** oder eine **Ausstellungswand** können im Klassenzimmer mittels der mitgebrachten Bücher, Bilder und Zeichnungen sowie aus den „Forscherergebnissen" entstehen.

- **Schreib-los-Kartei**

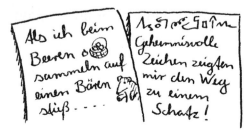

SPRACHSTUDIO

Auf einen Blick

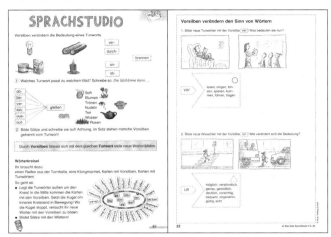

Das Auer Sprachbuch 3, S. 49   Das Auer Sprachheft 3, S. 22

Setzt man vor ein Tunwort noch eine Silbe, verändert sich die Bedeutung des Tunwortes. Das neue Tunwort beschreibt viel genauer, was mit einem Gegenstand geschehen kann.

1. Pädagogisch-didaktische Überlegungen

Der Reichtum bzw. die Vielfalt unserer Sprache spiegeln sich unter anderem in der Verwendung von Vor- und Nachsilben wider. In diesem Sinne befasst sich das **Sprachstudio** mit den **Vorsilben vor Tunwörtern**.
Die Kinder entdecken beim Zusammensetzen einer Vorsilbe mit einem Tunwort, dass das neu entstandene Tunwort eine Handlung besser umschreiben kann. Eine Vorsilbe gibt einem Tunwort also eine genauere Bedeutung.
Beim „Wörterkonstruieren" können sowohl das „Nachspielen" der neuen Tunwörter („Tee *ein*gießen", „Putzeimer *aus*gießen", „ein Beet *be*gießen", …) als auch das Einbetten dieses Wortes in einen Sinnzusammenhang („Ich kann Nudeln *ab*gießen.") ein wahlloses Zusammenfügen vermeiden.
Dass die Vorsilbe nicht immer vor dem Tunwort stehen bleibt, dass Wortstamm und Vorsilbe vielmehr oft getrennt voneinander sind, wird den Kindern vor allem durch die Notation von Beispielsätzen bewusst („Evi *gießt* die Nudeln *ab*.").
Das **Sprachheft** bietet auf **Seite 22** Übungen mit Vorsilben vor Tun- und Wiewörtern an.

2. Vorschläge zu Unterricht und Übung

- **Zu Aufgabe 1:** Die Kinder erzählen zu den vier Gegenständen (siehe Buch), die in der Mitte des Kreises liegen. Anschließend legt der Lehrer/die Lehrerin die Wortkarte „brennen" mit den vier Vorsilben dazu. Es gilt herauszufinden, dass das Tunwort „brennen", jeweils mit einer anderen Vorsilbe zusammengesetzt, immer genau zu einem der vier Gegenstände passt.

Mit Hilfe von Flipp wird nun der Begriff *Vorsilbe* erarbeitet. Im Anschluss bilden die Kinder kleine Sätze, in denen die Vorsilbe aber noch beim Tunwort stehen sollte (*Beispiel:* Die Glühbirne kann „durchbrennen").

- In **Aufgabe 2** muss nun überlegt werden, welche Vorsilbe, mit dem Tunwort „gießen" zusammengesetzt, zu welchem Namenwort passt, um der Gefahr zu entgehen, wahllos Vorsilben vor Tunwörter zu setzen. Dazu stehen die Namenwörter (Saftkrug, Blumen, Teekanne, …) als Bildkarten und das Tunwort „gießen" mit den entsprechenden Vorsilben als Wortkarten den Kindern zum Ordnen an der Tafel zur Verfügung:

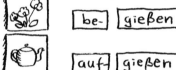

Mit der Hilfe des Tafelbildes bilden die Kinder nun wieder Sätze, die der Lehrer/die Lehrerin mitnotiert. Diesmal muss nicht mehr darauf geachtet werden, dass die Vorsilbe in der Satzkonstruktion vor dem Wortstamm steht.
Beispiel:

Evi gießt die Nudeln ab.
Mama gießt sich einen Tee auf.

Die Kinder stellen mit Flipps Hilfe fest: In manchen Sätzen steht die Vorsilbe getrennt vom Tunwort!

- Mit dem **Wörterkreisel** üben die Kinder nun das sinnvolle Zusammensetzen von Vorsilben und Tunwörtern. Sie spielen zuerst gemeinsam, die Spielregeln gibt das Buch vor. Auch hier sollten wieder Sätze mit den neuen Wörtern gebildet und aufgeschrieben werden. Weiter kann das Spiel im Wochenplan oder in der Freien Arbeit zum Einsatz kommen.

3. Anregungen für Freie Arbeit, Wochenplan und individuelle Förderung

- **Wörterkiste:** In einer Kiste befinden sich viele Tunwörter. Ein Spieler zieht eine Karte. Dann würfelt er mit dem Vorsilbenwürfel und muss entscheiden, ob die Vorsilbe mit dem Wort zusammengesetzt werden kann. Gibt es das Wort, bildet der Spieler einen Satz und erhält einen Muggelstein. Gewonnen hat der Spieler mit den meisten Steinen (132).

SCHREIBSTUDIO

Auf einen Blick

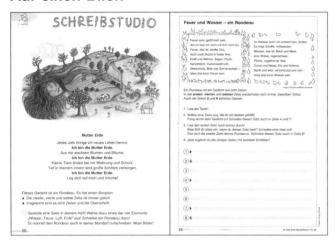

Das Auer Sprachbuch 3, S. 50   Das Auer Sprachheft 3, S. 24

1. Pädagogisch-didaktische Überlegungen

In diesem **Schreibstudio** steht das Freie Schreiben bzw. der kreative Umgang mit Schrift und Sprache im Vordergrund. Eine Fantasiereise, das Bild im Sprachbuch sowie ein entsprechend gestalteter Gedichtvortrag versuchen zunächst, Gespür und Wertschätzung für Natur und Umwelt in den Kindern zu wecken. Ihre Eindrücke, Gedanken und Stimmungen halten sie anschließend in der Form eines Rondeaus fest.

Was ist ein Rondeau? Im 13. Jahrhundert verstand man darunter ein Gedicht mit einem zweireimigen Refrain. Etwas später wurde daraus eine Gedichtform, in der sich eine Zeile des Öfteren wiederholt. Da das Rondeau durch den wiederholten Satz und nicht durch Reimwörter seinen Gedichtcharakter erhält, gelingt es sicher vielen Kindern, selbstständig ein solches zu verfassen.

Über das Rondeau hinaus entstehen weitere Gedichte bzw. kleine Texte mit Gedanken zu den vier Elementen. Das **Sprachheft** bietet auf **Seite 24** dazu einige Formulierungshilfen an.

Eine angemessene Würdigung ihrer Werke in Form einer „Vortragsstunde" oder eines Gedichtebüchleins motiviert die Kinder sicherlich, weiter zu schreiben und zu dichten.

2. Anregungen zu Unterricht und Übung

- Zu Beginn versucht eine Fantasiereise (133) in den Kindern eine gewisse Wertschätzung für das Schöne der Natur und vielleicht auch ein Gefühl der Geborgenheit zu wecken. „Zurückgekehrt" berichten die Kinder über „ihre Reise", erzählen von schönen Pflanzen, Tieren und Menschen, die ihnen begegnet sind, und überlegen, was ihnen besonders gut gefallen hat. Der Lehrer/die Lehrerin hält einige der Gedanken an der Tafel fest. Auf einer vergrößerten Kopie des Bildes von **Seite 50** entdecken die Kinder viele Themen der Fantasiereise wieder. Sie vermuten, warum wohl ein Frauenkopf auf dem Bild „eingearbeitet" worden ist. Eine Wortkarte („Mutter Erde") führt sie vielleicht zu folgenden Überlegungen: Menschen, Tiere und Pflanzen können ohne „Erde" nicht sein (Nahrungslieferant, Lebensraum usw.), sie brauchen die „Erde" also wie ein kleines Kind seine Mutter. Die Kinder schließen nun noch einmal die Augen und hören dem Gedichtvortrag zu.

Auch das Gedicht berichtet von der Schönheit und dem Reichtum der Natur. An ihre Reise denkend, können die Kinder im Anschluss selbst ein Gedicht darüber schreiben. Die festgehaltenen Erlebnisse der Fantasiereise sind hierzu sicherlich eine große Hilfe.

- Bevor die Kinder nun selbst schreiben, nehmen sie das Rondeau erst genau unter die Lupe: Es enthält keine Reime, dafür wiederholt sich ein Satz – in der zweiten, vierten und siebten Zeile – dreimal („Ich bin die Mutter Erde."). Dieser Satz kann für das eigene Rondeau übernommen werden oder es wird ein neuer verfasst:

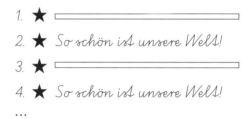

Die anderen Zeilen füllen die Kinder nun alleine, zu zweit oder auch in der Gruppe aus (133).

- Der Arbeitsauftrag im Buch fordert die Kinder im Anschluss auf, weitere Rondeaus zu den vier Elementen zu schreiben. Die **Seite 24** im **Sprachheft** bietet hierfür einige Formulierungshilfen an.

- Damit die entstandenen Werke auch entsprechend gewürdigt werden, könnte es z. B. zum Wochenabschluss eine „Vortragsstunde" geben. Ein mit Tüchern besonders schön dekorierter Stuhl steht für die „Autoren" zum Vortragen der Gedichte und Texte zur Verfügung. Die Schriftstücke, zu einem kleinen Buch gebunden, ergeben eine Gemeinschaftsarbeit, auf die die Kinder stolz sein können.

3. Anregungen für Freie Arbeit, Wochenplan und individuelle Förderung

- **Gedichtewand in der Leseecke:** Die fertigen Gedichte, auf farbiges Papier aufgezogen und gestaltet, laden zum Lesen ein.

- **„Autorenlesung":** Die Kinder schreiben Einladungen, laden andere Klasen ein und lesen ihre Gedichte vor.

Unser Ort – früher und heute

Wie ist unser Ort entstanden?/Tore in die Vergangenheit

Auf einen Blick

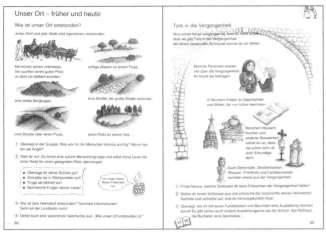
Das Auer Sprachbuch 3, S. 52/53

Das Auer Sprachheft 3, S. 25

1. Pädagogisch-didaktische Überlegungen

Einzutauchen in vergangene Zeiten wird für Kinder immer spannend und aufregend sein, wenn damit die Geschichte ihres eigenen Lebens- und Erfahrungsraumes verbunden ist. Vergangenes situationsgerecht einzuordnen, zu verstehen und zu bewerten bzw. zu begreifen, was „vergangen sein" bedeutet, setzt jedoch Kenntnis und Verständnis von Zeitstrukturen voraus. Dazu gehört sowohl Zeit messen und einteilen zu können als auch zu begreifen, dass Zeit vergänglich und unwiederholbar ist. Mit Uhren und Kalendern haben die Kinder bereits in der zweiten Klasse Zeit strukturiert, an ersten Zeitleisten über Vergangenes, Gegenwärtiges und Zukünftiges gesprochen. Dieses Wissen kann nun aufgegriffen und vertieft werden. Ausgehend von der persönlich erfahrenen Vergangenheit, über die Entstehung vieler Gebrauchsgegenstände in den letzten beiden Jahrhunderten und wichtigen Personen, die in den vorigen Jahrhunderten gelebt haben, bis hin zur Entstehung vieler Dörfer und Städte vor ein oder zwei Jahrtausenden, erweitert sich der Begriff der Vergangenheit nun langsam.

Neben der sprachlichen Arbeit bietet das **Sprachbuchkapitel** auf den **Seiten 52–59** viele Möglichkeiten, in die Vergangenheit einzutauchen und somit den Begriff „Vergangenheit" den Kindern näher zu bringen, wodurch diese Sprachbuchseiten eng mit dem Heimat- und Sachunterricht verknüpft sind.

Zu Beginn steht der Umgang mit Quellen im Mittelpunkt. Die Kinder lernen, damit gewinnbringend umzugehen, d. h. Informationen zu sammeln, diese anschließend auszuwerten, sich darüber eine eigene Meinung zu bilden und die Ergebnisse zu dokumentieren.

Auf den folgenden Seiten beinhaltet die sprachliche Arbeit vor allem die Wiederholung der 1. und die Einführung der 2. Vergangenheitsform.

2. Vorschläge zu Unterricht und Übung

● **Zu Seite 52, Aufgabe 1:** Nachdem mit Hilfe von Fotos, der eigenen Biographie oder der Zeitleiste Vergangenes, Gegenwärtiges und Zukünftiges festgemacht worden ist, begleitet „Josua", eine Figur aus der Vergangenheit, die Kinder auf einer Reise in die Zeit, in der er lebte. Der Lehrer/die Lehrerin erzählt aus Josuas Leben: Damals, vor mehreren tausend Jahren, lebten die Menschen viel einfacher als heute, sie bauten ihre Hütten aus Lehm und Stroh, sie mussten selbst für Nahrung sorgen (Beeren sammeln, jagen, Felder bestellen), es gab nur wenige Siedlungen, kaum Straßen oder Wege und natürlich keinen Strom oder gar Autos. Wie viele Leute zu dieser Zeit waren Josua und seine Familie unterwegs, einen Platz zu suchen, an dem sie eine Siedlung gründen konnten. Die Kinder überlegen nun gemeinsam mit Josua, welchen Bedingungen der Platz für die neue Siedlung genügen muss:

- Josuas Familie muss dort genügend Nahrung finden (Beeren zum Pflücken, Wild oder Fische zum Jagen, guter Boden, um Getreide anzubauen etc.).
- Es muss dort ausreichend Trinkwasser vorhanden sein.
- Baumaterial (Holz, Stroh etc.) muss am Siedlungsplatz gewonnen werden können.

Was war früher wohl besonders wichtig? Mit welchen Ängsten und Sorgen hatten die Menschen zu kämpfen? Diese Überlegungen führen zu weiteren Bedingungen, die der Siedlungsplatz erfüllen muss:
- Der Platz muss vor Wind, Regen und Kälte schützen, aber auch Schatten spenden.
- Die Siedlung muss vor Feinden oder wilden Tieren geschützt werden können.
- ...

Mit Hilfe der Bilder im Sprachbuch oder auch mitgebrachtem Bildmaterial (Kalenderblätter von Berglandschaften, Flüssen und Seen), entwerfen die Kinder nun ihren „Wunschplatz" für die Siedlung. Der Lehrer/die Lehrerin skizziert an der Tafel mit oder aber die Kinder zeichnen in der Gruppe selbst einen Siedlungsplatz.

- **Zu Aufgabe 2:** Nun muss Josua seine Familie überzeugen, dass es sich hierbei um den richtigen Platz für die Siedlung handelt. An der Tafel wird festgehalten, wie das am besten gelingt („Überlege deine Gründe genau!" ...) Gemeinsam üben die Kinder, Gedanken in Stichpunkten festzuhalten, da Stichpunkte während eines Vortrags schnell zu lesen sind und so als „Hilfe" für einen möglichst freien Vortrag dienen.

TA:

- Überlege dir deine Gründe gut!
- Schreibe sie in Stichpunkten auf!
- Trage sie lebhaft vor!
- Beantworte die Fragen deiner Leute!

Stichpunkte:
- Fluss: reichlich Trinkwasser vorhanden
- Wald: bietet Baumaterial und Brennholz

Weitere Gründe sammeln die Kinder nun in Gruppen und versuchen, diese in Stichpunkten zu notieren. Anschließend kommen alle wieder im Kreis zusammen und lesen ihre Ergebnisse vor. Es gilt zu überprüfen, ob auch alle Gründe in Stichpunkten festgehalten worden sind.

Nun darf ein Kind „Josua" spielen und „seine Familie" von den Vorzügen des ausgewählten Siedlungsplatzes überzeugen.
War „Josua" überzeugend? Mit Hilfe der folgenden Leitfragen wird dies überprüft:
- Beschreibt „Josua" den Siedlungsplatz genau?
- Spricht er laut und deutlich?
- Spricht er zu schnell oder macht er auch kurze Pausen, um den Zuhörern Zeit zum Nachdenken zu lassen?
- Liest er ab oder spricht er frei?
- Versucht er Augenkontakt mit seinen Zuhörern zu halten?
- Geht er auf seine Zuhörer ein? Kann er deren Fragen beantworten?
- ...

Ein neuer „Josua" probiert im Anschluss, die Verbesserungsvorschläge umzusetzen. Auf diese Weise verfeinert sich die Redetechnik der Kinder immer weiter.

Weitere Anregungen hierzu bietet das **Sprachheft auf Seite 25.**

- **Zu Aufgabe 3 und 4:** Josua hat sicherlich den Forscherdrang in den Kindern geweckt und es ist kein großer Schritt zu der Frage, wie wohl der eigene Heimatort entstanden ist. Was für Josua und seine Familie wichtig war, war sicherlich auch einmal für die eigenen Vorfahren von Bedeutung. Eine Landkarte kann hier helfen: Liegt der Ort an einem Fluss oder an einem See? Ist er auf einen Berg gebaut? Gibt es viel Wald oder fruchtbaren Boden? ...
Die Kinder sammeln hierzu noch weitere Informationen (aus alten Büchern und Chroniken), bevor sie sich eine Geschichte ausdenken, wie ihr Heimatort entstanden sein könnte.

- **Zu Seite 53, Aufgabe 1:** Nur ungefähr zu wissen, wie der eigene Heimatort entstanden ist, genügt dem Forscherdrang der Kinder sicherlich nicht. Zum Glück gibt es auch heutzutage immer noch „Tore", die uns den Weg in die Vergangenheit ermöglichen, durch die

wir vieles von früher in Erfahrung bringen können. Mit Hilfe der Sprachbuchseite diskutieren die Kinder die verschiedenen Möglichkeiten, Informationen aus der Vergangenheit zu bekommen:
- Wer kann genauere Auskunft über die Geschichte des Heimatortes geben? Die Oma oder eher eine Chronik des Ortes?
- Über was kann uns Oma berichten?
- Können auch alte Bauwerke im Ort etwas von seiner Geschichte erzählen?
- ...

Sicherlich darf hier als Informationsquelle das Internet nicht vergessen werden.

- **Zu Aufgabe 2:** Nach der Prüfung der Qualität der unterschiedlichen Quellen, suchen die Kinder sich ein „Tor in die Vergangenheit" aus, versuchen die Geschichte des Ortes zu erforschen und schreiben ihre Ergebnisse auf.
Nach einer ausgiebigen Recherche werden die Arbeiten gesammelt und Plakate dazu gestaltet.

- **Zu Aufgabe 3:** Diese Plakate können im Anschluss der Ausgangspunkt für eine Ausstellung im Klassenzimmer, in der Aula oder auch im Rathaus etc. sein. Dazu sammeln die Kinder alte Fundstücke und Bildmaterial, die die Entstehungsgeschichte des Ortes weiter vervollständigen bzw. verbildlichen.

Fächerverbindungen:
- HSU: Verschiedene Quellen und Überreste aus der Ortsgeschichte auswerten und damit Sachverhalte erschließen. (→ Das Auer Heimat- und Sachbuch 3, S. 60–63)
Sich im Ort mit Hilfe von Karten zurechtfinden, Kartenzeichen lesen und verstehen. (→ Das Auer Heimat- und Sachbuch 3, S. 64–69)

3. Anregungen für Freie Arbeit, Wochenplan und individuelle Förderung

- **Geschichten von früher:** Die Fantasiegeschichten über die Entstehungsgeschichte des Heimatortes können zu einem kleinen Buch zusammengebunden werden.

- Ausgehend von der **Entstehungsgeschichte** des Heimatortes erforschen die Kinder nun die Geschichte einiger alter **Gebäude oder Denkmäler**. Die Ergebnisse tragen sie in kleinen Vorträgen ihren Mitschülern vor. Dokumentiert bereichern sie die geplante Ausstellung.

KALEIDOSKOP

- Auch das Kaleidoskop auf **Seite 59** gibt vielfältige Anregungen für die Freie Arbeit.
    - Ein **Ortsplan** für Touristen! In einen schon bestehenden Plan werden schöne Plätze, wichtige Gebäude, Sportstätten etc. markiert, dazu schreiben die Kinder eine Legende.
    - Was verbirgt sich hinter dem **Ortswappen**? Bücher oder Ortschroniken geben hier Aufschluss. Im Anschluss können eigene Wappen (Familien-, Schul-, Vereinswappen) entworfen werden.

Schulwappen   Schützenverein

- **Spiel des Wissens:** Das angesammelte Wissen fassen die Kinder in einem Spiel zusammen. Sie entwerfen dazu einen Spielplan, auf dem zum Beispiel verschiedene Sehenswürdigkeiten des Ortes abgebildet sind. Fragen zum Ort schreiben sie auf kleine Kärtchen, die Antwort wird in Klammern darunter vermerkt. Auf der Vorderseite der Karten könnten ebenfalls Sehenswürdigkeiten abgebildet werden. Kommt ein Spieler auf dem Spielplan mit seinem Stein auf eine Abbildung, muss er eine Wissenskarte beantworten. Bei richtiger Antwort darf er noch einmal würfeln.

Eine Straße früher und heute

Auf einen Blick

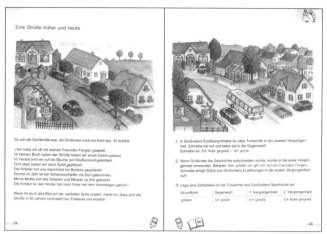

Das Auer Sprachbuch 3, S. 54/55

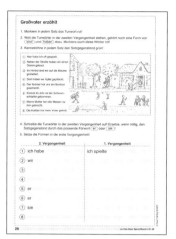

Das Auer Sprachheft 3, S. 26

1. Pädagogisch-didaktische Überlegungen

Weitaus authentischer und für Kinder sicher auch fesselnder als aus Büchern Informationen über die Vergangenheit in Erfahrung zu bringen, ist es, jemanden in ihrer Mitte zu haben, der von „Vergangenem" zu berichten weiß.

Mit der Erzählung eines Großvaters – ein weiteres „Tor" in die Vergangenheit – knüpft hier **Seite 54** an. Über den Vergleich einer Dorfstraße vor ungefähr 50 Jahren und einem heutigen Straßenbild auf **Seite 55** lassen sich die enormen Veränderungen bezüglich der Lebensqualität und der Lebensbedingungen, die sich während des letzten Jahrhunderts ergaben, herausfiltern: Immer mehr technische Erfindungen vereinfachten viele Arbeiten; Wohlstand und steigender Lebensstandard führten zu einer mobilen, modernen und schnelllebigen Gesellschaft.

Omas und Opas berichten stattdessen, dass es vor 50 Jahren noch nicht selbstverständlich war, einen Fernseher, ein Auto sowie einen Computer zu haben oder in den Urlaub zu fahren.

Das Sprachbuch bietet so die Chance, wieder eine gewisse Wertschätzung für viele zur Selbstverständlichkeit gewordenen Dinge zu erreichen.

Obwohl die Kindheit ihrer Großeltern sicherlich weniger Möglichkeiten als heute bot, werden die Kinder dennoch erkennen, dass die vergangene Zeit bezüglich der Lebensqualität auch viele Vorteile besaß: Es gab weniger Autos, kaum Verkehrslärm, es war möglich, ohne Gefahr auf der Straße zu spielen.

Die sprachliche Arbeit der beiden Buchseiten umfasst neben dem Einholen von Informationen durch Befragen und Nachfragen **die Erarbeitung der 2. Vergangenheit** als Erzählform der Vergangenheit.

2. Vorschläge zu Unterricht und Übung

- **Zu Seite 54 und Seite 55, Aufgabe 1:** Im Kreis liegen mitgebrachte Gegenstände bzw. Bilder von früher und heute (alte Bauklötze, Legosteine, Schwarz-Weiß-Fotos, Farbbilder, Stofftaschentücher, Tempotaschentücher, alte, mechanische Geräte, neue, elektrische Geräte etc.). Die Zuordnung dieser Dinge zu dem Foto eines Opas bzw. zu dem eines Kindes aus der heutigen Zeit führt zu der Erkenntnis, dass die Omas und Opas ihre Kindheit wohl anders erlebt haben als die Kinder dies heute tun: Die Menschen mussten früher ihr Leben oft mit viel einfacheren Dingen meistern, ihr Alltag war durch mehr Arbeit und weniger Freizeit geprägt. Die Kinder hatten wenige und vor allem sehr einfach konstruierte Spielsachen.

Auch an den beiden Bildern im Sprachbuch lässt sich der Unterschied zwischen früher und heute an vielem festmachen. Die Kinder entdecken:
– Viele Straßen bestanden aus Kopfsteinpflaster.
– Es gab weniger Autos und somit auch weniger Verkehrslärm.
– Man konnte gefahrloser auf den Straßen spielen.
– …

Im Anschluss hilft den Kindern die Erzählung eines Großvaters (vgl. Buch), die der Lehrer/die Lehrerin vorträgt, sich noch besser vorstellen zu können, wie Kindheit im letzten Jahrhundert wohl ausgesehen haben mag.

Danach wird diese Erzählung genauer unter die Lupe genommen: An was erkennt man, dass der Großvater aus der Vergangenheit und nicht von der Gegenwart berichtet?
Die Kinder halten fest, dass die Tunwörter in den Sätzen weder in der Gegenwart noch in der 1. Vergangenheitsform stehen. Flipp verrät:

Wenn du etwas aus der Vergangenheit erzählst, verwendest du die Tunwörter in der 2. Vergangenheit. Die 2. Vergangenheitsform besteht immer aus zwei Teilen:

ich habe gespielt
wir sind gekommen
.
.

Die Kinder bekommen nun die Erzählung als Arbeitsblatt, lesen die Sätze noch einmal gemeinsam vor und unterstreichen alle Tunwörter der 2. Vergangenheit.
Eine ähnliche Aufgabe findet sich auch im **Sprachheft** auf **Seite 26**.
Nun bilden die Kinder Tunwörterpaare: Sie setzen dazu jeweils die Gegenwartsform und die dazugehörige Form der 2. Vergangenheit zusammen.

- **Übung:** Mit Hilfe einer Tunwörtertabelle und eines Ich-, Du-, Er-Würfels üben die Kinder, aus der Grundform die 2. Vergangenheitsform in den unterschiedlichen Personalformen zu bilden. Sie suchen sich dazu ein Tunwort aus, würfeln eine Form, setzen das Tunwort in die zweite Vergangenheit und bilden dazu einen Satz (134/135).

- **Zu Seite 55, Aufgabe 2:** Um die 1. Vergangenheitsform nicht aus den Augen zu verlieren, macht Flipp die Kinder noch einmal darauf aufmerksam, dass Großvater die 1. Vergangenheitsform benutzen müsste, wenn er seine Erzählung aufschreiben möchte. Dies kann zunächst gemeinsam mündlich geübt werden, bevor die Kinder die Sätze zusammen mit ihrem Partner wiederholen und aufschreiben. Im Anschluss unterstreichen sie die Tunwörter.

- **Zu Seite 55, Aufgabe 3:** Mit der Grundform kennen die Kinder nun schon vier verschiedene Formen des Tunwortes. Eine Abgrenzung bzw. Einteilung in einer Tabelle fördert und fordert genaues Überlegen und Nachdenken. Zur besseren Unterscheidung der beiden Vergangenheitsformen kann die 1. Vergangenheit noch mit einem Stern ★ und die zweite Vergangenheit mit zwei Sternen ★★ gekennzeichnet werden.

Grundform	Gegenwart	★ 1. Vergangenheit	★★ 2. Vergangenheit
tanzen	ich tanze	★ ich tanzte	★★ ich habe getanzt

Diese Tunworttabelle aus dem Buch kann nun beliebig ergänzt werden (134/135).

Fächerverbindungen:
- HSU: Technische Entwicklung im Wandel der Zeit/Die Entwicklung eines Gebrauchsgegenstandes
  (→ Das Auer Heimat- und Sachbuch 3, S. 84/85)
- Lesen: Maria Brümmer: „Urgroßmutter erzählt"
  (→ Das Auer Lesebuch 3, S. 134), „Unser Schulmuseum" (→ Das Auer Lesebuch 3, S. 138/139), Margret Rettich: „Große Wäsche" (→ Das Auer Lesebuch 3, S. 140/141)

3. Anregungen für Freie Arbeit, Wochenplan und individuelle Förderung

- **„Früher und heute":** In Verbindung mit dem Heimat- und Sachunterricht entsteht eine kleine **Ausstellung** mit alten Gebrauchsgegenständen. Die Kinder befragen ihre Großeltern, wie sie früher damit umgingen, dokumentieren dies und fügen ihre Ergebnisse der Ausstellung bei.

- **„Tunwörterrolle":** Zur Herstellung der Tunwörterrolle eignet sich am besten eine Küchenpapierrolle.

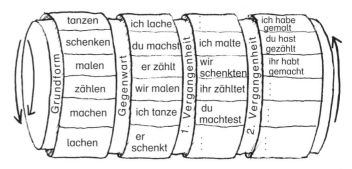

- **Übung mit einem Zeitenwürfel:** Immer zwei Partner bekommen die Tunwörterliste (134/135), einen Zeitenwürfel und einen Würfel mit den verschiedenen Personalformen. Ein Kind sucht sich ein Tunwort aus, legt einen Muggelstein darauf und würfelt mit beiden. Beide Kinder schreiben das Tunwort in der verlangten Form auf den Block und kontrollieren sich gegenseitig. In der nächsten Runde darf sich das andere Kind ein Tunwort aussuchen.

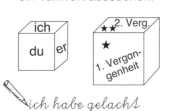

SPRACHSTUDIO

Auf einen Blick

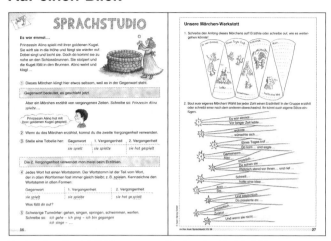

Das Auer Sprachbuch 3, S. 56   Das Auer Sprachheft 3, S. 27

Etwas ist hier nicht in Ordnung! Märchen spielen in der Vergangenheit und beginnen oft mit den Worten „Es *war* einmal…". Die Tunwörter im Buch stehen aber in der Gegenwart, das passt nicht zusammen. Die Kinder unterstreichen alle Verben und setzen sie in die 1. Vergangenheit. Der Lehrer/die Lehrerin notiert die „neuen" Tunwörter auf Wortkarten. Ersetzt man nun die „alten" Tunwörter durch die Wortkarten, kann der Text noch einmal in der 1. Vergangenheit gelesen werden.

Prinzessin Alina <u>spielt</u> mit ihrer goldenen Kugel.

spielte

1. Pädagogisch-didaktische Überlegungen

In den **Aufgaben 1, 2 und 3** wird die **Erzählzeit eines Märchens** genauer untersucht. Märchen, die in der Gegenwart verfasst sind, klingen für uns seltsam. Die Kinder „korrigieren" deswegen die Tunwörter und setzen den im Buch festgehaltenen Märchenbeginn in die 1. Vergangenheit.
Es ist jedoch auch möglich, den Märchentext in die 2. Vergangenheit zu setzen, da Märchen aus der Vergangenheit „erzählen". Die Kinder halten noch einmal fest, dass man die 2. Vergangenheit meist beim „Erzählen" verwendet.
Das Bilden der Vergangenheitsformen wird hier also nicht nur mit isoliertem Wortmaterial, sondern auch in Satz- bzw. Sinnzusammenhängen geübt.
Die **Aufgaben 4 und 5** auf **Seite 56** befassen sich mit **regelmäßigen und unregelmäßigen Tunwörtern**. Der Wortstamm vieler Tunwörter bleibt in den beiden Vergangenheitsformen erhalten. Er kann den Kindern also eine Hilfe beim Bilden der 1. und 2. Vergangenheit sein.
Bei einigen Tunwörtern verändert sich jedoch der Wortstamm. Diese bedürfen einer besonders intensiven Übung. Eine Übersicht der im Grundwortschatz vorkommenden unregelmäßigen Verben befindet sich im Sprachbuch auf den **Seiten 120–122**.

2. Vorschläge zu Unterricht und Übung

- **Zu Aufgabe 1:** Der Lehrer/die Lehrerin hat eine „geheimnisvolle" goldene Kugel mitgebracht. Die Kinder ordnen sie dem Märchen vom „Froschkönig" zu, der die Kugel für die Prinzessin Alina aus einem tiefen Brunnen geholt hat.
Der Märchenbeginn – an der Tafel festgehalten – wird nun vorgelesen.

- **Zu Aufgabe 2:** *Erzählt* man etwas aus der Vergangenheit – z. B. ein Märchen –, kann dazu auch die 2. Vergangenheit verwendet werden. So setzen die Kinder die Tunwörter nun in die 2. Vergangenheit, der Lehrer/die Lehrerin schreibt die gebildeten Formen wieder auf Wortkarten mit. Diesmal ist die Wortkarte aber nicht einfach an den Platz des „alten" Tunworts zu hängen. Die Wortkarten müssen zuerst auseinander geschnitten werden, bevor der erste Teil an die Stelle des „alten" Tunwortes und der zweite Teil an das Satzende kommt.

Prinzessin Alina | hat | mit ihrer goldenen Kugel _____ .

gespielt.

- **Zu Aufgabe 3:** Die in **Aufgabe 1 und 2** entstandenen Wortkarten helfen nun, eine Tabelle anzulegen.

- **Zu Aufgabe 4 und 5:** In einer Folgestunde bilden die Kinder zusammen mit ihrem Partner eine neue Tunwörtertabelle. Sie bekommen dazu die Gegenwartsformen (z. B.: sie spielt, sie klettert, sie hüpft, sie lacht, sie rutscht). In der Tabelle entdecken die Kinder, dass der Wortstamm in allen drei Zeitformen gleich bleibt. Das Bilden der Vergangenheitsformen dieser Wörter ist also nicht weiter schwer (Tunwörtertabelle/regelmäßige Tunwörter **135**).

- **Aufgabe 5** weist darauf hin, dass es auch Wörter gibt, deren Wortstamm in den Vergangenheitsformen nicht erhalten bleibt. Hier bietet es sich an, die verschiedenen Tunwörterformen erst einmal auf Wortkarten zu schreiben und sie im Kreis ordnen zu lassen, bevor die Kinder selbst die Vergangenheitsformen bilden (→ Das Auer Sprachbuch 3, S. 120/121).

SCHREIBSTUDIO

Auf einen Blick

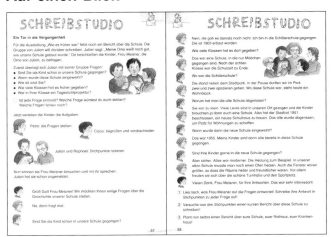

Das Auer Sprachbuch 3, S. 57   Das Auer Sprachbuch 3, S. 58

1. Pädagogisch-didaktische Überlegungen

Für die **Ausstellung „Wie es früher war"** konnten sich die Kinder nun inzwischen ein umfangreiches Wissen aus Sachtexten aneignen. Nun fehlt nur noch ein **„Zeitzeugenbericht"**. „Zeitzeugen" beantworten offen gebliebene Fragen exakt und schnell, sie schildern neben bloßen Fakten auch Erlebnisse emotionaler Art und bieten den Kindern mittels ihrer Erzählungen die Chance, einen Bogen zwischen der Vergangenheit und der Gegenwart ziehen zu können.
Deshalb greift das **Schreibstudio** den „Zeitzeugen" als „Tor in die Vergangenheit" noch einmal auf und veranschaulicht anhand eines Beispiels, wie ein Gespräch sinnvoll vorbereitet werden kann. Zu diesen „Vorbereitungen" zählen:

- sich einen geeigneten Gesprächspartner suchen und ihn zum Gespräch einladen;
- sich im Vorfeld des Interviews Fragen überlegen, diese notieren und ordnen;
- den Interviewablauf klären und die anfallenden Aufgaben verteilen (Wer übernimmt die Gesprächsleitung? Wer notiert die Antworten mit? usw.);
- das Interview durchführen sowie dessen Ergebnisse in Stichpunkten festhalten.

Im Anschluss gilt es noch, die gewonnenen Informationen auszuwerten, um daraus einen Bericht für die Schulausstellung zu verfassen.

2. Vorschläge zu Unterricht und Übung

- **Zu Seite 57/58, Aufgabe 1, 2 und 3:** Im Kreis sprechen die Kinder über die geplante Ausstellung. Sie haben inzwischen viel über die Vergangenheit ihrer Schule und ihres Heimatortes erfahren, einige Fragen sind dennoch unbeantwortet geblieben. Wer könnte hier jetzt weiterhelfen? Vielleicht die Großeltern oder gar die Urgroßeltern, die die „alte Zeit" noch miterlebt haben? Die Kinder versuchen aus diesen Überlegungen heraus einen geeigneten **Interviewpartner ausfindig zu machen** und laden diesen schriftlich in die Schule ein.

Nun gilt es, sich **auf das Interview vorzubereiten**. Die offen gebliebenen Fragen werden geordnet und aussortiert: Mit welcher Frage beginnen wir? Meint diese Frage nicht das Gleiche wie die letzte? ...
Als nächsten Schritt entscheiden die Kinder, **wer das Gespräch führen soll** und üben mit Hilfe des Dialogs aus dem Sprachbuch eine Interviewsituation. Dabei muss beachtet werden, dass zu einem „guten" Interview auch eine herzliche Begrüßung, eine sichere Stimmführung, Augenkontakt mit dem Interviewpartner etc. zählen.
Zum Abschluss der Vorbereitungen wiederholen die Kinder noch einmal die **Notation in Stichpunkten** und verfassen daraus einen kleinen Bericht.
Nun gilt es, selbst ein Interview durchzuführen, die Antworten auszuwerten und einen eigenen Bericht daraus zu verfassen.

Fächerverbindung:
– Lesen: „Unser Schulmuseum" (→ Das Auer Lesebuch 3, S. 138/139)

3. Anregungen für Freie Arbeit, Wochenplan und individuelle Förderung

- **Spiel zum Üben der beiden Vergangenheitsformen: Wer begleitet Käpitän Langbein auf einer Reise in die Vergangenheit (136/137)?**
Jeder Mitspieler erhält einen Spielstein. Zusätzlich benötigt man die Spielkarten (137) sowie einen Zahlen- und einen Vergangenheitswürfel (134). Die Kinder starten auf dem Gegenwartsfeld und rücken – je nach gewürfelter Augenzahl – vor:

 Du hast einen Schatz gefunden! Würfle noch einmal!

 Gefahr! Um weiterreisen zu dürfen, musst du eine Prüfung bestehen. Würfle mit dem Vergangenheitswürfel! Ein Mitspieler nimmt eine Karte und liest sie dir vor. Setze nun den vorgelesenen Satz in die gewünschte Vergangenheitsform!

Wer zuerst auf der „Insel der Vergangenheit" angekommen ist, hat gewonnen.
Differenzierung: Die Kinder spielen ohne den Vergangenheitswürfel und bilden immer nur die erste Vergangenheitsform.

Das macht uns zusammen Spaß

Was wir am Tag alles machen/Partnerklassen

Auf einen Blick

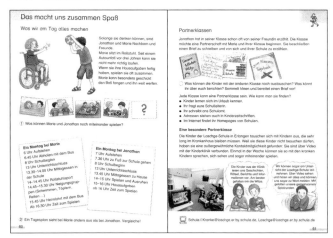

Das Auer Sprachbuch 3, S. 60/61

Das Auer Sprachheft 3, S. 33

1. Pädagogisch-didaktische Überlegungen

Begegnungen mit Behinderten können für Kinder Schlüsselerlebnisse sein, die sie das eigene Leben einmal mit anderen Augen sehen lassen.
In diesem Kapitel wird zunächst durch Bild und Text eine fiktive Begegnung mit einem behinderten Mädchen hergestellt und so ein Perspektivenwechsel eingeleitet, der mit dem Vergleich der Tagespläne noch intensiviert wird. Durch diesen Vergleich kindlicher Lebensbereiche kann auch in Klassen, in die keine behinderten Kinder integriert sind und in denen keine Kooperation durchgeführt wird, eine erfahrungs- und zuhörerbezogene Gesprächsatmosphäre erzeugt werden.
Der so hervorgerufene Perspektivenwechsel ist Voraussetzung, dass das pädagogische Leitthema des Lehrplanes „Anderen mit Achtung begegnen" umgesetzt werden kann.

Auf **Seite 61** werden die Kinder aufgefordert, nach der fiktiven Begegnung mit einem behinderten Mädchen eine reale Begegnungssituation zu planen und herbeizuführen. Konkret bedeutet das, einen adressatenbezogenen Brief zu schreiben. Es bietet sich eine reale Schreibsituation, bei der alle Strategien der Textplanung, Textgestaltung und Textüberarbeitung zur Anwendung gelangen. Davor steht zudem die Aufgabe der Informationsbeschaffung. Hier werden verschiedene Methoden der Recherche angeregt, besonders hervorzuheben ist hierbei das Internet. So werden z. B. durch den Informationsaustausch per E-Mail Wege zur multimedialen Erziehung eröffnet.

2. Vorschläge zu Unterricht und Übung

- **Zu Seite 60:** Als Einstieg könnte als stummer Impuls ein Bild von einem Rollstuhlfahrer gezeigt werden. Man kann dazu entweder das Mädchen im Rollstuhl aus dem Sprachbuch kopieren oder ein anderes Bild besorgen, auf dem ein behinderter Mensch vor einem Hindernis steht, das für ihn schwer zu überwinden ist. So können die Kinder direkt an die Alltagsprobleme und die Perspektive Behinderter herangeführt werden.
Der Perspektivenwechsel kann zudem durch Übungen unterstützt werden, die die Kinder Situationen nachempfinden lassen, in denen behinderte Menschen sich häufig befinden (138).
Dazu werden folgende Materialien benötigt:

  - Fernglas, Seil, Boxhandschuhe, Stiefel,
  - Schreibpapier und Stift,
  - Schaukelbrett,
  - Wasserglas mit Wasser,
  - Tuch zum Verbinden der Augen,
  - verschiedene Hindernisse (Pylone o. Ä).

- **Zu Aufgabe 2:** Durch den Vergleich der Tagespläne von Marie und Jonathan erhalten die Kinder einen exemplarischen Einblick in den anderen Ablauf des Schultages eines behinderten Kindes. Besonders effektiv ist das Vergleichen der Tagespläne, wenn die Kinder ihren eigenen Plan aufschreiben und mit Maries Plan vergleichen.

- **Zu Seite 61:** Die Übungen auf dieser Seite eignen sich besonders für die Arbeit in Gruppen. Angeregt durch die illustrierten Ideen von Jonathans Klasse überlegen die Schüler, was sie von ihrer eigenen Klasse berichten können und erzählen davon in einem gemeinsamen Gruppenbrief. Dieser wird anschließend mit einer anderen Klasse ausgetauscht und an einer Stellwand veröffentlicht.

Um eine Partnerklasse zu finden, kann man sich außer an die auf der Seite unten angegebene Adresse auch an folgende Adressen wenden:

> Bayerischer Blindenbund e. V.
> Landesgeschäftsstelle
> Arnulfstr. 22
> 80335 München
>
> Edith-Stein-Zentrum für Sehbehinderte und Blinde
> Raiffeisenstr. 25
> 85716 Unterschleißheim bei München
>
> Bayerische Landesschule für Körperbehinderte
> Kurzstr. 2
> 81547 München

Für das Verfassen der Briefe ist es wichtig, den Schülern Hilfen an die Hand zu geben.

Beispiele:
Wortsammlungen, Briefanrede- und Grußfloskeln (→ Das Auer Sprachbuch 3, S. 113), unterschiedliche Briefarten (Brief ans Schulamt – Brief an die Schulklasse), …

Fächerverbindungen:
- Lesen: Joachim Schmahl/Jürgen Tamchina: „Das Lied vom Anderswerden" (→ Das Auer Lesebuch 3, S. 85), Sabriye Tenberken: „Blinde Kinder" (→ Das Auer Lesebuch 3, S. 98/99), Sandra Gutekunst: „Ein Arm für Jennifer" (→ Das Auer Lesebuch 3, S. 100/101)
- HSU: Menschen mit Seh- oder Hörbeeinträchtigungen begegnen (→ Das Auer Heimat- und Sachbuch 3, S. 18)
- Musik: Aufnahme einer Klassenlieder-Kassette für die Partnerklasse
- Kunst: Collage für die Partnerklasse: „Wir stellen vor: Unsere Klasse"

3. Anregungen für Freie Arbeit, Wochenplan und individuelle Förderung

- Ausgestaltung und Aufführung einer kleinen szenischen **Darstellung bzw. einer Pantomime** zum Thema:
  Die Schüler erhalten Situationskärtchen oder überlegen sich selbst eine Alltagssituation eines behinderten Menschen und stellen diese szenisch oder pantomimisch dar.

  Beispiele:
  – Ein behinderter Junge ohne Arme steht vor einer verschlossenen Türe.
  – Erstes Treffen der eigenen Klasse mit der Partnerklasse.

- Vorstellen eines behinderten Freundes oder Familienmitgliedes, Mitbringen von Fotos.

- Vorstellen von Brieffreunden aus der Partnerklasse.

- Planung eines Besuchs oder eines gemeinsamen Ausflugs mit der Partnerklasse.

– Ein Ausflug mit dem Rollstuhl
– Korrekturzeichen
(→ Das Auer Sprachbuch 3, S. 66)

Blindenschrift/Gebärdensprache

Auf einen Blick

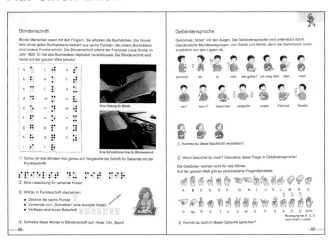

Das Auer Sprachbuch 3, S. 62/63

1. Pädagogisch-didaktische Überlegungen

Sowohl bei der Blindenschrift als auch bei der Gebärdensprache handelt es sich um Beispiele für sprachliche Symbolsysteme auf der Basis von Buchstaben. Den Kindern, denen das lateinische Alphabet und die Umsetzung von Schriftzeichen in Sprache inzwischen geläufig ist, wird hier vielleicht zum ersten Mal bewusst, dass man Sprache auch anders darstellen kann, als sie es bislang gewohnt waren. Sie bekommen so noch einmal einen neuen Zugang zur Schrift. Um die neuen Symbole zu entziffern, müssen sie sich nämlich intensiv mit den ihnen bekannten Buchstaben auseinander setzen: sie versuchen Analogien zu bilden oder Eselsbrücken zu finden. Sie müssen noch einmal auf die Stufe zurück, auf der sie Wörter Buchstabe für Buchstabe zusammengezogen haben.

Blindenschrift: Die Blindenschrift mit ihrem 6-Punkte-System ist für sehende Menschen sehr verwirrend, weil sie mit dem lateinischen Alphabet keine Ähnlichkeit hat und nicht aus ihm hergeleitet werden kann. Besonders schwierig wird es, wenn die Schrift nur durch Tasten gelesen werden soll, weil sich die Kinder beim Lesen nur auf den haptischen Sinn konzentrieren müssen.

Gebärdensprache: Die Buchstaben der Gebärdensprache sind teilweise den lateinischen nachempfunden. Außerdem gibt es Zeichen für einzelne Wörter oder Ausdrücke, die sich durch Nachahmung schnell erlernen lassen. Auch für hörende Kinder können diese Zeichen sehr nützlich sein, weil man sie über größere Distanzen lesen kann. Da die Gebärdensprache eine Schrift ist, die mit dem Körper dargestellt wird, kommt sie dem Bewegungsbedürfnis der Kinder sehr entgegen.

2. Vorschläge zu Unterricht und Übung

- **Zu Seite 62:** Da die Blindenschrift sehr abstrakt und ungewohnt ist und es Schwierigkeiten bereitet, ganze Wörter oder längere Sequenzen zu lesen, empfiehlt es sich, die Kinder zunächst etwas mit den Zeichen vertraut zu machen, z. B. mit einem Zuordnungsspiel. Man könnte dazu das Alphabet aus dem Sprachbuch zweimal auf Plakatgröße kopieren. Das eine Plakat wird an die Tafel gehängt oder auf den Gruppentisch gelegt, das andere in einzelne Buchstabenkarten zerschnitten. Die Buchstabenkarten werden gemischt und müssen auf dem Plakat gefunden werden.

- **Zu Aufgabe 3:** Beim Schreiben der Punkteschrift ist es praktisch, Rechenpapier zu verwenden und zuerst jeweils die sechs Punkte zu zeichnen, bevor die Buchstaben mit einer stumpfen Nadel eingestochen werden. Sie werden so gleichmäßiger und lassen sich durch Tasten leichter identifizieren. Das Tasten wird außerdem erleichtert, wenn die Buchstaben von hinten gestochen werden. Das wäre allerdings für die Kinder zu verwirrend.
Eine gute Möglichkeit, die Kinder an das Tasten heranzuführen, sind vom Lehrer vorbereitete Tastkarten, die jeweils ein Wort enthalten. Diese werden aus Karton hergestellt, auf den man Buchstaben aus Pappe, Münzen, Linsen o. Ä. klebt, oder aus dem man Löcher stanzt.

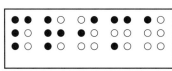

(*Lösung:* prima)

- **Zu Seite 63:** Die Gebärdensprache als Bewegungssprache fordert sehr zum Nachmachen auf. Für die Kinder könnte es allerdings schwierig werden, die Zeichnungen aus dem Sprachbuch in Bewegungen umzusetzen. Sie tun sich leichter, wenn sie einige der Gebärden vorgemacht bekommen und sie nachmachen und gemeinsam einüben können. Dabei ist darauf zu achten, dass sie sie nicht spiegelbildlich nachmachen und dabei die rechte Hand benutzen.

- **Zu Aufgabe 3:** Es erfordert sehr viel Konzentration, will man Wörter mit dem Fingeralphabet lesen, während man gleichzeitig die lateinischen Buchstaben zum Vergleichen braucht. Die Kinder haben leichter Erfolgserlebnisse, wenn sie eine begrenzte Anzahl von Wörtern oder Sätzen in der Gebärdensprache zu „sprechen" einstudieren, die sie dabei gleichzeitig zu lesen lernen.
  Man könnte dazu ein Quiz veranstalten, indem man den Kindern zunächst eine Liste von Wörtern, z. B. auf Wortkarten, vorgibt, die sie in Gruppen in das Fingeralphabet umsetzen und einstudieren. Jede Gruppe bekommt dabei den gleichen Satz Wortkarten.
  Wenn sie alle Wörter einstudiert haben, zieht eine Gruppe eines der Wörter aus dem Stapel und macht es vor. Die anderen Gruppen müssen dieses Wort jetzt „lesen" können. Die Gruppe, die es zuerst herausfindet, bekommt einen Punkt.

Fächerverbindungen:
- Lesen: Sabriye Tenberken: „Blinde Kinder: Eine Lehrerin aus Tibet erzählt" (→ Das Auer Lesebuch 3, S. 98/99)
- HSU: Menschen mit Seh- oder Hörbeeinträchtigungen begegnen: Besuch eines Blinden in der Klasse, Vorstellen von Alltagsgegenständen: sprechende Uhren, Küchenwaage, Spiele, ... (Der bayerische Blindenbund bietet in vielen Orten einen Besuch an.)
- Musik: Lied: Christa Zeuch: „Ein Loblied dem Ohr" (139)

3. Anregungen für Freie Arbeit, Wochenplan und individuelle Förderung

- **Geheimschriften erfinden**
  Angeregt von Blindenschrift und Gebärdensprache entwickeln die Kinder ihre eigenen Symbolsysteme. Dazu haben sie verschiedene Möglichkeiten:
  - Buchstabenverschiebungen oder -vertauschungen,
  - Einfügungen von Buchstaben (z. B. Heaeleleoe für Hallo),
  - Ausdenken von neuen Buchstabenzeichen.

- **Blindenschriftalphabet basteln**
  Die Schüler stellen eigene Blindenschriftlettern aus Kartonkarten her, auf die sie die Zeichen der Punkteschrift kleben (z. B. aus Pappe, Kork, Münzen, Linsen usw.). Aus diesen Lettern können dann täglich wechselnde Namen, Begriffe etc. an der Seitentafel aufgehängt werden.

- **Flüsterpost mit dem Fingeralphabet**
  Mit Hilfe der Vorlage im Buch „schreibt" ein Kind ein Wort. Das nächste Kind erliest und flüstert das Wort dem nächsten ins Ohr. Der letzte Mitspieler löst auf.

- **Einen Gebärdentanz aufführen**
  Die Kinder entwickeln ihre eigenen Buchstabengebärden (indem sie sie z. B. mit ihrem Körper nachstellen), sie üben dann Begriffe, Sätze, Reime oder Lieder ein, die sie mit ihrer eigenen Gebärdensprache darstellen.

- **Spiel: „Spaß mit Hieroglyphen"**
  24 Gummistempel mit ägyptischen Hieroglyphen, Stempelkissen, Lauttabelle, Hieroglyphenführer zum Kennenlernen der alten, geheimnisvollen Schrift, im Fachhandel erhältlich (Catharine Roehrig: „Spaß mit Hieroglyphen", Nürnberg: Tessloff Verlag 1991).

- Geheimsprachen
- Die Polybus-Tafel
- Eine Schrift, die alle Kinder auf der Welt lesen können
(→ Das Auer Sprachbuch, S. 67)

Körpersprache

Auf einen Blick

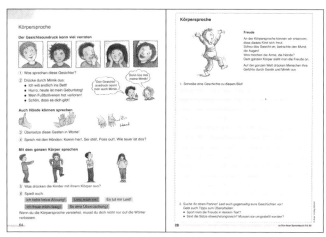

Das Auer Sprachbuch 3, S. 64   Das Auer Sprachheft 3, S. 28

1. Pädagogisch-didaktische Überlegungen

Neben der sprachlichen Kommunikation und dem Verwenden verschiedener Zeichensysteme gibt es weitere Möglichkeiten, um sich mit anderen Menschen zu verständigen. So kann man auch ohne Worte – durch bewusstes oder unbewusstes Einsetzen von Mimik und Gestik und durch den Ausdruck des ganzen Körpers – miteinander kommunizieren. Die Kinder erfahren dabei, dass auf der ganzen Welt Menschen durch ähnliche Gestik und Mimik ihre Gefühle ausdrücken, ohne dass sie dabei die gleiche Sprache sprechen müssen. Im Zusammenhang mit dem Thema „Zusammenleben" eröffnet sich durch das bewusste Einsetzen von Körpersprache eine weitere Verständigungsmöglichkeit, z. B. mit gehörlosen Kindern.

Wichtig ist, dass beim Kennenlernen dieser anderen Verständigungsmöglichkeiten das aktive Handeln der Kinder im Vordergrund steht, um die inhaltliche Bedeutung wirklich erfahren und verstehen zu können.

2. Vorschläge zu Unterricht und Übung

- Als Einstieg dienen die Bilder mit den Gesichtsausdrücken der Kinder auf Folie (vgl. **Aufgabe 1**). Die Schüler erraten die Bedeutung und überlegen sich daraufhin selbst mimische Beispiele, die sie der Klasse vorspielen. Dabei rufen sie sich gegenseitig auf. In einem Unterrichtsgespräch wird der Fachbegriff „Mimik" für Gesichtsausdruck eingeführt. **Aufgabe 2** kann in Partnerarbeit ausprobiert werden. Anschließend erfinden die Partner einen weiteren Aussagesatz, den sie auf einen Zettel schreiben. Dieser wird mit einem anderen Paar ausgetauscht und die Aussage mimisch dargestellt.

- **Zu Aufgabe 3 und 4:** Um die Wirkung der eigenen Gestik auf andere zu erfahren, bietet sich folgende Partnerübung „Mit den Händen sprechen" an: Ein Kind führt seinen Partner nur durch Handzeichen:

Beispiele:

Komm her!   Dreh dich!   Strecke dich!

Fächerverbindungen:

– Lesen: Manfred Mai: „In einem fremden Land" (→ Das Auer Lesebuch 3, S. 88/89)
– Fremdsprachen: Mimik und Gestik als Kommunikationshilfen erkennen und nutzen.
– Sport: Erproben verschiedener Verständigungsmöglichkeiten im Spiel, z. B. Handzeichen: „Wirf den Ball", „Komm …", …
– Musik: Musik erfinden/Geräuschgeschichten: Alltagsszenen werden als Geräusche dargestellt und von den Mitschülern erraten, z. B. Aufstehen: klingelnder Wecker, Gähnen, …

3. Anregungen für Freie Arbeit, Wochenplan und individuelle Förderung

- **Starke Körpersprache macht stark**[1]
Jeder Mitspieler schreibt ein „starkes" Gefühl (glücklich, mit sich zufrieden, …) oder eine „starke" Verhaltensweise (überlegen sein, anderen helfen, Mut zeigen, …) auf einen Zettel, faltet diesen zusammen und steckt ihn in eine Schachtel. Reihum wird ein Zettel gezogen, das Gefühl oder die Verhaltensweise wird durch Mimik, Gestik oder auch durch Bewegung ausgeführt. Der Rest der Gruppe errät, was dargestellt ist.

- **Anweisungsspiel „Ohne Worte"**
(→ Eine Kopiervorlage findet sich in: Das Auer Sprachbuch 1/2 Lehrerhandbuch, S. 130)
Die Kinder bekommen Spielkarten, auf denen z. B. ein Zustand beschrieben ist, der ohne Worte dargestellt werden soll. Das Kind, das die dargestellte Bedeutung errät, erhält die Spielkarte. Sieger ist das Kind mit den meisten Spielkarten.

Beispiel:

| Ich bin müde! | Kind gähnt z. B. und reibt sich die Augen. | |

- **Geschichten mit dem Körper erzählen**, z. B. Begrüßungsszene, sich streiten und vertragen, …

---

[1] Nach: Portmann, R.: Spiele, die stark machen, München: Don Bosco 1998

SPRACHSTUDIO

Auf einen Blick

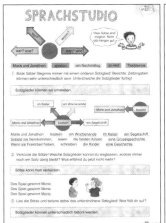

Das Auer Sprachbuch 3, S. 65

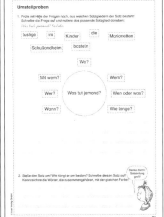

Das Auer Sprachheft 3, S. 31

1. Pädagogisch-didaktische Überlegungen

In diesem **Sprachstudio** wird die Arbeit mit Satzgliedern wieder aufgegriffen (→ Das Auer Sprachbuch 1/2, S. 17), erweitert und vertieft. Die Schüler erfragen die einzelnen Satzglieder – nun auch die Adverbiale des Ortes und der Zeit, da diese in den meisten Schülersätzen verwendet werden und frei umstellbar sind[1] – und erkennen dabei, dass die Stellung der Satzglieder etwas mit der Betonung zu tun hat. Auch üben sie eine wichtige Technik ein, die bei der Überarbeitung eigener Texte hilfreich sein kann: Durch das Umstellen können z.B. gleiche Satzanfänge vermieden werden. Beim Verkürzen der Sätze in **Aufgabe 2** erfahren die Schüler, dass bestimmte Satzglieder (Prädikat, Subjekt) in jedem Satz notwendig sind, dabei jedoch der Aussageinhalt reduziert wird.

2. Vorschläge zu Unterricht und Übung

- **Zu Aufgabe 1:** Es ist sinnvoll, die Pfeile auf Karton zu malen, die einzelnen Satzglieder auf Karten zu schreiben und an die Tafel zu hängen. Dadurch können die Schüler handelnd mit den Satzgliedern experimentieren, was besonders für sprachschwächere Schüler sehr wichtig ist.

- **Zu Aufgabe 2:** Zur Erarbeitung werden die Satzglieder eines Satzbeispieles auf Umhängeschilder geschrieben. Nun können sich die Schüler erst zu einem Satz zusammenstellen und danach die Weglassprobe handelnd durchführen.

- **Zu Aufgabe 3:** Um die unterschiedliche Betonung der Sätze und die daraus resultierende Veränderung der Satzaussage deutlich hörbar zu machen, bietet es sich an, einen Beispielsatz auf Kassette abzuspielen. Im Anschluss erproben die Schüler die Betonung analoger Sätze in Partnerarbeit.

3. Anregungen für Freie Arbeit, Wochenplan und individuelle Förderung

- **Arbeit mit Pfeilen und Kreisen**[2]
  Material: mehrere Pfeile aus Karton mit Fragen beschriftet, rote Kreise, beschriftet mit der Frage „Was geschieht?", Satzstreifen, Schere
  Anleitung:
  – Lesen eines Satzes, Abfragen der Satzglieder: *Was geschieht?, Wer oder Was?, Wen oder Was?, (Wann?, Wo?)*
  – Abschneiden der Satzglieder
  – Auslegen der Pfeile und Kreise
  – Auflegen der Satzteile, Hefteintrag

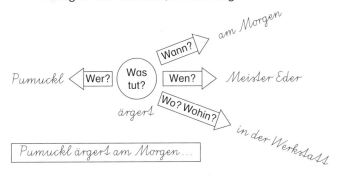

- **Schreibspiel**
  Nach den Fragen *Wer? Was geschieht? Wann? Wie? Wo?* werden Sätze gebaut. Der erste Satz wird unter die Fragen an die Tafel geschrieben und dient zur Orientierung. Der Spieler, der beginnt, notiert das erste Satzglied und faltet das Blatt so um, dass der nächste nicht lesen kann, was aufgeschrieben wurde. Ist der Satz beendet, wird er vorgelesen und das Spiel beginnt erneut.
  Beispiel:

- **Im Kalender blättern**
  Die freien Rückseiten eines alten Kalenders werden je nach Anzahl der Fragen in mehrere Abschnitte geteilt und mit Satzgliedern beschriftet. Durch unterschiedliches Blättern der einzelnen Teile erhalten die Kinder lustige Sätze.

Der große Hund	sitzt	mit meiner Katze	auf dem Stuhl
Wer?	Was geschieht?	Mit wem?	Wo?

---

[1] Vgl. Menzel, W.: Grammatik-Werkstatt. Seelze-Velber: Kallmeyer 1999

[2] Vgl. Fisgus, C./Kraft, G.: Morgen wird es wieder schön. Donauwörth: Auer Verlag 1997

SCHREIBSTUDIO

Auf einen Blick

Das Auer Sprachbuch 3, S. 66   Das Auer Sprachheft 3, S. 33

1. Pädagogisch-didaktische Überlegungen

Im **Schreibstudio** überarbeiten die Schüler ein vorgegebenes Geschichtenbeispiel mit Hilfe der Verbesserungsvorschläge der abgebildeten Kinder, die in einer Schreibkonferenz den Text eines Mitschülers besprechen. Hier wird bewusst für das Erlernen der Textüberarbeitung ein Fremdbeispiel gewählt, da Kinder häufig erst einmal Probleme haben, ihre eigenen Texte zu verändern und oft noch nicht genügend Distanz zum Text vorhanden ist. So werden ihnen hier Überarbeitungsmöglichkeiten und Anregungen an die Hand gegeben, durch die die Schüler für inhaltliche, sprachliche und stilistische Probleme in Texten sensibilisiert werden sollen. Dies ist eine wichtige Voraussetzung für das Überarbeiten eigener Texte als Prinzip des „Lernen lernens".
Im unteren Abschnitt werden Korrekturzeichen vorgestellt, die den Schülern helfen sollen, ihre Texte zu verbessern. Diese Zeichen sind als Anregung dafür gedacht, eigene Korrekturzeichen festzulegen. Um die Kinder nicht zu überfordern, sollten immer nur wenige Zeichen verwendet werden.

2. Vorschläge zu Unterricht und Übung

- **Möglicher Unterrichtsverlauf**
  Hinführung: Die Schüler umfahren auf Tonpapier ihre Hand, schneiden diese aus und schreiben darauf eine Überschrift zu einem gemeinsamen Erlebnis mit einem Freund. Die Hände werden anschließend an einer Stellwand zu einem Gemeinschaftsbild zusammengefügt und können später – beim Vorstellen der eigenen „Freunde-Geschichten" – wieder verwendet werden.

Erarbeitung: Die Schüler erhalten den Beispieltext in Gruppenarbeit zunächst ohne die Verbesserungsvorschläge, um sich unbeeinflusst damit auseinander zu setzen und eigene Überarbeitungsvorschläge zu finden. Folgende Arbeitsaufträge könnten dabei hilfreich sein:

1. Lies Jonathans Geschichte mit deiner Gruppe!
2. Überlege genau! Kannst du dir alles richtig vorstellen oder hast du noch Fragen zum Text? Schreibe diese auf!
3. Lies den Text noch mal! Achte nun besonders darauf, wie der Text geschrieben ist! Gefallen dir alle Ausdrücke und Wörter? Verbesserungsvorschläge: ...

Auswertung der Gruppenarbeit: In einem Unterrichtsgespräch werden nun Fragen geklärt und die Vorschläge der Kinder, geordnet nach Inhalt und Gestaltung, an der Tafel festgehalten. Nun werden die eigenen Ideen durch die Vorschläge der Kinder im Buch ergänzt bzw. besonders herausgestellt. Wichtig ist, an dieser Stelle auch verschiedene Meinungen zuzulassen. Im Anschluss kann die Überarbeitung von Jonathans Geschichte ebenfalls in Gruppenarbeit erfolgen.

Fächerverbindungen:
- Lesen: Joan Walsh Anglund: „Ein Freund ist jemand, der dich gern hat" (→ Das Auer Lesebuch 3, S. 102/103)
- Kunst: „Mein Bild von uns beiden", Knüpfen von Freundschaftsbändchen.
- Musik: „Wenn du einen Freund hast" aus dem gleichnamigen Kindermusical von Regina Frerich, Feed Back Musikverlag, Langenberg.

3. Anregungen für Freie Arbeit, Wochenplan und individuelle Förderung

- **Bereitstellen von gezielten Übungen, Materialien**
  - Satzanfangskiste: Verschiedene Anfänge in einem Text finden
  - Einen großen Mund auf einem Plakat gestalten, in den Wörter aus dem Wortfeld „sprechen" eingetragen werden.
  - Satzstreifen zum Umstellen der Satzglieder (verschiedene Satzanfänge)
  - Übungen zur wörtlichen Rede ...

- **Gestalten einer „Freunde-Stellwand"**
  Zu der Tonpapier-Hand werden die gestalteten „Freunde-Geschichten" gehängt.

- **Erstellen eines eigenen Freunde-Buches**

Mit dem Fahrrad unterwegs

Auto oder Fahrrad/Wir haben uns informiert

Auf einen Blick

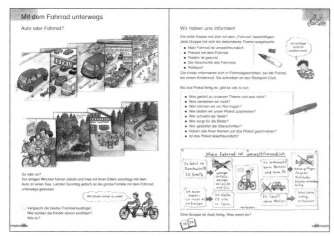

Das Auer Sprachbuch 3, S. 68/69

1. Pädagogisch-didaktische Überlegungen

Fahrradfahren gehört für alle Kinder zu einer wichtigen Lebenskompetenz – verbindet sich für sie mit diesem Können doch ein Stück Mobilität, Unabhängigkeit, Abenteuer und Freiheit. Das Sprachbuchkapitel knüpft an die Interessenslage der Kinder an und verbindet immer wieder die Aufgaben des Heimat- und Sachunterrichtes bzw. der Verkehrserziehung mit einer vielseitigen sprachlichen Förderung. „Rund um das Fahrrad" greifen die Sprachbuchseiten ökologische, gesundheitliche, technische, verkehrsunterrichtliche und historische Aspekte auf:
So diskutieren die Kinder auf der **Seite 68** am Beispiel zweier Bilderfolgen zunächst die Umweltfreundlichkeit des Fahrrades im Vergleich zur Nutzung des Autos.
Anschließend regt das Sprachbuch auf **Seite 69** dazu an, in Gruppen zu verschiedenen Schwerpunktthemen zu arbeiten: Für die Erarbeitung von Sachtexten sollen die Kinder unterschiedliche Informationsquellen nutzen lernen. Neben Befragungen und dem Nachschlagen in Büchern bietet sich hier auch die Nutzung des Internets an. Aus den gewonnenen Informationen ist zunächst das Wesentliche auszuwählen, zu ordnen und in Stichpunkten festzuhalten, bevor aus diesen Vorlagen wiederum einfache Sachtexte oder wie im Buch vorgeschlagen, Themen-Plakate entstehen.

2. Vorschläge zu Unterricht und Übung

- **Zu Seite 68:** Die Kinder erzählen zu den beiden Bilderfolgen, vergleichen diese, diskutieren und beurteilen die beiden unterschiedlichen Ausflugsvarianten. In einem anschließenden Erzählkreis berichten sie über ihre eigenen Erfahrungen auf Ausflügen und Urlaubsreisen.
Der Lehrer/die Lehrerin moderiert das Gespräch mittels Leitfragen: Was hast du selbst schon auf langen Autofahrten erlebt? Wohin ging dein letzter Fahrradausflug? Wie erholst du dich besser? Was macht dir mehr Freude? Was ist wohl gesünder? Was ist besser für die Umwelt?
Anschließend würde sich auch eine Umfrage in schriftlicher Form anbieten. Auf einem Plakat oder an der Tafel sammeln und ordnen die Kinder die Meinungen und Umfrageergebnisse:

Sie schreiben dazu ihre Gedanken auf Zettel und ordnen sie in den betreffenden Spalten zu. Auch Kinder aus anderen Klassen, Lehrer und Eltern können zum Thema befragt werden.
Im Anschluss daran erzählen die Kinder zu den Bilderfolgen im Buch nochmals aus der Sicht von Flipp und Flo bzw. aus der Ich-Perspektive: Wie würden *die beiden Kinder* erzählen? Wie würdest *du* erzählen? Dabei üben sie noch einmal das Erzählen in der Vergangenheitsform. Als Weiterführung schreiben und zeichnen die Kinder nun selbst zu ihrem schönsten Ausflugserlebnis.

- **Zu Seite 69:** Das Sprachbuch regt dazu an, zu unterschiedlichen Themenschwerpunkten rund um das Fahrrad Informationen zu sammeln und eine Ausstellungswand für das Klassenzimmer oder auch das Schulhaus zu gestalten. Die Kinder sollen bei diesem Arbeitsvorhaben unterschiedliche Möglichkeiten der Informationsgewinnung kennen und nutzen lernen. Gleichzeitig bietet diese Gruppenaufgabe aber auch eine gute Gelegenheit, die Kinder in die Mitverantwortung für die Arbeitsplanung einzubeziehen und mit ihnen die Bedingungen für das Gelingen der Kooperation zu reflektieren: Wie muss eine Gruppenarbeit organisiert sein, damit jeder sinnvoll und mit Freude mitarbeiten kann und die Gruppe zu einem Ergebnis kommt?
  Das Beispiel im Buch spiegelt den sinnvollen Ablauf der einzelnen Arbeitsschritte wider:

- **Themensammlung und Gruppeneinteilung**
  Zunächst sammeln die Kinder Themen, die sie für interessant erachten. Ein kurzes gemeinsames Brainstorming, welches Einzelaspekte jedes Themas enthält, hilft den Kindern, ihre Interessenslage noch zielgerichteter auszuloten.
  In einem zweiten Schritt überlegen die Kinder die Gruppenbildung, diskutieren Vor- und Nachteile unterschiedlicher Lösungen: Ist es besser, Themen gruppenweise zu verteilen oder soll sich jedes Kind für ein Thema frei entscheiden können? Wie lassen sich auftretende Schwierigkeiten lösen, wenn z. B. zu viele Kinder in einer Gruppe zusammenarbeiten, oder wenn sich für ein Thema nur ein Kind meldet?

- **Verteilung der Aufgaben in den Gruppen**
  Ist eine Einteilung der Gruppen nach gemeinsamer Absprache erfolgt, geht es einen Schritt weiter: Auch für die Organisation der Zusammenarbeit ist ein Plan hilfreich. Er erleichtert die Aufgabenverteilung in der Gruppe und klärt die einzelnen Zuständigkeiten und Verantwortungsbereiche. Das Sprachbuch bietet eine Checkliste an, die als vergrößerte Kopie für jede einzelne Gruppe auch das Eintragen von Notizen ermöglicht:

Was gehört zu unserem Thema?	Wer hat das Fahrrad erfunden? Wie sah es vor 100 Jahren aus? Aus welchem Material war es?
Wen fragen wir um Rat?	Peter fragt seinen Papa, er ist im Radclub. Hannah: Internet
Wer schreibt die Texte?	Überschriften: Felix und Sabine Texte: Johannes, Florian, Martina

Nach dieser ersten Planungsphase in der Gruppe ist unter Umständen eine kurze Reflexion gemeinsam mit dem Lehrer/der Lehrerin für die Kinder hilfreich. So wird nochmals überlegt: Hat jedes Kind eine Aufgabe? Ist jeder in die gemeinsame Arbeit einbezogen? Ist jeder zufrieden? Sind die Aufgaben gerecht bzw. sinnvoll zugewiesen? (Wer schreibt z. B. gerne? Wer hat die Möglichkeit, zu Hause im Internet nachzuschauen? …)

- **Durchführung der Arbeit**
  Für eine sinnvolle und ergebnisbringende Arbeit benötigen die Kinder auswertbares Informationsmaterial. Neben Befragungen (Eltern, Polizei, Kinderarzt, Radsportclub) bieten sich zum Nachschlagen und Nachlesen für die Kinder folgende Medien an:
  - → Das Auer Lesebuch 3, S. 162–165: „Das Rad", „Wer erfand das Fahrrad?"
  - Patricia Mennen/Milada Krautmann: Mein Fahrrad. Ravensburg: Ravensburger Buchverlag 2001
  - Lionel Bender: sehen, staunen, wissen: Erfindungen. Hildesheim: Gerstenberg 1991 (Bilder und Texte zur Erfindung des Rades)
  - Internet:
    Informationen und Links lassen sich mit der Kindersuchmaschine **www.blindekuh.de** finden.
  - Franz Wöllzenmüller: Richtig radfahren. München: BLV Verlagsgesellschaft 1985 (zur Technik des Fahrrades, Fahrradreparatur etc.)

- **Abschluss der Arbeit – sachliche Bewertung**
  Zum Abschluss der Arbeit gehört schließlich der kritische Blick der Gruppe, der Klasse sowie des Lehrers/der Lehrerin auf das Ergebnis.
  Die Kritik sollte sich dabei aber nicht auf ein nett gemeintes, aber wenig aussagekräftiges „toll" oder „schön" beschränken, denn Kinder der dritten Klasse sind durchaus schon fähig, Sachkriterien zu erarbeiten, die eine konstruktive Beurteilung leiten können. Die Checkliste im Buch enthält bereits einige solcher Kriterien, die – um einige Aspekte ergänzt – Grundlage für eine sehr sachlich geführte Diskussion bieten können:
  Ist das Plakat leserfreundlich? Gibt es Überschriften, die die Informationen gliedern? Passen die Bilder zu den Texten? Sind die wichtigsten Informationen enthalten? …
  Im Anschluss erhalten die Gruppen nochmals Gelegenheit zur Überarbeitung bzw. Fertigstellung ihrer Plakate. Dies kann gegebenenfalls auch im Wochenplan geschehen.

Experten kennen Fachbegriffe

Auf einen Blick

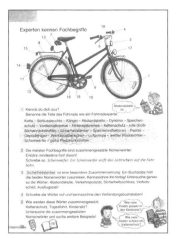

Das Auer Sprachbuch 3, S. 70

1. Pädagogisch-didaktische Überlegungen

Um die Teile eines Fahrrades „wie ein Experte" bezeichnen und beschreiben zu können, ist ein gewisser Wortschatz an Fachbegriffen notwendig. Auf dieser **Seite 70** lernen die Kinder zunächst, die einzelnen Teile eines nach den Verkehrsvorschriften ausgestatteten Fahrrades genau zu benennen. Viele der fachlichen Bezeichnungen entstehen dabei über das Zusammensetzen von Namenwörtern. Diese werden hinsichtlich ihres inhaltlichen Bedeutungsgehaltes sowie der Art und Weise ihrer Zusammensetzung genauer „unter die Lupe genommen": So enthalten viele der Wörter einen Verbindungsbuchstaben, bei einigen steht das Bestimmungswort in der Mehrzahl.

2. Vorschläge zu Unterricht und Übung

- **Zu Aufgabe 1:** An einem richtigen Fahrrad im Klassenzimmer oder Schulhof überlegen die Kinder: Wie heißen die einzelnen Teile? Wie funktionieren sie? Wozu sind sie wichtig? Die wichtigen Fachbegriffe werden an der Tafel notiert. Anschließend könnte eine Beschriftung mit Wortkarten als Gruppenarbeit (auf einem großen Plakat) oder auch gemeinsam an der Tafel erfolgen.
  Zur Einübung und Sicherung des Wortschatzes bieten sich verschiedene Spielformen an:
  Fragespiel: Ein Kind beschreibt einen Teil des Fahrrades, die anderen raten.
  Auch in kleinen **Rollenspielen** üben die Kinder den Wortschatz bzw. die Fachbegriffe: Dazu schlüpft ein Kind in die Rolle eines Fahrradverkäufers, der einem „Kunden" die Ausstattung des Fahrrades erklärt oder aber es wird eine Szene gespielt, in der ein „Verkehrspolizist" die Verkehrs- und Funktionstüchtigkeit eines Rades „überprüft".

- **Zu Aufgabe 2:** Im Buch lesen die Kinder nun nochmals die Fachbegriffe. Die meisten bestehen aus zusammengesetzten Namenwörtern. Diese werden nun genauer untersucht: Durch die Zusammensetzungen erklären die Wörter sehr viel präziser die Funktion des entsprechenden Fahrradteiles.

- **Zu Aufgabe 3 und 4:** Viele der Zusammensetzungen auf der Seite enthalten als Verbindungsbuchstaben das Fugen-s. Der Bauplan dieser Wörter wird erarbeitet und geübt (→ Das Auer Sprachbuch 3, S. 110).

Fächerverbindungen:
– Lesen: Janosch: „Der kleine Tiger braucht ein Fahrrad" (→ Das Auer Lesebuch 3, S. 166/167)
– HSU: Rad fahren (→ Das Auer Heimat- und Sachbuch 3, S. 88–97)

3. Anregungen für Freie Arbeit, Wochenplan und individuelle Förderung

- **Fahrrad-Experten-Quiz:** Die jeweils richtige Lösung steht auf der Rückseite einer Lochkarte:

Vorderseite:

Rückseite:

Radfahren ist kein Kinderspiel

Auf einen Blick

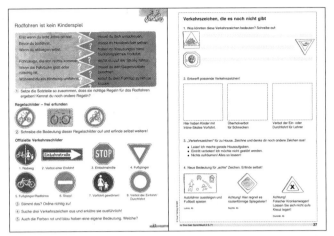

Das Auer Sprachbuch 3, S. 71   Das Auer Sprachheft 3, S. 37

1. Pädagogisch-didaktische Überlegungen

Die Überschrift von **Seite 71** – „Radfahren ist kein Kinderspiel" – weist bereits darauf hin: Neben allem Spaß und Vergnügen am Fahrradfahren, geht es für die Kinder als Verkehrsteilnehmer immer auch um den Sicherheitsaspekt sowie die Einhaltung von Regeln im Straßenverkehr. Im Rahmen der Verkehrserziehung ist dabei besonders die Funktion von nichtsprachlichen Zeichen und Piktogrammen wichtig. Diese geben prägnant und effektiv wichtige, auch komplexere Informationen an die Verkehrsteilnehmer weiter. Auch regt die Sprachbuchseite dazu an, dieses System der Kommunikation mit Hilfe von Bildsymbolen selbst zu erproben.

2. Vorschläge für Unterricht und Übung

- **Zu Aufgabe 1:** Die Kinder setzen in Partnerarbeit die Satzteile zusammen, notieren die Regeln auf dem Block, erklären und begründen ihre Lösungen mündlich. Ein anschließendes Gespräch führt zum gemeinsamen Nachdenken über die Bedeutung dieser Regeln für die Sicherheit im Straßenverkehr. Weitere Regeln ergänzen beispielsweise ein gemeinsam zusammengestelltes Regelplakat.

- **Zu den Aufgaben 2 bis 5:** Die Kinder deuten die drei Regelschilder und überlegen die in ihnen enthaltenen Informationen. Die Beispiele machen deutlich: Mit Zeichen und Schildern lassen sich auch komplexere Botschaften, Regeln, Mitteilungen an andere kurz und verständlich vermitteln. Dies probieren die Kinder anschließend selbst aus, indem sie eigene Regelschilder erfinden (→ Das Auer Sprachheft 3, S. 37). Im Straßenverkehr ist eine Verständigung über Bildsymbole von besonderer Bedeutung. Wichtig ist, dass jeder Verkehrsteilnehmer die vereinbarten Zeichen zu interpretieren versteht (siehe **Aufgabe 3 und 4**) sowie auch um die Bedeutung der Farbgebung der Schilder weiß (**Aufgabe 5**).

3. Anregungen für Freie Arbeit, Wochenplan und individuelle Förderung

- Im Klassenzimmer entsteht eine **Ausstellungswand** mit offiziellen und auch selbst erfundenen Zeichen und Schildern. Neben ihrem Informationscharakter dient die „Schildergalerie" für Fragespiele.

- Auf **Wendekarten** steht zu den Schildern die genaue inhaltliche Bedeutung. Diese kann gemeinsam mit den Kindern formuliert werden.

- In einem **Schilder-Büchlein** zeichnen bzw. kleben die Kinder weitere Piktogramme, auf die sie in ihrer schulischen und außerschulischen Umwelt treffen:

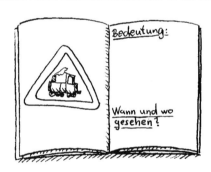

- Die Kinder erfinden **eigene Schilder** (siehe **Aufgabe 2** im Buch) für Klassenzimmer, Schulhaus oder das eigene Kinderzimmer:

Das Fahrrad im Jahr 2030

Auf einen Blick

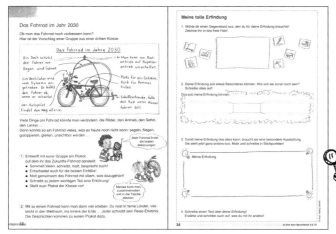

Das Auer Sprachbuch 3, S. 72

Das Auer Sprachheft 3, S. 34

1. Pädagogisch-didaktische Überlegungen

Wie wird das Fahrrad wohl im Jahr 2030 aussehen? Mit Freude und Begeisterung werden die Kinder sicherlich diese Anregung, in die Zukunft zu schauen, annehmen, dürfen sie doch hier in die Rolle von Erfindern schlüpfen und ihrer Fantasie, ihren Wünschen und ihrer Vorstellungswelt freien Lauf lassen.

Gleichzeitig setzt die Aufgabenstellung einen sehr sachlichen Akzent: Die Zukunftsfahrräder sollen nicht nur detailliert und ideenreich gezeichnet, sondern auch genau beschrieben werden. Somit üben sich die Kinder im Verfassen kurzer Sachtexte in Form von Bedienungsanleitungen und Funktionsbeschreibungen. Dazu gehört eine verständliche Beschreibung ebenso wie das Verwenden von Fachbegriffen, die auch sprachschöpferisch durch das Erfinden neuer Wörter erfolgen kann.

2. Vorschläge zu Unterricht und Übung

- **Zu Aufgabe 1:** Das im Buch vorgestellte „Zukunftsfahrrad" regt zum Schmieden eigener Pläne an. In der Gruppe beratschlagen die Kinder, welche Ideen sie für die „technische Weiterentwicklung" des Fahrrades haben. Ihre Gedanken schreiben sie stichpunktartig auf große Plakate, erste Skizzen dazu präzisieren die Vorstellungen. Anschließend stellen die Gruppen ihre Entwürfe im Kreis vor.
  Im Anschluss an die erste Entwurfsphase folgt nun die Ausarbeitung in der Gruppe oder auch in Einzel- bzw. Partnerarbeit. Zuvor sollten für die schriftliche Arbeit die wichtigsten Kriterien noch einmal erarbeitet und an der Tafel festgehalten werden:

- **Zu Aufgabe 2:** Die fertigen Bilder und Texte der Kinder regen zum weiteren Erzählen und Fantasieren an. Die Fahrradplakate sowie die Reiseerlebnisse der Kinder ergeben eine Ausstellung im Schulhaus.

3. Anregungen für Freie Arbeit, Wochenplan und individuelle Förderung

- Auch andere Gegenstände (z. B. Roller, Skateboard, Schulranzen etc.) lassen sich für die Zukunft weiterentwickeln oder neu erfinden. In einer **Erfinderwerkstatt**, z. B. in der Freien Arbeit, zeichnen, basteln, schreiben die Kinder zu ihren eigenen Erfindungen (→ Das Auer Sprachheft 3, S. 34).

- In einem **Erfinderbuch** sammeln die Kinder ihre Erfindungen. Eine **Erfinderbörse** im Schulhaus kann auch Impulse für andere Klassen setzen.

SPRACHSTUDIO

Auf einen Blick

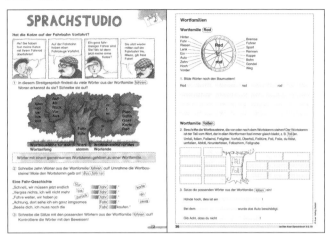

Das Auer Sprachbuch 3, S. 73   Das Auer Sprachheft 3, S. 36

1. Pädagogisch-didaktische Überlegungen

Wortfamilien sind durch den gleichen oder ähnlichen Wortstamm gekennzeichnet. In den meisten Fällen entspricht dieser morphologischen Zugehörigkeit auch eine Verwandtschaft der Wörter auf der Bedeutungsebene. Für die Wortfamilie „fahren" werden die Kinder selbst eine Fülle von Wörtern finden. Sie entdecken, dass sich durch Vorsilben oder Zusammensetzungen viele Wörter bilden lassen. Zugleich hat das Üben der Wörter mit dem Wortstamm fahr- auch eine rechtschriftliche Bedeutung: Das wiederholte Aufschreiben des Grundmorphems stützt den Aufbau von Rechtschreibsicherheit bei der Dehnungsstelle in den Wörtern.

2. Vorschläge zu Unterricht und Übung

- **Zu Aufgabe 1:** Die Kinder lesen die Bildergeschichte und spielen sie in einem kleinen Rollenspiel nach. Anschließend schreiben sie die Wörter aus der Wortfamilie „fahren" heraus. Sie entdecken: Ein Teil ist in allen Wörtern immer gleich: *Fahr-* bzw. *fahr-/fähr-*. Der Begriff *Wortstamm* verdeutlicht: Wie bei einem Baum „wachsen" aus dem Stamm verschiedene Wörter, die zu einer Wortfamilie gehören. Die Lupenstelle im Wortstamm, das Dehnungszeichen, wird farbig markiert:

Nun gehen die Kinder in der Gruppe oder gemeinsam mit ihrem Nachbarn auf weitere Wörtersuche. Der Lehrer/die Lehrerin hat dazu ein Blatt bzw. ein Plakat vorbereitet. Die Kinder schreiben ihre Wörter auf farbige Tonpapierkärtchen (evtl. in Blattform) und kleben diese auf den Baum:

- **Zu Aufgabe 2:** Der Wortfamilien-Baum im Sprachbuch zeigt auf, wie sich Wörter mit den einzelnen Wortbausteinen zusammenbauen lassen. Im Anschluss an die Übung im Buch ergänzen die Kinder ihr eigenes Plakat.

- **Zu Aufgabe 3:** Für die Arbeit an der Fahr-Geschichte bieten sich mehrere Arbeitsformen zur Differenzierung an:
  1. Gruppe: Löst die Aufgabe im Buch, erfindet die Fahr-Geschichte weiter! Die Wörter aus dem Wörterbaum helfen dabei.
  2. Gruppe: Auf einem Tisch liegen die einzelnen Wortteile zum Zusammensetzen. Die Kinder „bauen" die Wörter zusammen, schreiben sie dann ins Heft.
  3. Gruppe: Diese Kinder erhalten den Text als Lückentext, kleben die bereits zusammengesetzten Wörter an die richtige Stelle ein und schreiben dann ab.

Das **Sprachheft, Seite 36** bietet zwei weitere Wortfamilien an, die sich im Anschluss an die gründliche Übung zur Wortfamilie „fahren" oder auch zu einem späteren Zeitpunkt einsetzen lassen.

3. Anregungen für Freie Arbeit, Wochenplan und individuelle Förderung

- **Würfelspiel:** Die Kinder malen auf ein größeres Blatt den Spielplan auf. Für die Spielfiguren basteln sie Autos in unterschiedlichen Farben für vier Mitspieler. Es können auch kleine Spielautos verwendet werden.

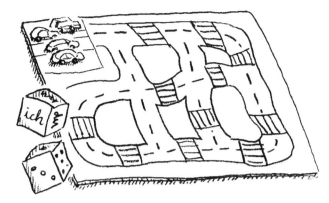

Die Kinder drehen den Kreisel und setzen die Vorsilbe mit dem Wort „fahren" zusammen. Sie schreiben zunächst die Grundform ins Heft, würfeln anschließend eine Personalform und bilden einen ganzen Satz. Auch diese Form schreiben sie auf:

losfahren – ich fahre los

(Analog kann das Spiel später auch auf andere Wortfamilien übertragen werden.)

Beim Aufschreiben der Ereigniskarten hilft der Lehrer/die Lehrerin:

 Wer diese Karten zieht, diktiert seinen Mitspielern das Wort und kontrolliert es anschließend.

 Der Spieler muss ein passendes Wort nennen, seinen Mitspielern diktieren und ebenfalls kontrollieren.

 Die Personalform wird extra gewürfelt, das Tunwort in der entsprechenden Form aufgeschrieben.

Vorschlag für die Spielregeln: Jede Markierung der Fahrbahnmitte entspricht einem Würfelauge. Die Spieler dürfen auf dem Straßenplan fahren und abbiegen, wohin sie wollen; kommt der Spieler auf einen Zebrastreifen, nimmt er eine Spielkarte. Beendet ist das Spiel, wenn alle Ereigniskarten gezogen wurden.

● **Vorsilben-Kreisel**

Der Kreisel kann aus einem Karton (evtl. laminiert) ausgeschnitten werden; ein kurzer Buntstift, Schaschlikspieß oder ein langes Streichholz wird durch die Mitte der Scheibe gesteckt:

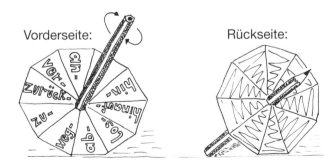

● **Wendekarten mit Rätseln**

Wenn ein Autofahrer auf der falschen Fahrbahn fährt, ist er ein ...	Geisterfahrer
Wer im Zug ohne gültige Fahrkarte fährt, ist ein ...	Schwarzfahrer

● **Zusammensetz-Übungen**

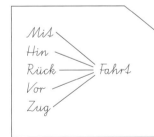 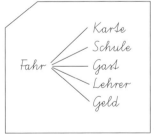

Die Kinder müssen bei der Zusammensetzung auf die richtige Groß- und Kleinschreibung achten.

● **Lückentexte**

Peter hat ein neues _____. Er _____ sofort zu seinem Freund. Auf der _____ kauft er sich ein Eis.

(fährt, Fahrrad, Rückfahrt)

zu Das Auer Sprachbuch 3 S. 73

SCHREIBSTUDIO

Auf einen Blick

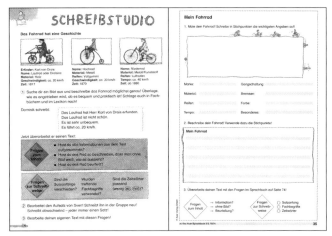

Das Auer Sprachbuch 3, S. 74   Das Auer Sprachheft 3, S. 35

1. Pädagogisch-didaktische Überlegungen

Nach dem Blick in die Zukunft auf **Seite 72** bietet es sich nun an, die historische Entwicklung des Fahrrades zu untersuchen. Anhand der drei Abbildungen auf **Seite 74**, die mittels Zeichnungen sowie Stichpunkten einige kurze Informationen über die Geschichte des Fahrrades bieten, sollen die Kinder kurze Sachtexte verfassen. Für einen möglichst genauen und informationsreichen Bericht ist das weitere Nachlesen in Sachtexten und Lexika ebenso wichtig wie die sprachlich differenzierte Ausarbeitung. Vor dem Schreiben der Texte steht daher zunächst die Erarbeitung von Sachkriterien, die das Verfassen bzw. die Überarbeitung eines Sachtextes leiten sollen: Dieser muss möglichst genaue und differenzierte Informationen wiedergeben sowie richtige Fachbegriffe verwenden. Daneben sollte auch ein Sachtext sprachlich abwechslungsreich und interessant geschrieben sein.

2. Vorschläge zu Unterricht und Übung

- **Zu Aufgabe 1:** In der Gruppe oder mit ihrem Partner sprechen die Kinder zunächst über die drei Bilder. Sie berichten anschließend über ihre Entdeckungen: Welches sind die wichtigsten Veränderungen der technischen Details von einem Modell zum nächsten? Welche Vor- oder Nachteile hatten wohl die einzelnen Modelle? Wie ist die technische Entwicklung vorangeschritten? Auf der Zeitleiste im Klassenzimmer ordnen die Kinder die drei Entwicklungsstufen des Fahrrades ein. Anschließend lesen sie in Büchern, Lexika und Sachtexten (Literaturvorschläge, s. S. 62) genauer nach und sammeln weitere Informationen, die sie auf Plakaten festhalten.

- **Zu Aufgabe 2 und 3:** Jedes Kind soll zu einem Bild im Buch einen Sachtext verfassen. Am Beispiel des Textes von Dominik werden nun zunächst die Aufgabenstellung sowie wichtige Sachkriterien für das Verfassen der eigenen Texte erarbeitet:
  - Das Rad soll so beschrieben sein, dass der Leser auch ohne das Bild eine Vorstellung über Aussehen und technische Funktionsweise des Rades gewinnt. Hat Dominik dazu alle wichtigen Informationen eingebracht?
  - Auch eine Bewertung des Rades sollte sich auf sachliche Kriterien beziehen. So ist Dominiks Bewertung des Laufrades als „sehr unbequem" durchaus nachvollziehbar, vergleicht man es mit der heutigen Fortbewegungstechnik. Seine Meinung „Das Laufrad ist nicht schön." ist dagegen eine sehr persönliche Wertung.
  - Der Schreiber sollte auch bei einem Sachtext auf Abwechslung bei den Satzanfängen achten. Wie könnte Dominik die Wiederholungen in seinen Sätzen vermeiden?

Das Sprachbuch fasst diese Sachkriterien für den Text in einer Übersicht noch einmal zusammen.

3. Anregungen für Freie Arbeit, Wochenplan und individuelle Förderung

- Die Kinder verfassen eine **Beschreibung ihres eigenen Fahrrades** (→ Das Auer Sprachheft 3, S. 35).

- Auch zu anderen Gegenständen oder Erfindungen früherer Zeiten kann man z. B. in der Freien Arbeit „forschen". Dazu bietet sich eine **Zeitleiste** im Klassenzimmer an, die immer wieder neu zusammensetzbar ist. Die zeitgeschichtlichen Ereignisse oder Erfindungen schreiben und zeichnen die Kinder in Stichworten auf Pfeilkärtchen, die dann dem jeweiligen Jahr auf der Leiste zugeordnet werden.

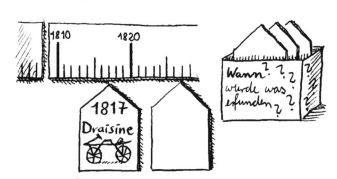

Ein Pausenhof nach Wunsch

Wir verändern unseren Pausenhof/Von der Idee zur Wirklichkeit

Auf einen Blick

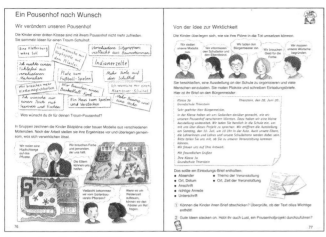

Das Auer Sprachbuch 3, S. 76/77

Das Auer Sprachheft 3, S. 42

1. Pädagogisch-didaktische Überlegungen

Die Bedeutung des Schulfreigeländes hat sich in den letzten Jahren stark verändert. Der Schulhof ist nicht nur der Ort, an dem die Pause verbracht wird, sondern ein Platz, an dem kindgerechte und ökologische Spiel- und Aufenthaltsflächen zur Verfügung stehen bzw. stehen sollten. Der Pausenhof wird also als Lernort verstanden und fördert somit eine gesunde und anregende Entwicklung der Kinder.

Es wäre wünschenswert, wenn die Schüler bei der Planung und Gestaltung aktiv mitwirken könnten. Diese Möglichkeit wird durch Vorschläge einer 3. Klasse auf **Seite 76** aufgezeigt. Mit der bereits bekannten Form des Brainstorming werden die Gedanken zum Traum-Pausenhof gesammelt. Wichtig erscheint hier, reale Gegebenheiten mit einzubeziehen.

Vor Beginn der Gestaltungsphase in den verschiedenen Gruppen müssen die entsprechenden Materialien und Pläne für den Bau eines Modells bereitgestellt werden.

In der Auswertung wird nun besprochen, welche Institutionen bei der Realisierung behilflich sein könnten (Gartenbauverein, Elternbeirat, Bürgermeister, …).

Auf **Seite 77** wird das genaue Vorgehen des Projekts besprochen. Zu einer evtl. Ausstellung werden Plakate und Einladungsbriefe erstellt. Hierzu ist die Besprechung über die korrekte Gestaltung und äußere Form eines Briefes erforderlich. Anhand der bei **Aufgabe 1** aufgelisteten Merkmale überprüfen die Schüler nun selbst die eigenen Arbeiten.

2. Vorschläge zu Unterricht und Übung

- Der **Einstieg** in das Thema könnte durch eine **Traumreise** erfolgen. Nach einer kurzen Einführung dürfen die Kinder mit meditativer Musik zu einem Traum-Pausenhof reisen. Hierzu schließen sie die Augen oder legen den Kopf auf die Arme.

Danach werden die Gedanken auf bereitgelegte Haft-Notizzettel geschrieben und an der Tafel angeheftet (Brainstorming).

- Die **Gedankensammlung** bietet Anregungen zu einem Klassengespräch:
  – Was möchte ich?
  – Was möchtest du?
  – Was ist vorhanden?
  – Was ist möglich?
  – …

- Nun erfolgt die Einteilung in verschiedene Gruppen. Auf Tischen liegen Plakate und Materialien bereit, mit denen die Schüler ihr Modell bauen können, z. B.: Holzklötze zum Bemalen, kleine Zweige, Lego- oder Playmobil-Kleinteile, Karton, Tonpapier, Kleister, …
  Für Anregungen und Mithilfe stehen Fachlehrer/Fachlehrerinnen und Eltern meist gerne zur Verfügung.

- Nach der Fertigstellung wird in der Klassenkonferenz überlegt, wer als Helfer und Sponsor in Frage kommen könnte. Zuvor sollte ein Bedarfsplan erstellt werden:
  Farben: _____
  Holz: _____
  Spielgeräte: _____
  Bäume, Sträucher, Pflanzen: _____
  Geräte: _____
  Helfer: _____

- Aus Erfahrung wissen die meisten Kinder, dass für ein Projekt geworben werden muss. In Gruppenarbeit sammeln sie Argumente und schreiben diese auf.

- Nun müssen die Entscheidungsträger (Schulleitung, Elternbeirat, Bürgermeister, …) informiert und überzeugt werden, bevor Einladungsbriefe an Firmen und Organisationen abgeschickt werden.

- Die äußere Form der Briefgestaltung sowie die inhaltlichen Schwerpunkte werden vor dem Schreiben besprochen. An dieser Stelle könnte auf die neue Schreibweise des Datums eingegangen werden: Jahreszahl – Monat – Tag → 2002 – 06 – 28

- Nach dem Schreiben der Einladungen werden die Arbeiten ausgetauscht und durch die Kontrolle der Mitschüler auf Vollständigkeit und Richtigkeit hin überprüft. Hilfe hierfür bieten die Merkpunkte bei **Aufgabe 1**.

- Als Abschluss kann in einer Gesprächsrunde erörtert werden, welche Ideen für den eigenen Schulhof realisierbar wären und wie eine Realisierung angegangen werden könnte.

Fächerverbindungen:
– HSU: Wünsche und Bedürfnisse/Zusammenleben
– Kunst: Collage „Traum-Pausenhof"
– Musik: Lieder für die Pausenecke

3. Anregungen für Freie Arbeit, Wochenplan und individuelle Förderung

- **Wunschstation**
  Auf Karteikarten werden Gestaltungsvorschläge der Schüler gesammelt:
  – Zeichne auf und beschreibe, wie dein Hüpfspiel funktionieren soll!
  – Beschreibe dein Wunsch-Klettergerüst!
  – Wie stellst du dir deine Ruheecke vor?
  – …

- **König der Argumente!**
  Zu den Vorschlägen der Wunschstation werden Argumente gesammelt und nach einem festgelegten Zeitpunkt in Gruppen besprochen. Der Schüler, der die besten Argumente formulieren konnte, wird König der Argumente.

- **Bist du ein guter Fehlerteufel?**
  Verschiedene Briefe mit Fehlern (Kleinschreibung der Anredefürwörter, vergessenem Datum, fehlender Unterschrift, vergessener Zeit- oder Ortsangabe, …) werden in einem Ordner gesammelt. Die Schüler überprüfen anhand der Hilfen von **Aufgabe 1**, welche Angaben fehlen bzw. falsch sind und streichen diese an. Die Kontrolle erfolgt durch ein auf der Rückseite befestigtem Ergebnisblatt.

- **Traum-Pausenhof im Jahr 3000?**
  Hier kann der Fantasie freier Lauf gelassen werden. Die Schüler schreiben Ideen oder Vorstellungen für einen Pausenhof der Zukunft auf, zeichnen dazu Bilder und sammeln diese z. B. in einem Ordner, auf dem Block, …

- **Bastel- und Zeichenstation**
  Auf einem Tisch stehen verschiedene Materialien zum Basteln und Zeichnen bereit. Die Schüler kreieren Turn- oder Spielgeräte für den Traum-Pausenhof.

Bewegung im Klassenzimmer/Langsame Wörter – schnelle Wörter

Auf einen Blick

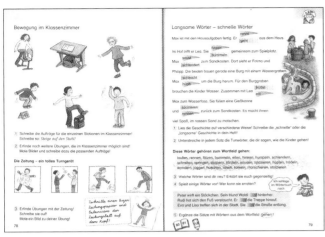

Das Auer Sprachbuch 3, S. 78/79

Das Auer Sprachheft 3, S. 43

1. Pädagogisch-didaktische Überlegungen

Bewegungspausen sind für Schüler ein wichtiger Faktor zur Stressreduzierung während des Unterrichtsvormittags. Motivierende Übungen können mit einfachen Mitteln erzielt werden. Auf **Seite 78** werden in **Aufgabe 1** Gegenstände aus dem Klassenzimmer und der eigene Körper als Stationen vorgestellt. Hierzu schreiben die Schüler meist sehr kreative Übungsaufträge auf.
Aufgabe 2 ermuntert zu einer Erweiterung der Übungsmöglichkeiten. Bewegungen für die Stärkung der Beine, des Rückens oder der Arme werden schriftlich formuliert und bildlich dargestellt. Hiermit werden Schreibanlässe geboten, die ihren Ursprung in der Realität der Kinder haben.
In **Aufgabe 3** wird ein für jedes Kind zugängliches Turngerät, die Zeitung, zur Übungsgestaltung herangezogen. Auch hierzu werden Anweisungen formuliert und aufgeschrieben. Die anschließende Überprüfung auf die Verständlichkeit des Auftrages erfolgt durch Lesen und die Ausführung durch die Mitschüler.

Seite 79 beinhaltet langsame und schnelle Wörter des Wortfeldes „gehen". Die Kinder suchen passende Tunwörter zu den vorgegebenen Sätzen und schreiben diese in ihr Heft; ein Übergang zur Sprachbetrachtung bietet das Finden des Satzkerns.
Eine wesentliche Zielsetzung dieser Seite ist auch die Erweiterung des Wortschatzes. Die Schüler besprechen unbekannte Wörter und spielen sich diese vor.

2. Vorschläge zu Unterricht und Übung

- **Zu Seite 78, Aufgabe 1:** Die Schüler erhalten den Arbeitsauftrag zu vorgegebenen Gegenständen aus dem Klassenzimmer, Bewegungsübungen in Gruppenarbeit zu erarbeiten und aufzuschreiben (Stuhl, Tisch, Schultasche, Kartenständer, Buch, Kegel, Schaumstoffwürfel, …). Es sollte jedoch im Vorfeld auf die Vermeidung von Unfallgefahren hingewiesen werden. Die Auswertung erfolgt dann durch die Überprüfung der Übungsanweisungen durch das Ausführen in der Klasse.

- Jeweils eine Übungsanleitung wird nun auf eine Karteikarte geschrieben und gemalt. In einem Kästchen gesammelt, ergibt sich so eine breite Palette von Bewegungsübungen, die jederzeit durch neue Ideen ergänzt werden kann.
Übungsbeispiel:
Setze dich auf den Stuhl und zapple mit den Beinen!

- **Zu Aufgabe 3:** Mit Zeitungen lassen sich vielfältige Übungen gestalten. Diese Übung bietet sich in Partnerarbeit an, da vor allem Kinder nichtdeutscher Muttersprache Formulierungshilfen benötigen.

- **Zu Seite 79:** Als Einstieg zum Thema „Langsame Wörter – schnelle Wörter" werden zwei Symbolkarten an die Tafel geheftet.

Die Schüler ziehen nun Kärtchen, auf denen Wörter aus dem Wortfeld „gehen" stehen (→ Das Auer Sprachbuch 3, S. 118) und ordnen diese den Symbolkarten zu.

- Bei **Aufgabe 1** bietet sich Partnerarbeit an. Ein Schüler liest den Satz, setzt das schnelle Wort für „gehen" ein und schreibt diesen auf. Der Partner verfährt analog mit dem langsamen Begriff. Die Tunwörter werden mit Farbe unterstrichen.

- Bei der Übung zur Wortschatzerweiterung ist es sinnvoll, alle Begriffe vorspielen zu lassen, da erfahrungsgemäß einige nicht geläufig sind (→ Das Auer Sprachheft 3, S. 118).

- **Aufgabe 6** stellt eine Vorübung zur Bestimmung des Satzkernes dar. Es wird erfahren, dass Satzkerne austauschbar sind.

Fächerverbindungen:
- Lesen: Rosemarie Künzler-Behncke: „Gehen – laufen – springen" (→ Das Auer Lesebuch 3, S. 195)
- Kunst: Zeichnungen zum Wortfeld „gehen"
- Musik: Bewegungslieder

3. Anregungen für Freie Arbeit, Wochenplan und individuelle Förderung

- **Bewegungskartei**
  Die von den Schülern selbst geschriebenen und illustrierten Karten dienen als Grundlage.

- **Zeitungsdart**
  (Stärkung der Arm- und Rückenmuskulatur)
  Auf ein Plakat wird eine Zielscheibe mit Punkteangaben geheftet. Mit gefalteten Papierfliegern werfen die Kinder auf die Scheibe. Wer nach 5 Durchgängen die höchste Punktzahl erreicht hat, ist Tagessieger. (Wichtig: Ein Schüler sollte zum Ablesen der Punktzahl abgeordnet werden.)

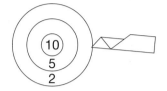 

- **Musikstation**
  Auf einem Tonträger wird rhythmische Musik angeboten. In der Gruppe überlegen sich die Schüler eine passende Bewegungsabfolge und führen diese der Klasse vor.

- **Wortfeld „gehen"**
  Auf Wortkarten stehen verschiedene Begriffe. Ein Schüler zieht eine Karte, spielt den Begriff vor und formuliert einen Satz, der dann vom Partner oder der Gruppe aufgeschrieben wird.

- **Welche Tunwörter passen?**
  Zu vorgegebenen Satzstreifen soll der Folgesatz mit einem passenden Verb formuliert und aufgeschrieben werden.

  Beispiele:

  | Peter spielt mit seinen Freunden Fangen. |
  | Er _____ . |

  | Andy hat sich beim Fußball den Knöchel verletzt. |
  | Er _____ . |

  | Mieze will die Maus fangen. |
  | Sie _____ . |

SPRACHSTUDIO/SCHREIBSTUDIO

Auf einen Blick

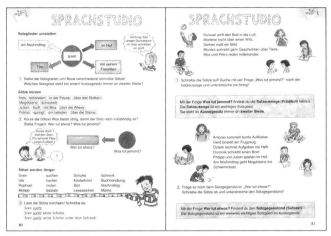

Das Auer Sprachbuch 3, S. 80/81

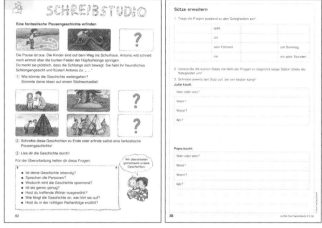

Das Auer Sprachbuch 3, S. 82   Das Auer Sprachheft 3, S. 38

1. Pädagogisch-didaktische Überlegungen

Auf diesen **Sprachstudioseiten** werden Aufgaben zur Satzlehre aufgegriffen. Diese Übungen wurden bewusst an das Ende des Schuljahres gestellt, da es sich um hochkomplexe Aufgaben handelt, die ein abstraktes Wissen erfordern. Satzteile werden spielerisch umgestellt. Dadurch erfahren die Schüler bewusst, dass sich die Satzteile um den Satzkern ranken.
Beim Aussagesatz steht die Satzaussage an zweiter Stelle. In **Aufgabe 1** auf **Seite 80** ist der Fokus auf die **Satzaussage** gerichtet, die immer aus einem Verb besteht.
Die Schüler sollen zuerst handelnd mit Sprache umgehen, bevor die Fachbegriffe Satzgegenstand, Satzaussage und Satzkern eingeführt werden. Diese im Lehrplan geforderten Kernaufgaben erfolgen durch das Erweitern, Kürzen und Umstellen der Sätze bei den **Aufgaben 2 und 3**.

Auf **Seite 81** wird das Augenmerk anfangs bewusst auf die Fragestellung „Was tut jemand?" gerichtet. Die Erarbeitung der Satzaussage wird hierbei vor die Einführung des Satzgegenstandes gestellt, da die besondere Stellung der Satzaussage deutlich werden soll.

Auf der **Schreibstudioseite** wird das gesamte Wissen der Schüler nochmals aktiviert: das Schreiben von Stichwortzetteln, Gedanken sammeln (Brainstorming), Gedanken ordnen (Mindmap), das gezielte Auswählen, die strukturierte Überarbeitung eines Textes.

2. Vorschläge zu Unterricht und Übung – Fächerverbindung

- **Zu Seite 80, Aufgabe 1:** Vor der Erarbeitung könnte die Grafik ohne Verb auf dem OHP angeboten werden.

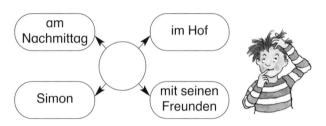

Die Schüler erkennen, dass sich kein sinnvoller Satz bilden lässt. Nun wird das Verb aufgelegt. In Partnerarbeit werden anschließend die Satzglieder umgestellt und alle möglichen Varianten erprobt.
Es folgt die Erkenntnis, dass bei einem Erzählsatz das Verb an zweiter Stelle steht.

- **Zu Aufgabe 2:** Die vorgegebenen Satzbeispiele werden kopiert, vergrößert und zerschnitten. Analog des Arbeitsauftrages im Buch werden die Sätze in Gruppen- oder Partnerarbeit verkürzt.

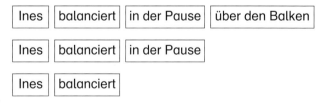

Erkenntnis:
Um einen sinnvollen Satz zu bilden, muss ich wissen: „Wer tut etwas?", „Was tut jemand?"

- **Zu Aufgabe 3:** Beim Erweitern von Sätzen sollte gerade für Schüler nichtdeutscher Muttersprache das Helfersystem Anwendung finden.

- Als Vorübung zur **Seite 81** werden an die Tafel zwei Satzstreifen angeheftet:

Was tut jemand?   Wer tut etwas?

Durch verschiedene Kinder werden Handlungen vorgespielt. Durch Partneraufruf folgt die Formulierung der Antworten auf die Fragen.
Beispiele:
„Andy schreibt an die Tafel."
„Was tut Andy?   Er schreibt."
„Wer tut etwas?   Andy."

- Vor der Erarbeitung der **Aufgaben 1 und 2** sollte die farbliche Markierung von Satzgegenstand und Satzaussage festgelegt werden. Diese muss schulintern einheitlich sein.

- **Zahlreiche Übungen zu den Satzgliedern** finden sich im **Sprachheft** auf den **Seiten 38–41**.

- Auf der **Schreibstudioseite** werden zur Bearbeitung der **Aufgaben 1 und 2** nochmals die Möglichkeiten der Gedankensammlung und des Strukturierens wiederholt. Dazu könnten als Erinnerungshilfe kurze Beschreibungen auf einer Seitentafel angeheftet werden.
Beispiele:
Mindmapping
Die Mindmap ist ein verinnerlichtes Bild, mit dem Gedanken übersichtlich geordnet werden können.
Visualisierungsmittel: Wolken, Pfeile, Symbole, farbliche Markierungen, Sprechblasen, Schlüsselwörter, …

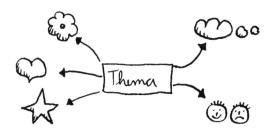

Brainstorming
Gedankenblitze zu einem Thema werden spontan geäußert oder aufgeschrieben. Jeder Beitrag ist von Bedeutung und wird besprochen.
Überarbeitungshilfen für die Texte: 7 Fragen (→ Das Auer Sprachbuch 3, S. 82).

Fächerverbindung:
– HSU: Zusammenleben in der Schule

3. Anregungen für Freie Arbeit, Wochenplan und individuelle Förderung

- **Wickelsätze – Unsinnssätze**
Weiße Papierstreifen werden in 5 Felder unterteilt. Es wird immer in einer Viererguppe gearbeitet. Die Schüler arbeiten der Reihe nach.
1. Trage ein:
   – Wer tut etwas? (1. Schüler)
   – Was tut jemand? (2. Schüler)
   – Wann tut er es? (3. Schüler)
   – Wo tut er es? (4. Schüler)
2. Klappe nach jedem Eintrag das beschriebene Feld um, so dass dein Partner diesen nicht lesen kann!
3. Wenn alle Felder beschriftet sind, klappt ihr alle Felder auf und lest den Satz vor. Bestimmt den Satzgegenstand und die Satzaussage!

	Oma	turnt	am Freitag	im Hof

- **Satzerweiterungsstation:**
Auf laminierten Karteikarten steht jeweils ein Satzkern.
Beispiel:

Ute kocht.
Wen oder was? _____
Wem? _____
Wann? _____
Wo? _____

In Partnerarbeit versuchen die Schüler, den Satz zu erweitern. Durch die Arbeit mit einem wasserlöslichen Folienstift können die Karten abgewischt und erneut verwendet werden.

- **Gesucht – gefunden?**
Satzgegenstand/Satzaussage:
Auf laminierten Karteikarten stehen Sätze. Die Schüler erfragen Satzgegenstand/Satzaussage und unterstreichen diesen mit den vereinbarten Farben. Die Kontrolle erfolgt durch Vergleich mit der Kartenrückseite, auf der die richtige Lösung zu finden ist.

– Wörter in Bewegung
  (→ Das Auer Sprachbuch 3, S. 83)

Richtig schreiben

Auf einen Blick

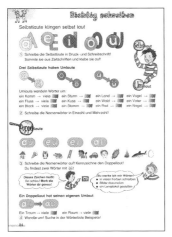

Das Auer Sprachbuch 3, S. 84

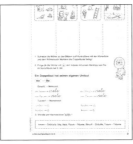

Das Auer Rechtschreibheft 3, S. 2 + 3

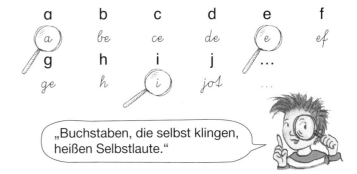

„Buchstaben, die selbst klingen, heißen Selbstlaute."

Im Anschluss daran erarbeiten die Kinder für jeden Selbstlaut ein Plakat. Dazu suchen sie aus ihrer Wörterliste oder aus Wörterbüchern Wörter mit dem entsprechenden Selbstlaut, notieren diese auf den Plakaten und kennzeichnen die Selbstlaute jeweils farbig.

1. Pädagogisch-didaktische Überlegungen

Die **Seite 84** umfasst als erste Seite des Bereichs „Richtig schreiben" vielseitige Lerngelegenheiten zu Selbstlauten, Umlauten und Doppellauten:

- **Wiederholung der Selbstlaute:** Wichtig ist es hier, auf eine genaue Aussprache zu achten. Sie unterstützt das richtige Abhören von Wörtern und kann häufige Fehler, wie z. B. „Stüft" anstatt „Stift", vermeiden.
- **Wiederholung der Umlaute:** Die Umlautbildung ä ö ü aus den Selbstlauten a o u führt unter anderem zu der rechtschriftlichen Erkenntnis, dass die meisten Wörter mit Ä/ä auf Wörter mit A/a zurückzuführen sind.
- **Wiederholung der Doppellaute:** Die Einsicht, dass Ä/ä-Wörter von A/a-Wörtern abgeleitet werden, wird auf Au/au- und Äu/äu-Wörter übertragen. Eu/eu-Wörter sind dagegen auf keine bestimmte Wortgruppe zurückzuführen.
Zu der Gruppe der Doppellaute zählen weiter ai- und Ei/ei-Wörter. Da es hier keine Unterscheidungsregel gibt, gelten die wenigen Wörter mit ai als Merkwörter.

Abschließend bietet sich das Lied „Drei Chinesen mit dem Kontrabass" an. Ein Kind darf dirigieren, indem es mit dem Zeigestab auf eines der Selbstlaut-Plakate zeigt.

Beispiel:

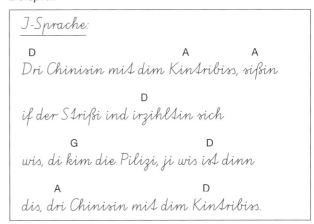

In der nächsten Übungsstunde singen die Kinder das Lied noch einmal. Davon ausgehend bilden sie kleine Sätze (z. B. über das letzte Wochenende oder über den gestrigen Nachmittag usw.), schreiben diese auf ihren Block und „übersetzen" sie in die „O-, I-, … Sprache", indem alle Selbstlaute in den Sätzen durch einen einzigen ersetzt werden.

2. Vorschläge zu Unterricht und Übung

- **Zu Aufgabe 1:** Die Kinder wiederholen das Abc und notieren es auf ihrem Block (→ Das Auer Rechtschreibheft 3, S. 2). Danach werden die Buchstaben an der Tafel so festgehalten wie man sie spricht (a, be, ce, de, e, ef, ge, ha, …).
Die Selbstlaute – Laute, die ohne einen anderen Laut klingen – werden farbig markiert. Als Regel wird festgehalten:

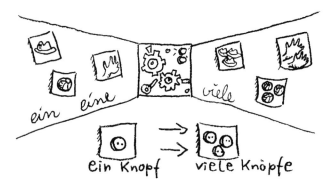

Zusammen mit dem Nachbarn üben die Kinder jeweils zu zweit das Vorlesen. Danach tragen sie die „Geheimsätze" der Klasse vor. Wer kann die „Botschaft" erraten?

- **Zu Aufgabe 2:** An der Tafel hängt eine Zaubermaschine. Die Maschine wird zunächst mit Bildkarten „gefüttert":

Die Kinder entdecken, dass die Maschine aus einem Gegenstand viele Gegenstände zaubert und Wörter, die in der Einzahl stehen, in die Mehrzahl setzt. An der Tafel geordnet, führen sie zu der rechtschriftlichen Einsicht: Aus a kann in der Mehrzahl ä werden usw.

„Bei der Mehrzahlbildung mancher Wörter werden die drei Selbstlaute a o u in die Umlaute ä ö ü umgewandelt."

Nun dürfen die Kinder selbst eine Umlautmaschine „erfinden". Sie zeichnen auf ein weißes Blatt und „füttern" ihre Maschine mit weiteren Einzahlwörtern, die sie auf einer Wörterliste erhalten (140). Die Mehrzahl mit dem Umlaut notieren die Kinder selbst. Im **Rechtschreibheft, Seite 2** wird das Prinzip der Umlautbildung auf die Bildung von Tunwörtern übertragen.

- **Zu Aufgabe 3/Doppellaute au/äu – eu:**
Ein Kreuzworträtsel (140) hängt an der Tafel. Die Kinder sprechen zunächst die Lösungswörter. Dabei fällt auf, dass in allen Wörtern der gleiche Doppellaut klingt, für den es aber die zwei Verschriftungsweisen „äu" und „eu" gibt. Die Regel, dass *äu* von *au* kommt, wird wiederholt:

„Äu/äu kommt von Au/au,
Eu/eu kommt von nix!"

äu ⟷ au
eu ⟷ ⊗

Mit Hilfe dieser Regel lösen die Kinder nun das Rätsel an der Tafel. Zur Sicherung erhalten sie das Rätsel, das um einige äu-/eu-Wörter ergänzt ist, zum eigenständigen Lösen.

Im Anschluss daran sichert eine **Partnerübung** die richtige Anwendung der Regel: Dazu erhält ein Partner Wort-/Bild-Karten (141) mit äu/eu-Wörtern, der andere erhält au-Wörter und Karten mit dem ⊗-Zeichen. Das Kind mit den äu/eu-Wörtern wählt eine Karte aus und spricht das Wort seinem Partner vor. Dieser sucht in seinem Stapel nach einem Wort, von dem das vorgelesene abgeleitet werden kann. Findet er eines, wiederholt er die Regel „äu kommt von au" und schreibt das Wörterpaar auf den Block. Zur Kontrolle werden beide Kärtchen nebeneinander gelegt. Findet er kein au-Wort, weiß er, dass er das Wort mit eu schreiben muss. Das Kontrollkärtchen ist in diesem Fall das ⊗-Zeichen.

- **Zu Aufgabe 3/Doppellaute ei – ai:**
Die Kinder sprechen zu verschiedenen Bildkarten an der Tafel (Leiter, Pfeil, Eis, Mais, Kaiser) und hören in jedem Wort den gleichen Doppellaut. Sie wiederholen, dass der Doppellaut die zwei Verschriftungsweisen *ai* und *ei* hat. Gemeinsam überlegen die Kinder, ob man das Wort mit *ai* oder *ei* schreibt und bilden zwei Wortgruppen an der Tafel. Zur Kontrolle befindet sich jeweils auf der Rückseite der Bildkarte die verschriftete Lösung.
Mit Hilfe einiger kleiner Rätsel erweitert man das Wortmaterial. Beispiel: „Welcher Monat folgt auf den April?" (Mai) „Welchen gefährlichen Fisch findet man

im Meer?" (Hai) etc. Die Kinder lösen die Rätsel und ordnen eine entsprechende Wortkarte den beiden Wortgruppen an der Tafel zu. Es wird auffallen, dass es nur wenige Wörter mit *ai* gibt. Flipp hält fest:

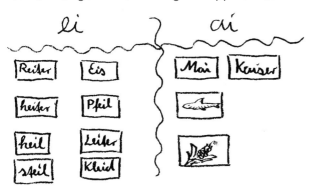

Für die Unterscheidung ei – ai gibt es keine Regel oder Hilfe. Wörter mit ai müssen wir uns merken!

Gesichert wird diese Erkenntnis auf Merkplakaten. *Beispiel:*

- **Welcher Selbstlaut passt?**

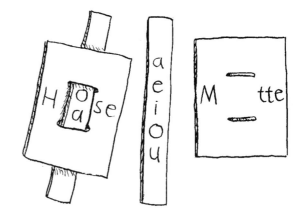

Weitere Möglichkeiten:

W__lle, B__rg, H__nd, N__del,
T__nne, T__sche, Sch__le, B__ch,
H__mmel, W__nne, K__gel, W__nd

Übungen zu den Umlauten:

- **Dominospiel** (143): Am besten ist das Domino mit vier Kindern spielbar. Jedes erhält 5 Dominokarten. Der Spieler mit der Startkarte beginnt. Alle überlegen sich das passende Mehrzahlwort und notieren es auf dem Block. Das Kind mit dem passenden Dominostein kontrolliert bei allen Mitspielern und fügt anschließend die Dominokarte an.

Übungen zu den Doppellauten:

- Die Kinder üben die Wörter als **Partner-, Dosen- oder Laufdiktat** in kleinen Sätzen. *Beispiele:*

> Der Räuber versteckt seine Beute unter den Bäumen.

> Der Teufel treibt Unsinn mit den Leuten.

> Im Mai ist der Mais noch nicht reif.

3. Anregungen für Freie Arbeit, Wochenplan und individuelle Förderung

Übungen zu den Selbstlauten:

- **Kreuzworträtsel** (142)

- **Geheim! Geheim! Geheim!** (142)

- **Würfelspiel:** Die Seiten eines Schaumstoffwürfels zeigen die Selbstlaute a e i o u sowie einen Stern als Joker. Die Kinder ziehen eine Spielkarte, würfeln und vervollständigen den angefangenen Satz durch einen Begriff mit dem gewürfelten Selbstlaut (dabei darf der Selbstlaut sowohl am Anfang als auch in der Mitte des Wortes klingen). Beim Joker hat der Spieler freie Auswahl. Jedes Kind, das ein passendes Wort nennen kann, erhält z. B. einen Muggelstein.

zu Das Auer Sprachbuch 3 S. 84

Richtig schreiben

Auf einen Blick

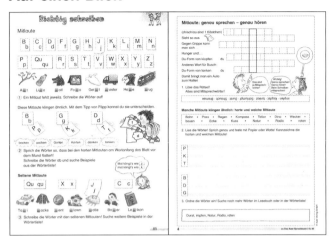

Das Auer Sprachbuch 3, S. 85   Das Auer Rechtschreibheft 3, S. 4

1. Pädagogisch-didaktische Überlegungen

Seite 85 enthält drei Übungsbereiche:
Zunächst bietet **Aufgabe 1** noch einmal die Gelegenheit, die Unterscheidung von Selbstlauten und Mitlauten mit den Kindern zu wiederholen. Zudem bietet sie Übungen zur akustischen Durchgliederung von Wörtern an.

Aufgabe 2 regt zu einer wiederholenden Untersuchung von weichen bzw. harten Anlauten (B/b – P/p, D/d – T/t, G/g – K/k) an. Eine ausführliche Erarbeitung hierzu hat sicherlich schon in der zweiten Klasse stattgefunden (→ Das Auer Sprachbuch 1/2, Lehrerhandbuch S. 98–100). Für eine Gruppe von Kindern ist aber sicherlich auch in der dritten Klasse hierzu immer wieder differenzierendes Übungsmaterial erforderlich.

In **Aufgabe 3** üben die Kinder die im täglichen Schreibvollzug selten geschriebenen Mitlaute Qu/qu, X/x, J/j, C/c. Neben den rechtschriftlichen Schwierigkeiten dieser Laute sind hier auch Verschriftung, Buchstabenlage und -verbindung nicht immer einfach.

2. Vorschläge zu Unterricht und Übung

- **Zu Aufgabe 1:** Die Kinder lösen die Aufgabe im Buch und halten als Merksatz fest:

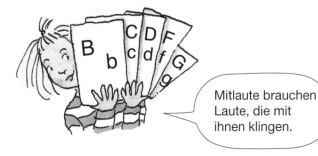

Aus der Aufgabe im Buch kann sich nun ein Spiel entwickeln. Dazu erhält jedes Kind ein leeres Kärtchen, zeichnet ein Bild und schreibt wie im Buch ein Rätselwort dazu. Nach der rechtschriftlichen Durchsicht werden alle Kärtchen eingesammelt, gemischt und wieder ausgeteilt. Nun schreiben die Kinder das Lösungswort der gezogenen Karte auf, unterstreichen den einzusetzenden Mitlaut und reichen die Karte an ihrem Gruppentisch im Kreis weiter. Hat jedes Kind alle Wörter geschrieben, wandert der Kartenstapel einen Gruppentisch weiter.

Mit einer weiteren Spielmöglichkeit kann das **genaue Abhören der Anlaute** geübt werden: Gespielt wird mit einem Partner oder in einer Gruppe. Jeder Spieler erhält eine Spielkarte mit allen Mitlauten. Er verteilt zehn Muggelsteine auf seiner Tabelle. In der Mitte liegt ein Kartenstapel mit Wörtern. Jeweils ein Kind zieht eine Karte und liest das Wort laut vor. Klingt im vorgelesenen Wort am Anfang ein Mitlaut, der durch einen Muggelstein abgedeckt ist, darf dieser Stein weggenommen werden. Wer hat zuerst alle Steine weggeräumt?

Wörter mit Mitlauthäufung bedürfen einer besonders intensiven Hörübung. Flipp und Flo weisen im **Rechtschreibheft, Seite 4** noch einmal darauf hin.
In einer Rechtschreibkartei sollten daher Aufgaben zum genauen Sprechen und Hören schwieriger Konsonantenverbindungen nicht fehlen.

Beispiele:

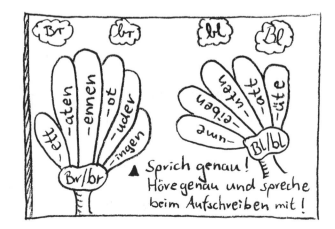

- **Zu Aufgabe 2 – Übung zu B/b und P/p:** An der Tafel hängt folgendes Rätsel:

  ☐irne ☐apa
  ☐aum ☐ost
  ☐all   ☐uppe
  ☐ach   ☐irat

Die Kinder sprechen die Wörter, überlegen, welche Mitlaute fehlen. Um die richtige Lösung einzutragen, müssen die Wörter genau und deutlich artikuliert werden. Dazu machen die Kinder einen kleinen Versuch: Auf die flache Hand legen sie ein Wattebäuschchen. Sie halten die Hand vor den Mund und sprechen die Wörter. Die Kinder entdecken: Bei den Wörtern mit P/p fliegt die Watte weg, weil viel Luft durch die Lippen strömt; bei den Wörtern mit B/b dagegen bleibt die Watte liegen, da weniger Luft aus dem Mund strömt.

Jedes Kind erhält eine Liste mit B/b- bzw. P/p-Wörtern. Mit Hilfe des Wattebäuschchens überprüfen sie, wie die Wörter am Anfang richtig geschrieben werden und tragen ihr Ergebnis ein:

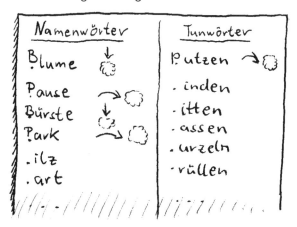

Übung zu G/g und K/k: Auch hier kann wieder ein Rätsel am Anfang stehen.

Die Kinder spielen im ☐arten.
Am liebsten spielen sie ☐arten.

Zur Überprüfung der Lautbildung ist hierbei ein Spiegel recht hilfreich.
Die Kinder ziehen **Bildkarten** (144), überprüfen und ordnen sie in zwei Gruppen auf einem Blatt und schreiben die Wörter dazu.

Übung zu D/d und T/t: Flipp und Flo zeigen im Buch, das auch ein Blatt Papier als „Testwerkzeug" dienen kann. Auch hier prüfen die Kinder wiederum selbstständig weitere Wörter (z. B.: Decke, Deutschland, Diskette, Donner, Draht, dreckig, drücken, dünn, Durst, Tanne, Tasse, tausend, Taxi, Technik, Teller, Text, Träne, träumen, treffen, treu, trocken). Eine weitere Übung zu den harten und weichen Anlauten befindet sich im **Rechtschreibheft auf Seite 4**.

- **Zu Aufgabe 3:** Es folgen Vorschläge zum Üben des Bewegungsablaufes bzw. der Rechtschreibung eines seltenen Buchstabens.

Wörter mit Qu/qu: Beschriftungsblatt bzw. Merkplakat:

Wörter mit X/x: Die Kinder sammeln zunächst X/x-Wörter, bilden daraus Sätze oder kleine Geschichten, die zum Abschreiben oder auch als Lauf- oder Dosendiktat zum Einsatz kommen.

Wörter mit J/j: Beschriftungsblatt mit Jo-Jo-Gedicht (144). Die Kinder sammeln J/j-Wörter und schreiben dazu Rätsel-Karten:

| *Wie heißen die drei Monate mit J?* | *Januar Juni Juli* |

zu Das Auer Sprachbuch 3 S. 85

Richtig schreiben

Auf einen Blick

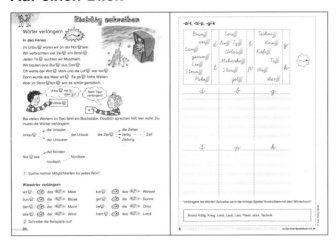

Das Auer Sprachbuch 3, S. 86   Das Auer Rechtschreibheft 3, S. 6

1. Pädagogisch-didaktische Überlegungen

Die Strategie „Wörter verlängern" stellt eine wesentliche Hilfe zum Erkennen der orthographischen Besonderheit der Auslautverhärtung dar. Die Entscheidung für die richtige Schreibweise wird dadurch gefällt, dass bei der Verlängerung des Wortes eine eindeutige Phonem-Graphem-Korrespondenz hergestellt wird. Dies kann über verschiedene Möglichkeiten erfolgen, die mit den Kindern nacheinander erarbeitet werden sollten:

- Viele Namenwörter lassen sich über die Mehrzahlbildung verlängern (z. B. ein Pferd – viele Pferde);
- für andere Namenwörter lassen sich Wiewörter oder – in seltenen Fällen – Tunwörter finden (z. B. das Gold – goldig, der Sand – sandig/sandeln);
- als Verlängerungshilfe für Wiewörter, die auf b, d, g enden, bietet es sich an, Sätze zu bilden, in denen das Adjektiv als Attribut beim Substantiv steht (z. B. wild – Der Löwe ist ein wildes Tier.).

Die Anwendung dieses Regelwissens (z. B. im Freien Schreiben) wird sicherlich auch nach der Erarbeitung der Verlängerungshilfen für viele Kinder noch schwer bleiben. Daher sollten verschiedene Übungen, die zusätzlich das Einprägen von Wortbildern stützen, die Arbeit an der Regel begleiten.

2. Vorschläge zu Unterricht und Übung

- Beispiel für die Erarbeitung der Verlängerungshilfe **„Mehrzahlbildung"**: An der Tafel hängen Puzzleteile für die beiden Wörter „Pferd" und „Elefant". Die Puzzleteile mit den Endbuchstaben fehlen. Die Kinder bemerken die fehlenden Buchstaben und sprechen über die Schwierigkeit der Verschriftung des Endbuchstabens: d und t am Ende eines Wortes klingt gleich. Mit Hilfe zweier Bilder (mehrere Elefanten, mehrere Pferde) wird der Tipp von Flipp erarbeitet. Der zu schreibende Auslaut ist dann gut zu hören, wenn das Wort in die Mehrzahl gesetzt wird.

Mit Hilfe von weiteren Bildkarten und Wörtern, die auf d/t enden, wird die Regel zunächst an der Tafel angewandt. Im Anschluss daran üben die Kinder mit dem Partner oder auch in der Gruppe: Sie setzen entsprechendes Wortmaterial in die Mehrzahl, ordnen es nach d/t.

Ein nochmaliges Anwenden der Regel und Aufschreiben der Wörter könnte zum Abschluss der Übungsstunde durch ein **Dominospiel** erfolgen (145): Vier Kinder spielen zusammen. Jedes Kind erhält drei Dominokärtchen. Die Startkarte wird auf den Tisch gelegt. Jedes Kind schreibt nun das zuerst gesuchte Wort in der Einzahl und Mehrzahl auf den Block. Anschließend kontrolliert der Mitspieler, der die Anschlusskarte besitzt, bei allen Spielern die Schreibweise und fügt dann erst die Karte zum Weiterspielen an.

- Da manche Wörter nicht in die Mehrzahl zu setzen sind, müssen nun **weitere Strategien** erarbeitet werden, um Wörter zu verlängern. Am Beispiel ausgewählter Wörter können die Kinder dabei selbst viel entdecken und erproben: Manche Namenwörter verlängere ich, indem ich ein Wiewort bilde, manche Namenwörter verlängere ich, indem ich ein Tunwort bilde, manche Wiewörter verlängere ich, indem ich sie in einen Satz einkleide.

der San(?) → sandig, sandeln
das Gol(?) → goldig, golden, vergolden

wil(?) → Der _____ Löwe geht auf Jagd.
bun(?) → Der _____ Drachen fliegt hoch.

- Für **Namenwörter** bzw. **Wiewörter, die auf b/p oder g/k** enden, bietet es sich an, diesen Übungsablauf zu übertragen.

- Zur Wiederholung, Sicherung und Übung der Verlängerungsstrategien für Wörter, die auf d/t, b/p oder g/k enden, erfolgt die **Arbeit an Texten (Seite 86 oben)**. Hierzu suchen die Kinder die zu verlängernden Wörter heraus, versuchen die erlernten Strategien anzuwenden, notieren das vollständige Wort, markieren den Endbuchstaben farbig und schreiben den ganzen Text noch einmal ab.
  Zur weiteren Übung können auch Sätze umgestellt, Fragesätze gebildet sowie der Text als Dosen-, Lauf- oder Partnerdiktat geübt werden.
  Auch das Ordnen von Wörtern nach dem Endbuchstaben in Tabellen ist möglich (→ Das Auer Rechtschreibheft 3, S. 6).

- Als Symbol für das „Gewusst-wie-Heft", die Rechtschreibkartei oder auch als Verbesserungshinweis wird das Zeichen für das Verlängern von Wörtern eingeführt.

3. Anregung für Freie Arbeit, Wochenplan und individuelle Förderung

- Die Kinder bauen aus farbigen Papieren und Holzstäben **Windräder**, beschriften diese mit Wörtern, die am Schluss ein d haben. Mit den Windrädern in der Hand tanzen und singen die Kinder.

- Auf **Merkplakaten** sammeln die Kinder Wörter. Als Assoziationshilfe dienen Bilder.

- **Fächerkarten** sichern die Verlängerungshilfen und sind gleichzeitig eine gute Übung, den Wortschatz zu erweitern.

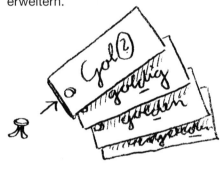

- **Lückensätze**

- Kurze Sätze/kleine Texte, die als **Dosen- oder Laufdiktat** geschrieben werden können.
  Beispiele:
  Am Abend.
  Es wird dunkel.
  Im Wald wird es still.
  Der Wind geht schlafen.
  Mond und Sterne stehen am Himmel.

Richtig schreiben

Auf einen Blick

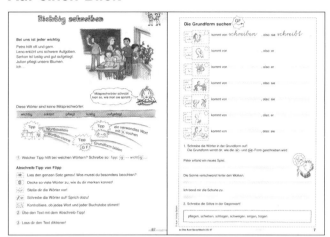

Das Auer Sprachbuch 3, S. 87   Das Auer Rechtschreibheft 3, S. 7

1. Pädagogisch-didaktische Überlegungen

Für den Aufbau von Rechtschreibsicherheit steht neben der Übung an einzelnen Wörtern und Wortgruppen immer wieder auch die Arbeit an Sätzen und Texten. **Seite 87** wiederholt sowohl die Technik des richtigen Abschreibens als auch einige wichtige Strategien für selbstständiges und selbstkontrolliertes Üben an einem Text. Dazu gehört auch das Wissen um die Unterscheidung von „Mitsprech- und Nachdenkwörtern". Der Text ist so gewählt, dass die Regeln oder Tipps für die vorkommenden Nachdenkwörter bereits bekannt sind und daher von den Kindern selbstständig erkundet bzw. „unter die Lupe" genommen werden können.

2. Vorschläge zu Unterricht und Übung

- An der Tafel untersuchen die Kinder einen Satz nach „Lupenstellen" und entdecken, dass man hier alle Wörter so schreibt, wie man sie spricht: Es sind „Mitsprechwörter".

Tina malt an der Tafel.

Der Satz wird nun auswendig aufgeschrieben und vom Partner kontrolliert.
In einem weiteren Satz an der Tafel kann jetzt aber eine „Lupenstelle" ausfindig gemacht werden.

Tina malt an der Tafel das Bild an.

Welcher Tipp hilft bei „Bild"?

Bild
ein Bild → viele Bilder

Flipp erklärt: Wörter, bei denen nachgedacht werden muss wie man sie richtig schreibt, heißen „Nachdenkwörter". Zu allen Nachdenkwörtern gibt es einen Tipp oder eine Regel.
Anschließend „erforschen" die Kinder den Text im Sprachbuch. Sie tragen alle Mitsprechwörter und Nachdenkwörter in eine Tabelle ein. Als Symbol für die Mitsprechwörter wird 😮 eingeführt, für die Nachdenkwörter 💭:

😮 Mitsprechwörter	💭 Nachdenkwörter
Petra	wichtig
Aufgaben	lustig
Blumen	erklärt
...	...

Zusammen überlegen die Kinder im Gespräch: Warum schreibe ich „wichtig" am Schluss mit „g" ...? Welche Tipps und Regeln helfen uns, die einzelnen Wörter richtig zu schreiben?
Im Anschluss schreibt jedes Kind mit dem Abschreib-Tipp von Flipp (vgl. **Aufgabe 2**) den Text ins Heft oder auf den Block.

- Nun ist es möglich, dass die Kinder den Text im Sprachbuch mit dem Partner oder in der Gruppe weiterschreiben. Die entstandenen Sätze dienen als weiteres „Übungsfutter" für Rechtschreiberkundungen.

3. Vorschläge für Freie Arbeit, Wochenplan und individuelle Förderung

- Noch unsichere Rechtschreiber üben im Wochenplan an Sätzen und kleinen Texten, die anfangs nur wenige Nachdenkwörter beinhalten. Als zusätzliche Hilfe können die „Lupenstellen" hier auch bereits markiert sein. Die Kinder überlegen in diesem Fall die Regel und schreiben den Satz, z. B. als Dosen- oder Laufdiktat, auf.

Beispiele:

Florian sucht seinen Hund.

Der Hund schläft hinter dem Haus.

Florian gibt dem Hund einen Knochen.

Richtig schreiben

Auf einen Blick

Das Auer Sprachbuch 3, S. 88

1. Pädagogisch-didaktische Überlegungen

Das *Lernen lernen*, das „Gewusst-wie" des Übens gehört zu den grundlegenden Aufgaben des Rechtschreibunterrichts. Flipp und Flo geben auf **Seite 88** eine praktische Anleitung für die Anlage einer **Regel-Kartei** und regen dazu an, die Kinder bei ihrer Planung und Erstellung aktiv zu beteiligen. Das Lernen und Üben selbst wird somit zum Gegenstand der Überlegungen in der Klasse: So überdenken die Kinder noch einmal:
Was wissen und können wir schon? Welche Rechtschreibregeln helfen uns beim Richtigschreiben? Wie üben wir sinnvoll? Wie können wir Fehler vermeiden bzw. selbstständig verbessern?
Eine Regel-Kartei ordnet und strukturiert das Gelernte, sie verschafft Überblick und signalisiert dem Lernenden: Unsere Rechtschreibung ist lernbar. Sie besteht nicht aus einem Konglomerat von Ausnahmen und Einzelfällen, sondern folgt in den meisten Fällen einem System und Regelwerk, das verstehbar und nachvollziehbar ist.
Eine solche Kartei sollte daher nicht schon zu Schuljahresbeginn vom Lehrer „perfekt ausgearbeitet" zur Verfügung stehen, sondern im Verlaufe des Lehrganges „wachsen". Für die Kinder wird somit mit jeder Karte, die hinzukommt, ihr Lernfortschritt ablesbar, wenn auch Rechtschreibenlernen freilich immer bedeutet, das aktive Wissen um Regeln und Rechtschreibhilfen durch vielfältiges intensives Üben zu festigen.
Die Regel-Kartei dient neben der Übersicht über das Gelernte vor allem zum Nachschlagen sowie zum Überarbeiten von Texten.
Neben den Anregungen zur Einführung einer Regel-Kartei zeigt das Lehrerhandbuch im Folgenden weitere Möglichkeiten für die Erstellung einer **Übungskartei im Rechtschreiben** auf sowie deren **Einsatzmöglichkeiten im Unterricht**, im **täglichen Rechtschreibtraining** und im **Wochenplan**.

2. Vorschläge zu Unterricht und Übung

- **Entstehung einer Regel-Kartei in der Klasse**
Nach dem Lesen und Besprechen der **Seite 88** plant die Klasse ihre eigene Regel-Kartei: Zunächst tragen die Kinder zusammen, welche Regeln und Rechtschreibhilfen sie kennen und halten diese in Stichpunkten an der Tafel fest. Flipp und Flo geben im Buch einen genauen Leitfaden für die Anlage der Kartei: Die Vorder- und Rückseiten der Karten sind durch die abgeschnittenen Ecken deutlich gekennzeichnet. Auf die Vorderseiten der Karten werden die Regeln und Merksätze aufgeschrieben. Die Rückseiten der Karten enthalten jeweils Beispielsätze. Die Kinder überlegen nun in Gruppen, wie die einzelnen Karten beschrieben werden sollen. Wie ist der Merksatz verständlich notiert? Im **Gewusst-wie-Heft** (→ Das Auer Rechtschreibheft 3) kann dies noch einmal nachgelesen werden. Welche Beispielsätze und -wörter eignen sich für die Rückseiten der Karten? Damit genügend Beispiele auf die Karten passen und auch der Merksatz in entsprechender Schriftgröße notiert ist, bieten sich Karteikarten im DIN-A5-Format an. Die Kinder beschriften nach Korrektur der Entwürfe die Karten und gestalten sie mit Flipp und Flo.

- **Wie ist die Regel-Kartei für das Üben und Lernen einsetzbar?**
Die Kinder überlegen zunächst selbst: Wann ist für sie das Nachlesen und Nachschlagen in der Kartei hilfreich? Die Vorschläge werden gesammelt und notiert. Eventuell entsteht ein Merkplakat, das an die Möglichkeit der Nutzung erinnert:

- Für das **selbstständige Nachschlagen** und **Ausbessern eines Fehlers** mittels der Regel-Kartei ist die Vereinbarung eines Symbols eine gute Hilfe.
Beispiel:

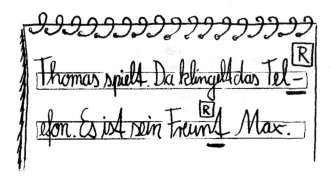

Das Zeichen R des Lehrers/der Lehrerin heißt für den Schreiber: „Schlag in der Regelkartei nach, welche Regel hier gilt und verbessere selbstständig!"
Auch eine **Regelkartei** könnte mit Übungswörtern „bestückt" werden. So überlegen die Kinder, welche Wörter aus dem täglichen Training oder einem Übungstext in die Kartei eingeordnet werden. Diese üben sie dann im Wochenplan als Partner- oder Eigendiktat.

3. Anregungen für Freie Arbeit, Wochenplan und individuelle Förderung

- **Weitere Vorschläge für die Anlage einer Rechtschreibkartei**
Ergänzend zur Regel-Kartei bietet es sich an, eine weitere Kartei mit differenzierenden Übungen im Laufe des Schuljahres aufzubauen. Auch diese Kartei sollte eine klare und übersichtliche Ordnung vermitteln. Die für die Rechtschreibfälle im Sprachbuch eingeführte Symbolik (→ Das Auer Rechtschreibheft 3/Gewusst-wie-Heft) bietet hierfür eine einfache und prägnante Signatur. So enthält die Kartei ein Register mit den einzelnen Rechtschreibfällen.

Auch auf den einzelnen Aufgabenkarten sind diese Symbole vermerkt, damit das Auffinden und Einordnen von Karten besser gelingt. Zusätzlich können die Aufgaben auch nach ihrem Schwierigkeitsgrad nummeriert werden. Dies ermöglicht, z. B. im Wochenplan, eine individuelle Übungszuweisung (z. B. „Bearbeite im Wochenplan die Karte ✂1!").

Anmerkung: Denkbar wäre auch eine Verbindung von Regel- und Übungskartei. So dienen die Regelkarten gleich als Register für die nachfolgenden Übungskarten.

Für die Anlage und Gestaltung der Übungskarten empfiehlt es sich, auf einige **Grundsätze** zu achten, damit die Kinder möglichst selbstständig sowie weitgehend fehlerarm üben können:

– Die **Aufgabenstellung** muss kurz und präzise gestellt sein. Ein festes Symbol auf jeder Karte führt die Kinder mit einem Blick auf die Aufgabenstellung hin (z. B. ein kleines schwarzes Dreieck/vgl. Abbildung oben).

– Das **Übungspensum** sollte nicht zu umfangreich sein, so dass die Kinder eine Aufgabe in überschaubarer Zeit bewältigen können.

– Auf der Rückseite ermöglichen die Karten die **Selbstkontrolle** der Arbeit. Rechtschriftliche Lupenstellen sind dabei noch einmal besonders gekennzeichnet.

84 zu Das Auer Sprachbuch 3 S. 88

– Die **grafische Gestaltung** hat Aufforderungscharakter. Deshalb sollte sie die Kinder ansprechen, aber nicht von der Aufgabe selbst wegführen oder ablenken. Tipp: Flipp und Flo lassen sich aus dem Sprachbuch gut vervielfältigen und auf den Karten immer wieder einsetzen. Als „Rechtschreibprofis" weisen die beiden dabei stets auf den sachlichen Übungskern hin.

Beispiel:

- **Vorschläge für den Einsatz von Übungskarteien im Unterricht:**

  – **Im täglichen Rechtschreibtraining** können sowohl **Regel-** als auch **Übungskartei** zum Einsatz kommen.
  Für das Diktieren des Satzes beim täglichen Training gibt es zwei Möglichkeiten:
  1. Der Lehrer/die Lehrerin diktiert den Kindern den neuen Satz, ohne dass sie ihn vorher gesehen haben. Die Lupenstellen werden während des Schreibens benannt und besprochen.
  2. Die Rechtschreiberkundungen der Kinder erfolgen vor der Notation des Satzes. Dazu wird der Satz z. B. über Folie gezeigt. Die Kinder unterstreichen schwierige Wörter im Text, überlegen dazugehörige Regeln und Nachdenkhilfen. Gegebenenfalls können einzelne Wörter auch auf Kärtchen geschrieben und in die **Regel-Kartei** eingeordnet werden.

Anschließend wird der Satz abgedeckt und auswendig aufgeschrieben. Kindern mit großen Unsicherheiten kann der Satz als zusätzliche Hilfe auf einem Satzstreifen angeboten werden. Im Anschluss an das Training haben die Kinder während des Wochenplans Zeit, ihren Text noch einmal zu überprüfen. Dazu stehen sowohl das **Wörterbuch** als auch die **Regel-Kartei** zur Verfügung.

– Einsetzbar sind die Karteien auch bei der **individuellen Verbesserung des Trainingstextes**.

Beispiele:

– Anstelle des Satzdiktates ist als Übungsform für das tägliche Rechtschreibtraining neben Partner-, Lauf- oder Dosendiktaten und der individuellen Übung mit dem **Gewusst-wie-Heft** auch die **Arbeit an der Kartei** denkbar. Dazu verteilt der Lehrer/die Lehrerin Übungskarten gezielt an einzelne Kinder oder aber ein Gruppentisch erhält mehrere Karten zur Auswahl, die von den Kindern bearbeitet und anschließend an die Nachbarn weitergegeben werden.

– **Der Wochenplan** ist ein idealer Einsatzort für die Arbeit mit der Kartei. So wählen die Kinder beispielsweise im Rahmen ihres Arbeitspensums selbst Aufgaben aus oder der Lehrer/die Lehrerin weist bei der Erstellung individueller Wochenpläne gezielt Aufgabenkarten zu (Wochenplanvordruck: 146).

Beispiel für einen ausgefüllten Wochenplan:

zu Das Auer Sprachbuch 3 S. 88

Richtig schreiben

Auf einen Blick

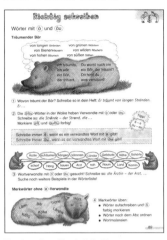

Das Auer Sprachbuch 3, S. 89

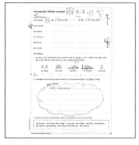

Das Auer Rechtschreibheft 3, S. 9/10

1. Pädagogisch-didaktische Überlegungen

Die Wörter mit ä und äu, die auf dieser Seite nochmals intensiv geübt werden, gehören – bis auf wenige Ausnahmen (vgl. **Aufgabe 4:** Wörter mit einer Merkstelle) – zur Gruppe der Nachdenkwörter. Die Schreibweise dieser nicht mehr lautgetreuen Wörter kann also durch Ableitung der Wörter von einem verwandten Wortstamm begründet werden. Besonders rechtschreibschwächeren Schülern bereitet die Schreibung von Wörtern mit ä und äu oft Schwierigkeiten, da diese klanglich zu e und eu in Konkurrenz stehen. Gerade deshalb wird hier nochmals die grundlegende Ableitungsstrategie vertieft, um das richtige Schreiben zu erleichtern: ä kommt von a und äu kommt von au.

2. Vorschläge zu Unterricht und Übung

● **Möglicher Einstieg**

In Anknüpfung an „Ronja Räubertochter" folgt eine Lehrererzählung von Ronja und Birk, die eines Wintertages an eine Bärenhöhle kommen und daraus einen schnarchenden Bären hören. Was dieser Bär während seines Winterschlafes träumt, erlesen die Kinder – nach einer Vermutungsphase – am OHP (Bild von **Seite 89** oben auf Folie).
Nun „träumen" die Kinder selbst und überlegen weitere Dinge mit ä/äu, von denen der Bär träumen könnte. Im Anschluss daran werden die ä/äu-Schreibungen an der Folie farbig markiert und im Unterrichtsgespräch der Nachdenk-Tipp erarbeitet. Es ist sehr wichtig, dabei das Symbol einzuführen, da dies für viele Kinder eine zusätzliche visuelle Merkhilfe und dadurch eine Erleichterung beim Schreiben darstellt.

● **Zu Aufgabe 4:** Die wenigen Merkwörter mit ä könnten als Merkhilfe in den Umriss eines Bären geschrieben werden (auf ein Plakat, für die Lernkartei, ins Heft, …). Sicherlich haben die Schüler selbst sehr viele kreative Ideen für Wortmalereien.
Beispiel:

Fächerverbindung:
– Lesen: Astrid Lindgren: „Ronja Räubertochter" (→ Das Auer Lesebuch 3, S. 44), Bereitstellen des Kinderbuches aus dem Oetinger Verlag für die Klassenbücherei.

3. Anregungen für Freie Arbeit, Wochenplan und individuelle Förderung

● **Kartenspiel: „Einsamer Bär"** (147/148)
Gespielt wird wie „Schwarzer Peter", die Karte mit dem Bären bleibt übrig, da er keinen Wortverwandten hat.

● **Bild- und Wortkartendomino au-äu/a-ä**

● **Heraussuchen weiterer Wörter in der Wörterliste und im Wörterbuch**

● **Ordnen von Wörtern nach den Lautgruppen eu und äu**
Gedacht zur Anwendung nach ausreichender Sicherung des Nachdenk-Tipps bzw. zur Differenzierung.
Material:
– Bildkarten mit äu- und eu-Wörtern
– Döschen mit der Aufschrift eu - oder äu → au
Anleitung: Die Bildkarten werden mit Hilfe des Nachdenk-Tipps dem richtigen Döschen zugeordnet.
Kontrolle: Auf der Rückseite der Bildkarten steht das verwandte Wort mit au bzw. das Merkwort mit dem Symbol eu.
Rechtschriftliche Sicherung: Die Wörter werden mit Hilfe der Wortliste in einer Tabelle aufgeschrieben.
Beispiel:

Richtig schreiben

Auf einen Blick

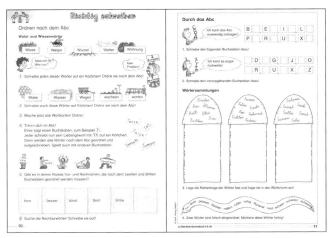

Das Auer Sprachbuch 3, S. 90   Das Auer Rechtschreibheft 3, S. 11

1. Pädagogisch-didaktische Überlegungen

Auf **Seite 90** soll das Alphabet durch vielfältige, spielerische Übungen wiederholt und weiter gefestigt werden. Während in der 2. Jahrgangsstufe der Schwerpunkt beim Erlernen und Sichern des Alphabetes lag, geht es hier vor allem um das Ordnen der Wörter nach dem Zweit- und Drittbuchstaben. Das Zurechtfinden in der alphabetischen Ordnung ist eine wichtige Grundvoraussetzung für die Arbeit mit dem Wörterbuch. Je sicherer ein Kind das Alphabet beherrscht, desto leichter wird es ihm fallen, sich schnell Gewissheit über die Rechtschreibung eines zu schreibenden Wortes zu verschaffen. Dies führt letztendlich zu mehr Schreibsicherheit, was besonders für rechtschreibschwächere Kinder von großer Bedeutung sein kann.

2. Vorschläge zu Unterricht und Übung

- Nach einer kurzen Einstimmungsphase im Sitzkreis, in der mit Hilfe verschiedener Orientierungsspiele das Alphabet wiederholt wird (z. B. Aufsagen im Kreis, vorwärts, rückwärts, Umhängeschilder mit Buchstaben, Ordnen der Namen, …), bietet sich hinführend eine arbeitsgleiche Gruppenarbeit an. Dazu erhält jede Gruppe das „Wald-ABC"-Legespiel[1] (149/150) mit dem Auftrag, die Wortkarten auszulegen und gemeinsam in der richtigen Reihenfolge auf dem Legeplan zu ordnen. Einer gemeinsamen Kontrolle, in der jede Gruppe eine Reihe vorlesen darf, folgt ein kurzes Unterrichtsgespräch, in dem klar wird, dass manchmal auf weitere Buchstaben im Wort geachtet werden muss, um alphabetisch ordnen zu können bzw. sich schnell im Wörterbuch zurechtzufinden.

[1] In Anlehnung an: Ganser, B. (Hrsg.): Damit hab' ich es gelernt. Donauwörth: Auer Verlag 1999, S. 50

- Die **Aufgaben 1–5 auf Seite 90** zeigen eine gute Möglichkeit auf, viele Wörter zu ordnen, indem diese auf Kärtchen oder Zettel geschrieben und anschließend in die richtige Reihenfolge gelegt werden. Diese „Kärtchenmethode" dient gerade schwächeren Kindern als Ordnungshilfe, es wird handelnd gelernt und dabei der Überblick bewahrt.

- Vor Bearbeitung der **Aufgabe 6** bieten sich Orientierungsübungen in der Wörterliste (→ Das Auer Sprachbuch 3, S. 124–126) oder im Wörterbuch an. Beispiel: „Suche den Vorgänger von Reh! …"

3. Anregungen für Freie Arbeit, Wochenplan und individuelle Förderung

- **Anlegen eines Klassenwörterbuches:**
  Für jeden Buchstaben werden Wörter gesammelt und in der richtigen Reihenfolge aufgeschrieben.

- **Erstellen und Gestalten eines Plakates: „Unser Wald-Abc"**

- **Legespiel: Wald-Abc** (149/150)
  Auf die Legeplanvorlage (149) legen die Kinder die Bild-Wort-Karten (150) nach dem Alphabet geordnet auf. Analog können eigene Legepläne, z. B. Waldtier-Abc, Baum-Abc, Pilz-Abc, Beeren-Abc, … erstellt werden.

- **Orientierungsübungen in Naturbestimmungsbüchern – Erstellen eines eigenen alphabetischen Waldbestimmungsbuches**

- **Waldkiste**
  Waldmaterialien und dazu passende Wortkarten aus einer Waldkiste werden in alphabetischer Reihenfolge auf dem Fensterbrett angeordnet.

- **Würfelspiel:** Ordnen nach dem Zweitbuchstaben – Orientieren in der Wörterliste
  (Eine Kopiervorlage hierzu findet sich in → Das Auer Sprachbuch 1/2 Lehrerhandbuch, S. 154/155.)

Richtig schreiben

Auf einen Blick

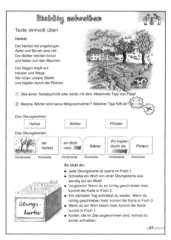

Das Auer Sprachbuch 3, S. 91

1. Pädagogisch-didaktische Überlegungen

Auf **Seite 91** wird die Technik des richtigen Abschreibens eines Textes weiter eingeübt und gefestigt. Die Fähigkeit, richtig abzuschreiben ist eine wichtige Grundstrategie, durch die die Schüler mehr Schreibsicherheit bekommen. Sie muss deshalb immer wieder bewusst eingeübt werden. Wichtig dabei ist, besonders auf das deutliche, synchrone Mitsprechen beim Schreiben zu achten, um den Kindern dadurch die Lautfolge bewusst und gleichzeitig hörbar zu machen. Indem die Schüler hier außerdem zwischen „Mitsprechwörtern" und anderen Wörtern unterscheiden, denken sie an bereits erlernte Nachdenkstrategien und wenden diese beim Schreiben an.

Als weitere Lernstrategie wird die Arbeit mit der Übungskartei eingeführt. Durch sie wird eine individualisierende Vorgehensweise ermöglicht, die sich am Leistungsstand jedes einzelnen Schülers ausrichtet und so zu selbstständigem und selbstkontrolliertem Lernen befähigt. Wichtig dabei ist, die Übungskartei schrittweise einzuführen und je nach Leistungsfähigkeit des Kindes zu variieren (vgl. auch die Ausführungen auf S. 83 im vorliegenden Band).

2. Vorschläge zu Unterricht und Übung

- Als Einstimmung auf das Thema „Herbst" gestalten die Kinder einen Herbsttisch mit mitgebrachten Naturmaterialien. Nach der Zielangabe, das richtige Abschreiben einer Herbstgeschichte besonders zu üben, werden die Abschreibschritte mit Hilfe der Symbolkarten wiederholt und in der richtigen Reihenfolge an die Tafel gehängt.

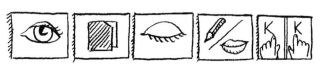

- Ein Einstieg erfolgt über das auf Folie groß kopierte Bild aus dem Sprachbuch. Dazu werden die Wörter zunächst mit Papierstreifen abgedeckt. Die Schüler äußern sich, benennen die Wörter und decken diese auf. Bereits erlernte Nachdenk-Tipps (z. B. ä → a Äpfel → Apfel, …) können an dieser Stelle bereits mit einfließen (vgl. **Aufgabe 2**). Nun lesen die Schüler den Text am OHP, zeichnen evtl. Silbenbögen und markieren Lupenstellen.
  Wichtig ist, die Kinder beim Abschreiben der Textabschnitte auch immer wieder zum selbstständigen Kontrollieren des Geschriebenen anzuhalten. Durch das nochmalige, genaue Lesen überprüfen sie ihre Schrift auf Lesbarkeit und werden außerdem durch Eigenkorrekturen für Fehler sensibilisiert.

- Die Übungskartei wird mit Hilfe der drei vorgegebenen Übungskarten eingeführt. Die Kinder gestalten zunächst die drei Karten der Vorlage und schreiben auf eine vierte Karte ein weiteres, schwieriges Wort aus dem Text. Um die Richtigschreibung der Karten zu gewährleisten, können die Kinder ihre Karten gegenseitig kontrollieren. Soweit möglich, werden dabei auch die bereits erarbeiteten Symbole für Nachdenk-Tipps verwendet:

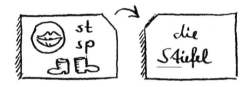

Es ist sehr motivierend für die Schüler, die Karteikästen selbst herzustellen. Dazu eignet sich ein Kinderschuhkarton, der mit Kartonkarten unterteilt wird und äußerlich individuell gestaltet werden kann.
Wichtig ist auch, die Arbeit mit der Übungskartei während eines Elternabends als effektive Möglichkeit häuslichen Übens darzustellen, da diese sowohl für das Einüben des Wortschatzes als auch für das Verbessern von Falschschreibungen der Kinder eingesetzt werden kann.

3. Anregungen für Freie Arbeit, Wochenplan und individuelle Förderung

- **Arbeit mit der Übungskartei im Rahmen von Wochenplan und Freiarbeit**

- **Unsere Herbstgeschichten**
  Die Kinder verfassen eigene Herbstgeschichten und gestalten Herbstbilder mit eigenen Bildwörtern.

Richtig schreiben

Auf einen Blick

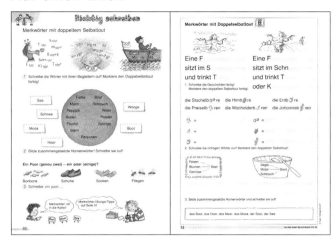

Das Auer Sprachbuch 3, S. 92   Das Auer Rechtschreibheft 3, S. 12

1. Pädagogisch-didaktische Überlegungen

Thema von **Seite 92** sind Wörter mit doppeltem Selbstlaut. Diese Vokalverdoppelung als Zeichen für den gedehnten Laut ist den Kindern neu, sie müssen lernen, dass diese Möglichkeit nur für die Vokale *a, e* und *o* zutrifft. Trotz der Doppelschreibung sollten wir jedoch vermeiden, z. B. das *oo* in *Boot* für länger zu halten als das *o* in *rot*, wodurch sich die Bezeichnung „Dehnung" erübrigt. Diese Wörter sind deshalb zu den Merkwörtern zu zählen – sie weichen von der lautgetreuen Schreibung ab und können nicht durch eine Regel oder Ableitung begründet werden. Mit Hilfe vielfältiger Lern- und Einprägetechniken müssen sich die Kinder die Schreibung der orthographischen Merkstelle einprägen: „Manche Wörter schreibe ich mit doppeltem Selbstlaut, z. B. Waage mit „aa". Flipp und Flo weisen auf Übungsmöglichkeiten der Merkwörter hin.

2. Vorschläge zu Unterricht und Übung

- Der Einstieg erfolgt über die Bilderrätsel am OHP, dafür werden die Doppelselbstlaute vorher entfernt. Beim Lösen schreiben die Schüler den richtigen Doppelselbstlaut über das Wort und sprechen dazu. Beispiel: *„Tee schreibe ich mit ee."* Es bietet sich an, dass die Kinder die Symbole beim Aufschreiben der Wörter als Merkhilfen selbst gestalten. Im Anschluss daran könnte zur Orientierung ein gemeinsamer Eintrag einiger Wörter in **Mein Gewusst-wie-Heft** erfolgen (→ Das Auer Rechtschreibheft 3/Mein Gewusst-wie-Heft).

- **Zu Aufgabe 2: Differenzierungsmöglichkeit:**
Die Schüler suchen selbstständig weitere, zu den Merkwörtern passende, zusammengesetzte Namenwörter aus der Wörterliste bzw. dem Wörterbuch heraus.

- **Zu Aufgabe 3:** Die Unterscheidung der Zahlwörter *ein paar – ein Paar* sollte durch handelndes Tun erfolgen. So ordnen die Kinder Gegenstände nach ihrer Anzahl in zwei Kisten, die mit dem jeweiligen Zahlwort beschriftet sind. Dabei könnten Merksätze formuliert und später visualisiert werden.

3. Anregungen für Freie Arbeit, Wochenplan und individuelle Förderung

- **Erstellen von Wortsammelplakaten**

- **Selbstlaut-Zwillinge** (151)

Material: Bildkarten, passende Wortkarten, Symbolkarten, laminierte Wortliste, Folienstift
Anleitung: Die Bildkarten werden in der Mitte ausgelegt, die Wortkarten liegen verdeckt auf einem Stapel. Nacheinander zieht ein Kind eine Wortkarte und liest diese vor. Das Kind, das zuerst auf das passende Bild zeigt, ordnet das Kartenpaar der jeweiligen Symbolkarte zu. Danach folgt ein Eintrag in die Wortliste mit farbiger Markierung der orthographischen Merkstelle.

- **Kreuzworträtsel** – Wortbedeutung (152)

- **Würfelspiel: Merkwörter-Rennen** (153/154)
Würfelspiel, das eine Vielzahl an Übungsaufgaben für alle Wörter mit orthographischen Merkstellen und zusätzlich Aktionskärtchen zur Auflockerung enthält.

Richtig schreiben

Auf einen Blick

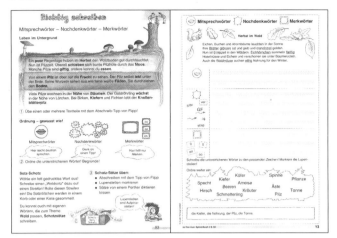

Das Auer Sprachbuch 3, S. 93   Das Auer Rechtschreibheft 3, S. 13

1. Pädagogisch-didaktische Überlegungen

Einen Text so zu üben, dass er im Anschluss fehlerarm aufgeschrieben werden kann, gehört zu den wichtigen Strategien selbstständigen, bewussten und einsichtigen Lernens im Rechtschreiben. **Seite 93** stellt in diesem Sinne verschiedene Übungsstrategien für gezielte Rechtschreib-Erkundungen an einem Text vor. Diese sollen die Kinder an mindestens einem Abschnitt des Textes „Leben im Untergrund" üben. Sie setzen sich damit selbst ein rechtschriftliches Arbeitspensum, lernen „Übungstechniken" kennen, denken über Schreibweisen nach, trainieren gezielt „ihre Übungswörter" und lassen sich den gewählten Textabschnitt im Anschluss diktieren.

Vor allem im Wochenplan ist die hier vorgestellte individuelle Arbeit an Texten gut mit einzubeziehen, da die Kinder ihr Übungspensum auf mehrere Tage verteilen und somit schwierige Wörter mehrfach üben können.

2. Vorschläge zu Unterricht und Übung

- **Zu Aufgabe 1 und 2:** Nach dem Erlesen des ganzen Textes sowie der inhaltlichen Klärung lenkt der Lehrer/die Lehrerin die Aufmerksamkeit der Kinder auf die rechtschriftliche Aufgabenstellung:
In allen drei Textabschnitten finden sich einige Wörter, die „Lupenstellen" (fett gedruckte Wörter) enthalten und besonders geübt werden müssen.

Jedes Kind entscheidet sich nun für einen Textteil, den es üben möchte. Dazu liegen die drei Abschnitte getrennt auf jeweils einem Blatt (kopiert oder nochmals aufgeschrieben) zur Auswahl bereit. Die Kinder lesen und arbeiten nun ihren Abschnitt durch, unterstreichen gegebenenfalls weitere Wörter, in denen sie Lupenstellen entdecken und die sie eigens üben möchten.

An der Tafel erklären Flipp und Flo anschließend den ersten Übungsschritt. Die zu übenden Wörter sollen geordnet werden, aber „mit Köpfchen". Dazu bieten sich verschiedene Arbeitstechniken an:

- Die Kinder ordnen die Wörter auf einem DIN-A4-Blatt nach Mitsprech-, Nachdenk- und Merkwörtern.
- Eine Gruppe schreibt ihre Wörter zunächst auf Kärtchen und ordnet sie mit Lehrerhilfe den drei Gruppen zu.
- Auch das **Gewusst-wie-Heft** oder die Regel-Kartei können hier zum Einsatz kommen.

Im Anschluss markieren die Kinder die Lupenstellen und schreiben die Wörter mit dem Abschreib-Tipp von Flipp auf, eine Übung, die täglich im Rahmen des Wochenplans wiederholt wird. Für Kinder, die einen weiteren Abschnitt oder den ganzen Text üben möchten, liegen weitere Textauszüge bereit.

- **Zu Aufgabe 3:** Um die Wörter auch in anderen Satz- und Sinnzusammenhängen zu üben, entstehen aus den Übungswörtern neue „Waldsätze".

- **Weitere Übungsformen:** Umstellen einzelner Sätze, Bilden von Fragesätzen, Notation von Einzahl- und Mehrzahlwörtern etc.

Zum Abschluss der Übungsphase eines Textabschnittes lassen sich die Kinder den Text von einem Mitschüler, dem Lehrer/der Lehrerin oder auch über Tonband diktieren.

Ein weiterer Text für Rechtschreib-Erkundungen und Übung findet sich im **Rechtschreibheft auf Seite 13**.

Richtig schreiben

Auf einen Blick

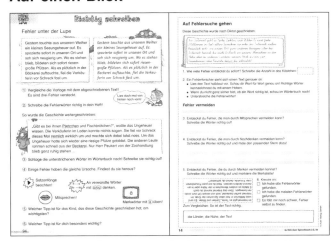

Das Auer Sprachbuch 3, S. 94   Das Auer Rechtschreibheft 3, S. 14

1. Pädagogisch-didaktische Überlegungen

Fehler geben uns Hinweise auf den schriftsprachlichen Entwicklungsstand der Schüler. Sie zeigen auf, welche Hilfsstrategien noch nicht gefestigt sind oder zusätzlich benötigt werden.
„Fehlersensibilität ist eine Aufmerksamkeitshaltung des Schreibenden gegenüber den Möglichkeiten, Fehler zu machen. Damit verbunden sein sollte die Bereitschaft zur Selbstkontrolle und zur Selbstkorrektur."[1]
Auf dieser Seite sollen die Kinder über ihr bereits vorhandenes Wissen reflektieren und dieses bei der Fehlersuche anwenden.

2. Vorschläge zu Unterricht und Übung

- **Zu Aufgabe 1:**
  Da Kinder sich gerne mit der Rolle eines Forschers oder Detektivs identifizieren, dürfen sie diesmal in die Rolle des Fehlerforschers schlüpfen und einen Text genau untersuchen.

  Vorher erhalten Sie folgende Aufträge:
  1. Lies den Text halblaut vor!
  2. Überprüfe Wort für Wort genau!
  3. Kennzeichne richtige Wörter mit einem Häkchen!
  4. Unterstreiche Wörter, bei denen du nicht sicher bist, und schlage im Wörterbuch nach!
  5. Überlege, ob die Fehler durch Mitsprechen, durch Nachdenken, Ableiten oder Merken hätten vermieden werden können!
  6. Schreibe die falschen Wörter auf und markiere die Schwierigkeit!

Im Klassengespräch wird nun über die „Forschererfahrungen" gesprochen, die Schreibweisen begründet und entsprechenden Symbolen zugeordnet:

Beispiele:

a/au – ä/äu   „Ich suche ein verwandtes Wort mit a/au."
Wörter verlängern   „Land verlängere ich zu Län-der, also d."
...

Nun erfolgt die selbstständige Erarbeitung der Aufträge im Buch.

- Im Anschluss an die Übungen im Buch können schülereigene Diktattexte genau untersucht werden. Die Schüler versuchen, ihre Fehlerschwerpunkte herauszufiltern. In Partnerarbeit werden nun Hilfsstrategien zu deren Vermeidung überlegt.

Beispiel:
Wortbausteine beachten   „Das Wort vertragen enthält den Wortbaustein ver-, also mit v."

3. Anregungen für Freie Arbeit, Wochenplan und individuelle Förderung

- **Individuelle Fehlerkartei**
  Jeder Schüler schreibt seine Fehlerwörter auf eine Karteikarte, bestimmt die Wortart, sucht verwandte Wörter oder entsprechende Hilfsstrategien. Es sollte mit den Kindern vereinbart werden, dass die Rechtschreibbesonderheit immer farblich markiert wird.
  Fünf dieser Wörter werden jeden Tag geschrieben und in einem Satz angewandt.

- **Wer ist der beste Fehlerforscher?**
  Die Schüler erhalten kurze Diktattexte mit einem bestimmten Fehlerschwerpunkt.
  Die Fehler müssen gefunden und entsprechende Tipps zur Fehlervermeidung (Hilfsstrategien) benannt werden.

---

[1] Inge Sukopp

Richtig schreiben

Auf einen Blick

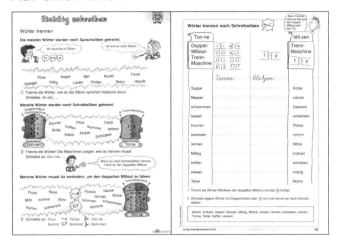

Das Auer Sprachbuch 3, S. 95   Das Auer Rechtschreibheft 3, S. 15

1. Pädagogisch-didaktische Überlegungen

Vor der Erarbeitung der Trennungsregeln sollten die Kinder an geeignetem Wortmaterial über rhythmisches Sprechen, Klatschen, Sprachspiele, ... ein Sprachgefühl für die Sprecheinheit der Silbe entwickeln.
Bei **Aufgabe 1** werden Wörter in Sprechsilben gegliedert.
Die Erarbeitung der Trennung nach Schreibsilben (vgl. **Aufgabe 2**) muss immer vom Wortbild ausgehen, da diese von der Sprechsilbe abweicht und nur durch die Regel begründbar ist (Sprechsilben: Mu-tter, Schreibsilben: Mut-ter).
In **Aufgabe 3** werden Hilfsstrategien gefestigt, die den doppelten Mitlaut bei einsilbigen Wörtern hörbar machen: Die Mehrzahlbildung bei Substantiven und die Grundformbildung bei Verben.

2. Vorschläge zu Unterricht und Übung

- Als Vorübung zum Trennen von Wörtern eignet sich das rhythmisch silbierende Sprechen, der so genannte Silbentanz. Hierbei wird synchron zur Sprechsilbe vor dem Körper ein Bogen mit der Schreibhand vollzogen und gleichzeitig ein Schlussschritt in Schreibrichtung gegangen. Die mit der Hand in die Luft gemalten Bögen bereiten die Silbenbögen auf dem Papier vor.
Bei dieser Übung sollten anfangs mehrsilbige Wörter ohne Konsonantenverdopplung verwendet werden.

- Bei der Erarbeitung von **Aufgabe 1** tanzen die Kinder die Silben, malen anschließend die Silbenbögen auf den Block und tragen in diese die entsprechenden Silben ein.

- Um den Kindern zu verdeutlichen, dass jede Silbe einen Vokal beinhaltet, könnten Silben ohne Selbstlaute am OHP aufgedeckt werden. Die Schüler müssen das Wort erraten.

Beispiel:

Marmelade

- Die Wiederholung der Trennungsregel bei Wörtern mit Mitlautverdopplung ist die Grundlage zur Erarbeitung von **Aufgabe 2**. Jetzt könnten an die Schüler Wortstreifen verteilt werden. Die Schüler sprechen in Schreibsilben und schneiden das Wort zwischen den doppelten Mitlauten durch. Die Silbenstreifen können später als Syntheseübung wiederverwendet werden.

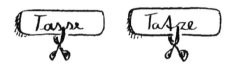

3. Anregungen für Freie Arbeit, Wochenplan und individuelle Förderung

- **Tanzstation**
In einem Karteikasten werden Bilder von Gegenständen oder Tätigkeiten gesammelt. Die Schüler benennen das Wort, tanzen die Silben, zeichnen die Silbenbögen auf den Block und tragen die Silben ein.

- **Wie viele Silben hat das Wort?**
In einem Kästchen werden Wortkarten gesammelt. Einer Vorlage mit unterschiedlicher Anzahl von Silbenbögen werden die Wörter zugeordnet.

- **Wo steckt der Selbstlaut?**
Die Schüler erhalten Wortkarten. Die Wörter müssen getrennt werden, der Selbstlaut in jeder Silbe wird farblich markiert.

Beispiel:

T[o] – m[a] – t[e]
Kr[o] – k[o] – d[i]l

Richtig schreiben

Auf einen Blick

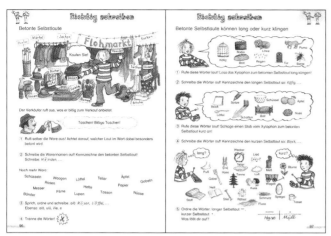

Das Auer Sprachbuch 3, S. 96/97

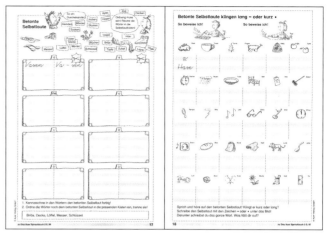

Das Auer Rechtschreibheft 3, S. 17   Das Auer Rechtschreibheft 3, S. 18

1. Pädagogisch-didaktische Überlegungen

Eine elementare Grundlage für das Lernen der Rechtschreibung ist die Fähigkeit, die Qualität von Vokalen heraushören zu können. So ist die Unterscheidung von Kurz- und Langvokal im Wort eine entscheidende Voraussetzung, um den Zusammenhang von Vokalkürze und der darauf folgenden Verdoppelung des Mitlautes nachzuvollziehen (→ Das Auer Sprachbuch 3, S. 98/99). An diese rechtschriftliche Einsicht führt das Sprachbuch die Kinder auf den folgenden vier Seiten schrittweise heran:
Auf **Seite 96** wird zunächst mittels einer Situation auf einem Flohmarkt das Heraushören von Vokalen in Wörtern geübt: Das laute, deutliche und artikulierte Sprechen beim Ausrufen der Ware akzentuiert automatisch die betonten Selbstlaute im Wort, die für die Dehnung bzw. Schärfung von besonderer rechtschriftlicher Bedeutung sind.
Auf **Seite 97** folgen im Anschluss Übungen zur Unterscheidung der Vokalqualität: Selbstlaute können kurz oder lang klingen. **Seite 98** thematisiert schließlich die Doppelkonsonanten und **Seite 99** führt mit *ck* und *tz* zwei Sonderformen der Verdoppelung des Konsonanten ein. Geübt wird zudem das Trennen der Wörter mit den Doppelkonsonanten.

Ein Flohmarktrufer ist nur dann gut aus weiter Entfernung zu verstehen, wenn er einige entscheidende Selbstlaute besonders gut betont. Diese kennzeichnen die Kinder in den Wörtern durch einen Kreis um den Laut.
Anschließend sammeln sie weitere Warennamen, z. B. auf Plakaten:

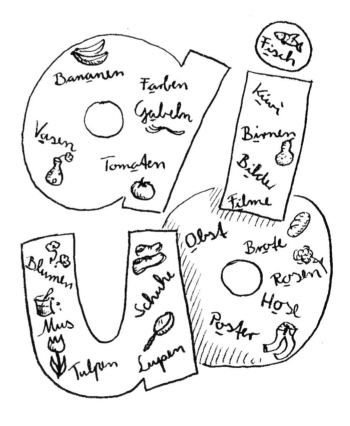

(→ Das Auer Rechtschreibheft 3, S. 17)

2. Vorschläge zu Unterricht und Übung

- **Zu Seite 96:** Die Flohmarktsituation bietet sich zum Nachspielen im Klassenzimmer an. Die Kinder schlüpfen in die Rolle von Flo, die ihre Waren verkaufen will. Sie probieren aus, wie sie die Warennamen aussprechen, rufen und betonen müssen, um Flo zu helfen, Kunden an den Stand zu locken. Beim Sprechen und genauen Hören wird deutlich:

- **Zu Seite 97/Aufgabe 1, 2 und 3:** Die betonten Selbstlaute klingen nicht in allen Wörtern gleich. Für die akustische Unterscheidung der Vokallänge wird auf dieser Sprachbuchseite vorgeschlagen, Musikinstrumente einzusetzen:

- Ein Glissando auf dem Xylophon entspricht dem gesprochenen Langvokal;
- ein kurzer Schlag auf den Klangstab steht für den Kurzvokal.

Auch mit Gesten kann die Vokallänge mitempfunden werden. Die Kinder fahren zu einem langen Vokal mit einer Hand ein Glissando auf dem Tisch nach oder tippen zu einem kurzen Vokal mit einem Finger einmal auf (→ Das Auer Rechtschreibheft 3, S. 18).

- **Zu Aufgabe 4 und 5:** Bild-/Wortkarten hängen an der Tafel. Die Kinder sprechen auch hier die Wörter nach und suchen die passenden Instrumente dazu. Anschließend ordnen sie die Wörter in einer Tabelle an der Tafel und vergleichen diese.

Als Kennzeichnung für die Vokallängen wird ein Punkt für den Kurzvokal und ein Strich für den Langvokal eingeführt.

Partnerspiel: Jeweils zwei Kinder bauen zusammen. Jedes Kind erhält mehrere Bauklötze, Plättchen, Muggelsteine oder Papierstreifen in einer bestimmten Farbe. Jeder Farbe wird nun ein akustisches Zeichen zugeordnet: langer bzw. kurzer Ton auf dem Xylophon, der Gitarre, der Flöte etc. Die Kinder legen jeweils ein Bauklötzchen „ihrer" Farbe, wenn „ihr" Zeichen erklingt, zu einem gemeinsamen „Bauwerk".

Die Kinder verschicken kurze und lange Töne in Form von **Geheimbotschaften**, die zur Auswahl an der Tafel hängen:

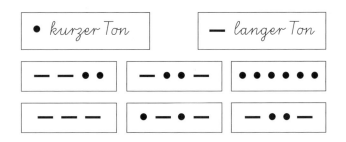

Der „Übermittler" wählt eine Botschaft aus und spielt sie auf dem Xylophon vor. Wer erraten kann, um welche der Nachrichten es sich gehandelt hat, darf als Nächster spielen.

Auch Hörspiele, in denen die Kinder hohe und tiefe, laute und leise Töne differenzieren müssen, schulen die allgemeine Fähigkeit, Töne unterscheiden zu können.
Literaturempfehlung: Warnke, F.: Was Hänschen nicht hört. Elternratgeber Lese-Rechtschreib-Schwäche. Kirchzarten: VAK Verlags GmbH 2001

Fächerverbindung:
– Musik: Tonlängen unterscheiden

3. Anregungen für Freie Arbeit, Wochenplan und individuelle Förderung

- **Partnerspiel:** Zwei Kinder sitzen einander gegenüber. Ein Kind hat ein Kästchen mit Bildkarten, auf deren Rückseite die Zeichen für Kurz- bzw. Langvokal vermerkt sind. Nacheinander zeigt es nun seinem Partner ein Bild. Dieser spricht das Wort, prüft mit einem Instrument (Xylophon) die Vokallänge und benennt diese. Das andere Kind kontrolliert die Lösung. Steht auf der Rückseite der Karte zusätzlich das Wort, kann dieses im Spiel auch aufgeschrieben und anschließend kontrolliert werden.

- **Vokaldiktat:** Der Lehrer/die Lehrerin spricht jeweils einem Kind einen Vokal in verschiedenen Längen vor. Das Kind zeichnet auf einem Blatt durch Punkte oder Striche auf, wie lange es den Vokal hört.

Richtig schreiben

Auf einen Blick

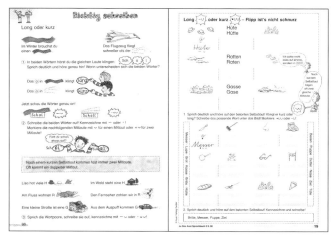

Das Auer Sprachbuch 3, S. 98
Das Auer Rechtschreibheft 3, S. 19

Beide Lösungswörter werden mehrmals nacheinander gesprochen und mit Hilfe der vertrauten Instrumente unterschieden. Nach der Feststellung, dass das *a* in beiden Wörtern unterschiedlich lang klingt, überlegen die Kinder, wie beide Wörter aufzuschreiben sind.

Flipp hält an der Tafel die orthographische Einsicht fest:

Merke dir: Nach einem kurzen Selbstlaut kommen fast immer zwei Mitlaute. Oft kommt ein doppelter Mitlaut.

Als Symbol für die Mitlautverdopplung wird eingeführt:

- **Aufgabe 3** bietet noch einmal Wortpaare zur Unterscheidung langer und kurzer Vokale an: Die Kinder sprechen genau, versuchen die Wörter zu verschriften und kennzeichnen mit •UU bzw. –U.

- **Übung:** Anhand weiterer Kontrastpaare üben die Kinder das genaue Hineinhören und Vergleichen der Wörter. Dazu erhalten sie Bildkarten, die jeweils ein Wortpaar enthalten (155). Die Karten werden auseinander geschnitten und in einer Liste in die entsprechende Spalte geklebt.

1. Pädagogisch-didaktische Überlegungen

Nur über eine ständige Verbindung von Sehen, Hören, Sprechen und Schreiben werden die Kinder allmählich die notwendige Sicherheit im Unterscheiden von betonten und unbetonten sowie von kurzen und langen Vokalen gewinnen. Am besten gelingt das durch kontrastierende Wortpaare, in denen die Vokalqualität ein bedeutendes Unterscheidungsmerkmal darstellt. So hören die Kinder in den beiden Wörtern „Schal" und „Schall" zwar grundsätzlich die gleichen Laute (*sch*, *a* und *l*). Der Vokal wird in beiden Wörtern jedoch unterschiedlich gesprochen – einmal kurz und einmal lang. Im Anschluss an das genaue Hineinhören in die Wörter führt der Vergleich zwischen dem Sprechen und dem Wortbild zu der orthographischen Einsicht: Nach einem kurzen Selbstlaut kommen fast immer zwei Mitlaute, oft kommt ein doppelter. Dieses aktive Hineinhören in die Wörter fördert auch das im Anschluss an die Einführungsstunde angebotene Übungsmaterial.

2. Vorschläge zu Unterricht und Übung

- **Zu Aufgabe 1 und 2:** Das Rätsel aus dem Sprachbuch steht an der Tafel oder es wird den Kindern als Aufgabe in der Gruppe angeboten.

Zusatz: Sichere Rechtschreiber schreiben die Wörter daneben, überprüfen anschließend mittels eines Kontrollblattes, welches z. B. auf dem Pult liegt (→ Das Auer Rechtschreibheft 3, S. 19).

3. Anregungen für Freie Arbeit, Wochenplan und individuelle Förderung

- **Ich packe meinen Koffer:** In einen Koffer dürfen nur Dinge, die einen doppelten Mitlaut haben. Neben dem Koffer benötigt man Bildkarten zum Einpacken. *Spielregeln:* Der erste Spieler zieht eine Bildkarte und spricht das Wort laut aus. Enthält es einen Kurzvokal und einen Doppelkonsonanten, darf die Karte eingepackt werden. Die Mitspieler überprüfen auf Richtigkeit. Danach schließt der Spieler den Koffer. Der nächste wiederholt noch einmal, was bereits im Koffer ist und zieht anschließend eine weitere Karte.

- Auf **Plakaten** sammeln die Kinder Wörter mit einem doppelten Mitlaut:

- **Würfelspiel:** Die Kinder gestalten in der Freien Arbeit einen Spielplan:

Vorschlag für Spielregeln:

Wer auf dieses Feld kommt, muss seinen Mitspielern ein Wort mit diesem doppelten Mitlaut nennen.

Der Spieler zieht eine Karte mit einem Namenwort. Er diktiert dieses Wort seinen Spielpartnern und kontrolliert anschließend bei allen die Rechtschreibung (z.B.: Hammer, Hase, Kasse, Karte, Puppe, Lupe, etc.).

Auch hier zieht der Spieler eine Karte (andere Farbe). Dieses Mal steht darauf ein Zeitwort. Die Personalform wird mit einem ich-, du-, er-... Würfel (Vorlagen, z.B.: 120, 159) ermittelt, das Zeitwort in der entsprechenden Form von allen aufgeschrieben und kontrolliert.

Als zusätzliche Ereignisfelder und Aufgabenkarten wären auch denkbar: Zusammengesetzte Namenwörter bilden, Wörter aus der Wortfamilie nennen, einen Satz mit einem Wort bilden, ein Reimwort suchen etc.

- **Texte zum Üben** (z. B. Laufdiktat, Dosendiktat, Einsetzen von Wörtern mit Doppelmitlaut etc.):

> Das Wetter ist toll. Die Sonne lacht am Himmel. Die Kinder können im Garten klettern und rennen.

> Florian und Anna sausen um die Wette. Anna rennt so schnell sie kann. Sie ist schneller als Florian. Da fällt sie hin. Florian rennt an ihr vorbei. „Nun gewinne ich bestimmt!", denkt er sich. Doch dann stoppt er und rennt zurück zu Anna. Er nimmt ihre Hand und hilft ihr auf.
> Wer hat denn nun gewonnen?

> **Die Hummel**
>
> Eine fette Hummel
> flog mit Gebrummel
> um eine Schüssel voll Suppe herum.
> „Feines Futter!", dachte die Hummel.
> Doch dann brachte Mama die Suppe ins Zimmer zurück – zu dumm!

> Was ist das nur für ein Ritter, der bei einem schlimmen Gewitter aus Angst zu stottern, schlottern und zittern beginnt?

- **Karten mit Reimwörtern:**
Aus den Reimwörtern entstehen kleine Gedichte oder Geschichten der Kinder.

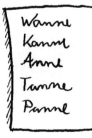
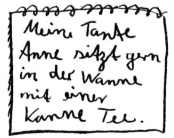

Richtig schreiben

Auf einen Blick

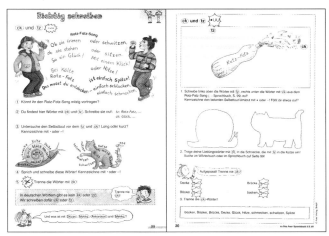

Das Auer Sprachbuch 3, S. 99

Das Auer Rechtschreibheft 3, S. 20

In deutschen Wörtern gibt es kein kk oder zz! Wir schreiben dafür ck und tz.

Als Regel wird festgehalten:

Der Selbstlaut vor ck und tz ist immer kurz.

1. Pädagogisch-didaktische Überlegungen

Auf **Seite 99** lernen die Kinder zwei Sonderformen der Mitlautverdoppelung kennen: *ck* (für kk) und *tz* (für zz). Eröffnet wird die Lernsituation musikalisch mit dem Ratz-Fatz-Song. Diesen möglichst „fetzig und witzig" vorzutragen, macht sicherlich allen Kindern viel Freude. Gleichzeitig üben sie nochmals die genaue Artikulation sowie das Abhören der Vokalqualität.
Die rechtschriftliche Arbeit beginnt anschließend mit der Kennzeichnung von Wörtern mit *ck* und *tz* und der Erarbeitung der Regel: Vor *ck* und *tz* ist der Selbstlaut immer kurz.

Im Folgenden bietet das Sprachbuch Wortmaterial für beide Wörtergruppen. Es ist aber auch möglich, die ck-Wörter und tz-Wörter getrennt bzw. nacheinander zu üben.
Zur Ausweitung des Wortmaterials bietet sich z.B. ein Ratespiel an: Dazu erhalten immer zwei Kinder eine Wortkarte mit einem ck-Wort (oder tz-Wort). Die beiden überlegen sich zu diesem Wort ein Rätsel und notieren es auf der Rückseite der Karte oder auf dem Block:

Anschließend werden die Rätsel nacheinander vorgelesen und gelöst. Alle Kinder schreiben das Lösungswort auf ihren Block. Die Wortkarte wird zur Kontrolle an der Tafel befestigt. Als Abschluss dieser Übungsphase schreiben die Kinder noch einmal alle Wörter in und um eine Schnecke bzw. eine Katze (s. auch **Aufgabe 4** und **Rechtschreibheft, Seite 20**).
In einem Partnerdiktat am nächsten Schultag prüfen die Kinder noch einmal, ob sie diese Wörter schon richtig schreiben können.
Auf großen Plakaten im Klassenzimmer sammeln sie weitere Wörter, zeichnen dazu und schneiden passende Bilder aus Zeitschriften aus, die auch auf die Plakate geklebt werden.

2. Vorschläge zu Unterricht und Übung

- **Zu Aufgabe 1:** Eine Möglichkeit der Vertonung des Ratz-Fatz-Songs ist ein einfacher rhythmischer Sprechgesang ähnlich einem „Rap" (Vorschläge zur musikalischen Umsetzung: 156).

- **Zu Aufgabe 2:** Bereits beim akzentuierten, rhythmischen Sprechen des Verses ist den Kindern sicherlich aufgefallen, dass viele Wörter „hart, scharf, spitzig" klingen, weshalb auch der Vers als Rap so gut klingt. Diese Wörter suchen die Kinder nun noch einmal im Text heraus und unterstreichen sie. Sie entdecken viele Wörter mit *tz* und *ck*, unterstreichen diese und schreiben sie noch einmal auf.

- **Zu Aufgabe 3:** Nach dem deutlichen Sprechen der Wörter an der Tafel und dem Vergleich zwischen gesprochenem und geschriebenem Wort, entdecken die Kinder den kurzen Selbstlaut vor *ck* und *tz* und kennzeichnen diesen entsprechend. Flipp weist im Regelkasten auf die besondere Form der Mitlautverdoppelung hin:

- **Aufgabe 5:** Flipp weist die Kinder auf die besondere Trennregel für die ck-Wörter hin: Das *ck* darf nie getrennt werden. Anhand einiger Beispiele an der Tafel wird geklärt, dass die ck-Wörter immer vor dem *ck* getrennt werden, das *ck* gehört also zur nächsten Silbe. Die Kinder erhalten in Gruppen ck-Wörter auf Papierstreifen, die sie an der richtigen Stelle durchschneiden. Das getrennte Wort schreiben sie anschließend auf (→ Das Auer Rechtschreibheft 3, S. 20).

3. Anregungen für Freie Arbeit, Wochenplan und individuelle Förderung

- **Beschriftungsbilder** (157)

- **Wendekarten mit Rätseln:** Die Rätsel, die die Kinder im gemeinsamen Unterricht geschrieben haben, werden auf Wendekarten gesammelt, durch weitere Wörter ergänzt.

- **Schneckenrennen:** Würfelspiel für 2 bis 4 Mitspieler (158/159). Für dieses Spiel ist ein Farbenwürfel sowie ein Würfel mit den Personalformen erforderlich. Zur Kontrolle der Wörter kann den Kindern eine Wörterliste für jede Schneckenbahn zur Verfügung gestellt werden.

- **Kurze Lückentexte zum Einsetzen und Abschreiben**

- **Kleine Texte zum Lesen und Üben**

> Wenn Schnecken
> um die Ecken gucken,
> strecken sie die Hörner aus.
> Wenn dann die Schnecken
> sich erschrecken,
> verstecken sie sich schnell im Haus.
> Heinrich Röbe

Herr Matz und die Katze

> Als Herr Matz
> die Katze
> von ihrem Platze
> auf der Matratze vertrieb,
> beschloss die Katze,
> vor Wut am Platzen,
> Herrn Matz
> zu besteigen
> und ihm mit der Tatze
> die Glatze zu zerkratzen.
> Doch sie ließ es bleiben
> und war lieber lieb.
> Josef Guggenmos

Aus: Guggenmos, J.: Oh Verzeihung, sagte die Ameise. Weinheim/Basel: Beltz Verlag 1990, Programm Beltz & Gelberg, Weinheim

> Auf dem Kirschbaum sitzt der Spatz,
> plustert sich auf seinem Platz.
> Unten schleicht auf leiser Tatze,
> sich heran die graue Katze.
> Springt hinauf mit einem Satz.
> Husch – verschwunden ist der Spatz!
> Birgit Illmann/Heinrich Röbe

Richtig schreiben

Auf einen Blick

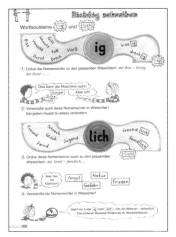

Das Auer Sprachbuch 3, S. 100

1. Pädagogisch-didaktische Überlegungen

Viele Adjektive werden aus Substantiven gebildet. Sie haben dann häufig den Wortbaustein -ig und -lich als Endung. Daneben gibt es einige Adjektive auf -ig, die nicht mehr auf Substantive zurückgeführt werden können (billig, schwierig, wenig).
In **Aufgabe 2** muss verdeutlicht werden, dass von einigen Namenwörtern nur der Wortstamm und die Nachsilbe -ig zur Adjektivbildung führen.
Aufgabe 4 weist auf die Umlautbildung bei der Adjektivierung hin.
Durch Flo erfahren die Kinder nun den **4. Beweis** für das Erkennen von Adjektiven.

2. Vorschläge zu Unterricht und Übung

- In einen Baum (Plakat oder Tafelbild) werden Wortkarten geheftet, auf denen nur Wortstämme in Großbuchstaben stehen. In der Baumkrone stehen links die Artikel, rechts die Wortbausteine -ig und -lich und die Endungen -er, -e, -t. Die Schüler versuchen nun durch Erproben, wie aus dem Wortstamm (Substantiv) ein Adjektiv werden kann.

- Weitere Wortbeispiele können nun von den Schülern in Gruppenarbeit überprüft werden. Dazu müssen entsprechende Wortkärtchen in Briefumschlägen bereitliegen.

- Die Erarbeitung der **Aufgaben 1–3** kann nun meist ohne Schwierigkeiten in Einzelarbeit erfolgen.

- Bei **Aufgabe 4** weist Flipp nochmals auf die Schwierigkeiten bei der Adjektivierung durch die Umlautbildung und das Weglassen der Endung beim Substantiv hin. Hier benötigen vor allem Schüler nichtdeutscher Muttersprache Hilfe.

3. Anregungen für Freie Arbeit, Wochenplan und individuelle Förderung

- **Gummimaschine:** 160
Die Schüler suchen die in den Adjektiven der linken Spalte enthaltenen Substantive und spannen den Gummi. Nun werden die Wortpaare aufgeschrieben und die Endungen -ig oder -lich farblich markiert.

- **Listentraining**
Die Schüler erhalten Wortlisten, in denen entweder die Adjektive oder Substantive ergänzt werden müssen.

Richtig schreiben

Auf einen Blick

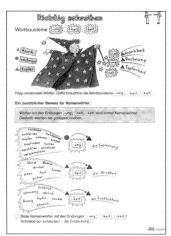

Das Auer Sprachbuch 3, S. 101

1. Pädagogisch-didaktische Überlegungen

Durch die Verwendung der Wortbausteine -ung, -heit, -keit werden in der deutschen Sprache häufig Adjektive und Verben substantiviert.
Mit der motivierenden Ausgangssituation des Zauberers werden die Schüler auf **Seite 101** zu einer intensiven Erprobung mit dem vorgegebenen Wortmaterial angeregt. Sie erkennen, dass Verben durch die Endung -ung, Adjektive durch -heit und -keit substantiviert werden können.
Diese Erkenntnis sollte den Schülern als weiterer Beweis für die Namenwörter bewusst werden und als Rechtschreibhilfe Anwendung finden.

2. Vorschläge zu Unterricht und Übung

- Als provokative Aufgabenstellung könnten vor der Erarbeitung von **Seite 101** drei Satzbeispiele vorgestellt werden. „Wer findet den Zaubertrick, wie aus Verben und Adjektiven Substantive werden?"

Beispiele:

Peter ist heute **krank**.
Seine **Krankheit** ist noch nicht bekannt.

Susi will heute **heizen**.
Die **Heizung** funktioniert aber nicht.

Anna ist **fröhlich**.
Ihre **Fröhlichkeit** ist ansteckend.

In Partner- oder in Gruppenarbeit werden nun die markierten Wörter untersucht. Die Kinder erkennen, dass es sich um Verben bzw. Adjektive handelt und die Endungen mit der Substantivierung in Verbindung zu bringen sind.

- Hier erfolgt nun der Einsatz einer Folie (S. 101) mit Flipp, der Wörter durch Anhängen der Wortbausteine -ung, -heit, -keit zu Namenwörtern verwandelt.

- Es wird erkannt, dass die entsprechenden Endungen ein weiterer Beweis für Namenwörter sind.

- In Partnerarbeit können nun die weiteren Übungen durchgeführt werden. Hierbei ist auf das Helfersystem zu achten. Kinder mit nichtdeutscher Muttersprache haben häufig vor allem beim Weglassen der Endung -en bei Verben Probleme.

- Aus lernpsychologischen Gründen sollten die Wortbausteine -ung, -heit, -keit mit Leuchtstift markiert werden, da dadurch das Einprägen und Wiedererkennen erleichtert wird.

3. Anregungen für Freie Arbeit, Wochenplan und individuelle Förderung

- **Zauberschablone:** 161/162

- **Wörterbucharbeit:** Aus dem Wörterbuch werden Verben oder Adjektive gesucht. Die Schüler überprüfen, ob eine Substantivierung durch Anhängen der entsprechenden Wortbausteine möglich ist. Die Wortpaare werden aufgeschrieben.

- **Domino**

Richtig schreiben

Auf einen Blick

Das Auer Sprachbuch 3, S. 102

Das Auer Rechtschreibheft 3, S. 23/24

Der Hahn

Ein Hahn saß traurig vor der Tür.
Er jammerte: „Ich armes Tier,
mein Name hat drei Laute nur,
und trotzdem schreibt man vier."

Er lief zur Kuh, die – sehr gelehrt –
die Sache ihm genau erklärt.
Sie räuspert sich zuerst und spricht:
„Dein kleines h, das hörst du nicht;
doch zieht es dir, sei nur nicht bang,
das a in deiner Mitte lang."

Stolz spreizt der Hahn nun seine Feder:
Ein langes ah, das hat nicht jeder."

Heinrich Röbe

1. Pädagogisch-didaktische Überlegungen

Merkwörter, bei denen der betonte Langvokal noch zusätzlich durch ein nachfolgendes *h* gekennzeichnet ist, werden in Gruppen eingeübt. Auf **Seite 102** werden den Signalwörtern aus der 2. Jahrgangsstufe weitere Merkwörter mit *h* zugeordnet und auf vielfältige Weise geübt. Die Leitfigur Flipp weist hier auf wichtige Merkhilfen hin: Er visualisiert die Lupenstelle, indem er sie unterstreicht und formuliert dabei zusätzlich einen Merksatz: *„Bahn mit ah"*. Das Sprechen solcher kognitiven Zusätze sind nach Christine Mann[1] wichtige Hilfen beim Einprägen der Merkwörter.

Für Wörter mit dem silbentrennenden *h* lernen die Kinder eine neue Ableitungsstrategie kennen: „Manchmal kannst du das *h* hörbar machen." Die Verlängerung in eine zweisilbige Form in Verbindung mit deutlichem Mitsprechen sowie das Denken an den Wortstamm erleichtern die Schreibung.

2. Vorschläge zu Unterricht und Übung

- Eine Hinführung zum Thema könnte durch nachfolgendes Gedicht „Der Hahn" von H. Röbe erfolgen. Nach Vermutungen zur Überschrift an der Tafel wird das Gedicht abschnittsweise vorgelesen und der Inhalt in einem Unterrichtsgespräch erarbeitet. Im Anschluss daran werden weitere, bereits bekannte Wörter mit h in Wortgruppen an der Tafel gesammelt, gedehnt gesprochen, die Lupenstellen markiert und Merksätze dazu formuliert. Im Anschluss daran könnte die Bearbeitung der **Aufgaben 1–5** auch im Stationenbetrieb erfolgen.

Zu Aufgabe 6: Um die neue Ableitungsregel den Kindern transparent zu machen, werden die Wörter gemeinsam in Silben gedehnt gesprochen. Im Anschluss daran suchen die Schüler weitere Wörter mit *h* und überprüfen diese durch Verlängern und deutliches Sprechen auf ihre Hörbarkeit. Es ist sehr wichtig, diese Strategie gemeinsam an vielen Wörtern einzuüben, um den Kindern die Sicherheit zu geben, die sie für selbstständiges Richtigschreiben brauchen. Flipp gibt dabei den Kindern noch einen wichtigen Tipp: *„Das h trennt hier die Silben."* Um dies deutlich zu machen, könnten die Wörter nach dem Schreiben nochmals gesprochen und dabei die Silbenbögen eingezeichnet werden.

3. Anregungen für Freie Arbeit, Wochenplan und individuelle Förderung

- **Wortlistentraining**
  (→ Das Auer Rechtschreibheft 3, S. 25)

- Eintragen der Merkwörter in **Mein Gewusst-wie-Heft, Seite 23–27**.

- **Memoryspiel mit hörbaren h-Wörtern**

- **Arbeit mit dem Wörterbuch**
  Heraussuchen weiterer Wörter mit *h*: Überprüfung mit dem Verlängerungs- oder dem Grundformtipp.

- **Würfelspiel: Merkwörter-Rennen** 153/154

- **Flüsterspiel** (→ Das Auer Sprachbuch 1/2 Lehrerhandbuch S. 106)
  Erweiterung des Spieles um neue Wort- und Bildkarten mit h-Wörtern.

---

[1] Vgl. Mann, C.: Selbstbestimmtes Rechtschreiblernen. Weinheim/Basel: Beltz 1997

zu Das Auer Sprachbuch 3 S. 102

Richtig schreiben

Auf einen Blick

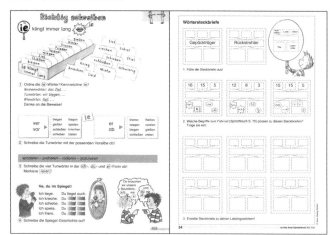

Das Auer Sprachbuch 3, S. 103   Das Auer Rechtschreibheft 3, S. 34

1. Pädagogisch-didaktische Überlegungen

Auf **Seite 103** erweitern die Schüler ihren Wortschatz um weitere Wörter mit ie. Bereits die Überschrift „ie klingt immer lang" soll die Kinder daran erinnern, dass aufgrund des Häufigkeitsprinzips das lange i in der Regel als ie verschriftet wird. Das Bewusstmachen dieser nicht ableitbaren Strategie in Verbindung mit deutlichem Mitsprechen der Wörter beim Schreiben ist eine wichtige Hilfe auf dem Weg zum selbstständigen, richtigen Schreiben.

2. Vorschläge zu Unterricht und Übung

- Als Hinführung bietet sich ein Rätselspiel mit vorbereiteten ie-Wörtern auf Wortkarten an. Dabei erlesen die Schüler abwechselnd leise den Inhalt einer Wortkarte und versuchen, diesen zu beschreiben bzw. pantomimisch darzustellen.

Beispiel:

Die erratenen ie-Wörter an der Tafel können im Anschluss gemeinsam markiert und mit Hilfe ausgeteilter Gummibänder gedehnt gesprochen werden, um die Dehnung erfahrbar zu machen. Mit Hilfe des Symbols wird gemeinsam ein Merk-Tipp formuliert und zu den ie-Wörtern an die Tafel geschrieben:

> ie klingt immer lang.
> Ich spreche beim Schreiben
> deutlich mit und denke dabei an das ie!

Vor der selbstständigen Bearbeitung von **Aufgabe 1** bietet es sich an, einige Beispiele gemeinsam zu machen und dabei die Beweise für die Wortarten nochmals zu wiederholen.

- **Zu den Aufgaben 2–4:** Diese Aufgaben dienen der Wortschatzerweiterung und dem Erschließen von Wortbedeutungen. Außerdem erkennen die Kinder, dass Wörter aus gleichen Wortbausteinen bestehen können. Gleichzeitig werden die Fürwörter *ich* und *du* gesichert. Hier bietet sich ein Partnerspiel an, dabei antwortet das „Spiegelkind" jeweils in der Du-Form.

3. Anregungen für Freie Arbeit, Wochenplan und individuelle Förderung

- Finden von Reimwörtern zur Analogiebildung

  biegen   s_____   w_____

  Dieb   lieb   Sieb

- **Wortartendetektiv**[1]
  Material: Wortkarten mit ie-Wörtern, in Großantiqua, 3 Kisten mit Wortart und Symbol beschriftet, Wortartenbaum (→ Das Auer Sprachbuch 3, S. 128)
  Anleitung: Anhand der Beweise werden die ie-Wörter der richtigen Wortart zugeordnet und aufgeschrieben.
  Kontrolle: Wortartensymbole auf der Rückseite

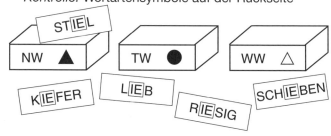

- **Fürwörter-Würfel:** Die Personalform, in der das Tunwort mit ie aufgeschrieben werden soll, wird erwürfelt.

gießen	du gießt
schließen	
spielen	
schieben	

- **Schreib-Werkstatt**
  Die Schüler schreiben Sätze, Gedichte, kleine Geschichten, Rätsel zu Wörtern mit ie.

- **Wortbedeutung – Gegenwörter**

liegen	und	sehen
Krieg	und	Frieden
Mensch	und	Tier

---
[1] In Anlehnung an: Ganser, B. (Hrsg.): Damit hab' ich es gelernt. Donauwörth: Auer Verlag 1999

Richtig schreiben

Auf einen Blick

Das Auer Sprachbuch 3, S. 104

1. Pädagogisch-didaktische Überlegungen

Thema von **Seite 104** ist die Bildung von Wörtern mit den Vorsilben *Ver-/ver-* und *Vor-/vor-* und deren richtige Schreibung. Während die Schreibung der V/v-Wörter durch Merken (Vogel mit V) – unterstützt durch verschiedene Einpräghilfen – erlernt werden muss, wird den Kindern bei diesen Vorsilben eine Nachdenkstrategie an die Hand gegeben: Bei *Ver-/ver-* und *Vor-/vor-* handelt es sich um Wortbausteine, mit deren Hilfe Wörter neu gebildet werden können: „Vorsilbe + Wort = neues Wort". Indem ich die Wortbausteine beachte, denke ich an die richtige Schreibung.

Beispiel:

☐ *Wortbausteine beachten:*
verlaufen – Wortbaustein ver-, also mit Ⓥ

2. Vorschläge zu Unterricht und Übung

- Als möglicher Einstieg dient das Bild von Flipp an der Tafel sowie die Kassettenaufnahme seiner Entschuldigung. Die Kinder erhalten den gezielten Hörauftrag, besonders auf die Tunwörter zu hören. Diese werden in einem nachfolgenden Unterrichtsgespräch an der Tafel notiert. Die Kinder erkennen, dass der Wortbaustein *ver-* die Bedeutung des Tunwortes verändert und eine Vorsilbe ist, die nicht allein stehen kann. Nun wird die Wortsammlung durch weitere Wörter mit *ver-* von den Kindern ergänzt. Um die richtige Schreibung zu sichern, wird das V/v markiert und der jeweilige Baustein eingekreist. Als Sicherung erfolgt die Bearbeitung von **Aufgabe 1**.

- **Zu Aufgabe 2:** Bestimmte Vorsilben verändern häufig das Verb in eine spezifische Richtung. An dem Präfix *vor-* wird deutlich, dass die Aktivität *vor* anderen als *Vor*stellung ausgeführt wird. Es bietet sich deshalb an, diesen Wortbaustein durch pantomimisches Vorspiel einzuführen: In der Mitte der Tafel steht die Vorsilbe *vor-*. Nun spielt das erste Kind eine Tätigkeit ohne Worte vor, z. B. *lesen*. Das Kind, das das richtige Wort errät, setzt dieses neu zusammen und schreibt die Wortbildung an die Tafel: *vorlesen*. Im Anschluss daran werden die Vorsilben eingekreist und die V-Schreibung unterstrichen. Zur Vertiefung können nun **Aufgabe 2** und – nach Besprechung – **Aufgabe 3** in Einzel- oder Partnerarbeit bearbeitet werden.

- Das Bild eines Vogelhäuschens, das bereits in der 2. Jahrgangsstufe als optische Einpräghilfe für Merkwörter mit *V-/v-* verwendet wurde, wird hier zur Wiederholung wieder aufgegriffen und durch neue Wörter ergänzt. Es ist sicherlich sinnvoll, diese Merkhilfe ins Heft zu übernehmen und die V-Schreibung beim nochmaligen deutlichen Sprechen farbig zu markieren.

3. Anregungen für Freie Arbeit, Wochenplan und individuelle Förderung

- Gestaltung eines **Lernplakates** in Verbindung mit dem Merkspruch von Flo, z. B.:

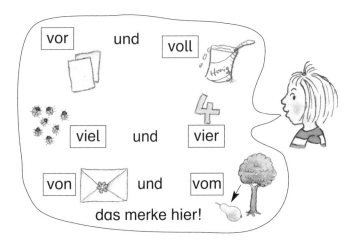

- **Wörterzug ver-/vor-** (163)

- **Einbettung der Wortbildungen in Sätze,** z. B. laminierte Karteikarten, Einsetzen der richtigen Vorsilbe mit Folienstift, Erstellen eigener Karten:

> Alina soll an der Tafel ____ rechnen.   {ver-
> Die Brüder sollen sich wieder ____ tragen.
> Tim hat seine Hausaufgaben ____ gessen. {vor-

Richtig schreiben

Auf einen Blick

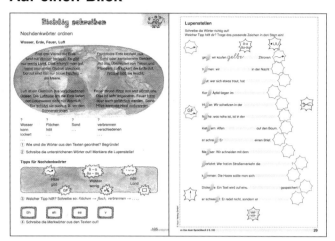

Das Auer Sprachbuch 3, S. 105 — Das Auer Rechtschreibheft 3, S. 39

1. Pädagogisch-didaktische Überlegungen

Seite 105 bietet vier kurze Sachtexte zu den Elementen Wasser, Erde, Feuer und Luft an. Diese sollen unter die „rechtschriftliche Lupe" genommen werden. Gezielte Rechtschreiberkundungen sowie das Nachdenken über Regeln und Rechtschreibhilfen leiten ein fachliches „Rechtschreib-Gespräch" unter den Kindern: Sie denken über Schreibweisen und Strategien nach und ordnen die Wörter den entsprechenden Rechtschreib-Tipps zu. Diese analytisch-konstruktive Arbeit der Kinder muss dabei keinesfalls in ein anschließendes gemeinsames Diktat münden, sondern es bieten sich verschiedene individuelle Übungsformen an.

2. Vorschläge zu Unterricht und Übung

- **Zu Aufgabe 1:** Nach dem Lesen und der inhaltlichen Klärung der vier Texte geht es an die rechtschriftliche Arbeit. Die informativen Sachtexte enthalten viele Wörter mit Lupenstellen. Auf Wortkarten notiert liegen diese verdeckt in der Mitte des Kreises. Ein Wort wird aufgedeckt. Die vier hinzugefügten Nachdenksymbole initiieren nun ein fachliches Gespräch „unter Rechtschreibexperten".
  Alle Wörter auf den Karten werden der Reihe nach besprochen und den passenden Nachdenk-Tipps zugeordnet.
  Im Anschluss an die gemeinsame Arbeit im Kreis sollte für die weitere Übung differenziert werden:
  – Eine Gruppe arbeitet selbstständig mit dem Buch, indem sie alle unterstrichenen Wörter in eine Tabelle einträgt und die Lupenstellen selbst markiert.

- Als zusätzliche Aufgabe können sichere Rechtschreiber **Aufgabe 3** bearbeiten, mit Hilfe des Wörterbuchs weitere Wörter zu den Wortfamilien suchen, die Wörter mit dem Abschreib-Tipp von Flipp üben etc.
- Mit einer zweiten Gruppe arbeitet der Lehrer/die Lehrerin noch einmal an den Wörtern im Kreis. Die Kinder schreiben die Wörter auf Plakate:

- Zusätzliche Übungen, Nachdenkwörter zu ordnen, bietet das **Rechtschreibheft** auf **Seite 29** an.

- **Zu Aufgabe 4:** Die vier Texte im Sprachbuch enthalten einige Merkwörter, die ebenfalls herausgesucht und geordnet werden können.

3. Anregungen für Freie Arbeit, Wochenplan und individuelle Förderung

- Die Kinder schreiben die Wörter am nächsten Tag in einem **Partnerdiktat** noch einmal auf.

- Die Wörter können auf Kärtchen geschrieben und der **Regel-Kartei** beigefügt werden.

Richtig schreiben

Auf einen Blick

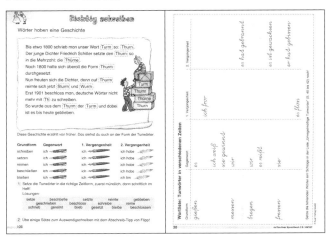

Das Auer Sprachbuch 3, S. 106 — Das Auer Rechtschreibheft 3, S. 30

1. Pädagogisch-didaktische Überlegungen

Scho__olade → k oder ck?
Ski__e → z oder tz oder gar zz?
Sta__ → t oder tt oder dt?

Warum verschriften wir manche Wörter anders als wir vermuten? Warum schreibt man die Schokolade nicht mit ck, die Skizze nicht mit tz etc.?
Gerade an diesen Ausnahmen der deutschen Rechtschreibung lässt sich erforschen, dass auch Wörter eine Geschichte haben:
– So gab es z. B. bis ins 20. Jahrhundert hinein in Deutschland keine einheitliche Rechtschreibung. Es wurde je nach Gegend und Dialekt verschriftet. Einige Ausnahmen von den Regeln der deutschen Rechtschreibung sind immer noch darauf zurückzuführen (Stadt kommt von Stede aber auch von Statt bzw. Stätt).[1]
– Auch werden Wörter, die aus einer anderen Sprache stammen (Schokolade, Skizze) heute noch z. T. nach dem jeweilig fremden Rechtschreibsystem verschriftet und weichen somit ebenfalls von der deutschen Rechtschreibung ab.

Auf **Seite 106** entdecken die Kinder anhand eines Beispiels, wie sich die Schreibweise eines Wortes im Laufe der Jahrhunderte mehrmals verändert hat. Weiter findet sich auf dieser Seite Wortmaterial zur Übung unregelmäßiger Tunwörter.

2. Vorschläge zu Unterricht und Übung

- **Zu Seite 106, Aufgabe 1 und 2:** An der Tafel hängt das Bild eines Turmes, darunter die Wortkarte THURN. Die Kinder vermuten, dass der Turm früher vielleicht THURN geheißen haben könnte. Der Sachtext im Buch bestätigt diese Vermutung und zeigt die Verwandlung des Wortes Turm im Laufe einiger Jahrhunderte auf. Nun hängt der Lehrer/die Lehrerin auch die anderen Formen des Wortes Turm als Wortkarten an die Tafel. In einer Zeitleiste werden die verschiedenen Schreibweisen des Wortes Turm den richtigen Jahreszahlen zugeordnet:

(Schiller 1759–1805)

Thürne
← Thurn   Thurm ──────────→ Turm
    1800   1850   1900

Im Anschluss an die inhaltliche Klärung des Textes schließt sich nun die sprachliche Arbeit an: Die Geschichte erzählt von früher, das sieht man auch an den Tunwörtern! Die Kinder unterstreichen die Tunwörter, ordnen sie der 1. Vergangenheit zu und fügen sie in eine vorbereitete Tabelle in der Ich-Form ein. Wer findet nun die Grundform dieser Wörter, wer die Gegenwartsform? Zusammen füllen die Kinder auch diese Spalten aus. Sie erkennen anhand der drei Formen, dass sich bei allen Tunwörtern der Wortstamm in der 1. Vergangenheit verändert. Das Bilden dieser Vergangenheitsformen ist somit nicht leicht. Gemeinsam suchen sie nach der 2. Vergangenheitsform und halten auch diese Form in der Tabelle fest (vgl. Tabelle im Buch).

- **Aufgabe 2:** Damit sich die unregelmäßigen Tunwörterformen auch rechtschriftlich besser einprägen, üben die Kinder sie zunächst noch einmal mit dem Abschreibtipp vom Flipp (→ Das Auer Sprachbuch 3, S. 87). Zusätzlich kann sich die Rechtschreibsicherheit dieser Wörter auch durch tägliches Training (Partner-, Lauf- oder Dosendiktate) erhöhen (→ Das Auer Rechtschreibheft 3, S. 30).

Fächerverbindungen:
– Lesen: Margret Rettich: „Große Wäsche" (→ Das Auer Lesebuch 3, S. 140/141)
– Lesen: August Kopisch: „Die Heinzelmännchen" (→ Das Auer Lesebuch 3, S. 142/143)

3. Anregungen für Freie Arbeit, Wochenplan und individuelle Förderung

- Seit 1996 werden einige Wörter anders verschriftet (Rechtschreibreform): Die alte und neue Schreibweise einiger Wörter ordnen die Kinder in die „**Wörterzeitleiste**" ein.

- **Durchforsten alter Schriften und Briefe:** Die Kinder unterstreichen Wörter, die sich von unserer Rechtschreibung unterscheiden, schreiben sie heraus, machen das Verfasserdatum ausfindig und ordnen sie ebenfalls in die „Wörterzeitleiste" ein.

---

[1] Vgl. Naegele, J. u. a. (Hrsg.): Rechtschreibunterricht in den Klassen 1–6. Frankfurt: Arbeitskreis Grundschule (Band 56/57) 1994, S. 1

Richtig schreiben

Auf einen Blick

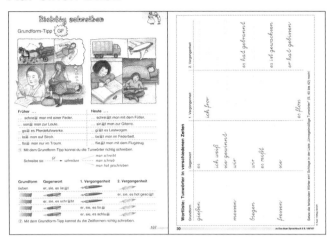

Das Auer Sprachbuch 3, S. 107   Das Auer Rechtschreibheft 3, S. 30

1. Pädagogisch-didaktische Überlegungen

Das Bilden der Grundform stellt eine wichtige Strategie dar, um Tunwörter richtig schreiben zu lernen. Vor allem Tunwörter, die in ihrer konjugierten Form weiche oder harte Laute enthalten (z. B. sie lebt, er gibt, du singst aber das Schiff sinkt) sind über das Abhören der Grundform einfacher zu verschriften.
Das Sprachbuch führt diese Strategie mittels Tunwörtern ein, die in verschiedenen Formen der Gegenwart sowie der 1. und 2. Vergangenheit stehen. Um jedoch das Bilden der Grundform sicher und geläufig anwenden zu können, bedarf es einer regelmäßigen Übung, die z. B. im Rahmen des täglichen Rechtschreibtrainings Raum findet. Zum Beweis eines Tunworts wiederholen die Kinder im täglichen Training nun auch immer das Bilden von Grund- und Vergangenheitsformen.
Als Erkennungszeichen und Symbol für das **Gewusst-wie-Heft** wird folgendes Zeichen für den **Grundform-Tipp** eingeführt: GF

2. Vorschläge zu Unterricht und Übung

- **Zu Aufgabe 1:** Die Kinder erzählen zu den Bildern im Buch und vergleichen: Wie war es früher? Wie ist es heute? Nach dem Erlesen der Lückentexte, die z. B. an der Tafel stehen, folgt die rechtschriftliche Überlegung, welche Buchstaben wohl in die Wortlücken eingesetzt werden müssen.
  Mit Hilfe von Flipp und Flo erarbeiten die Kinder gemeinsam den **Grundform-Tipp**, bevor sie das Bilden der Grundform mit den restlichen Tunwörtern auf einem Block selbst ausprobieren.

- Für die **Aufgabe 2** stehen alle benötigten Tunwörterformen auf Kärtchen. Im Kreis zieht immer ein Kind ein verdecktes Kärtchen, liest es vor und legt es zu der entsprechenden Grundform.

Im Anschluss daran vervollständigen die Kinder alleine die Tunwörtertabelle im Buch.
Langsamer Lernende ordnen die Kärtchen im Kreis zusammen mit dem Lehrer/der Lehrerin.

3. Anregungen für Freie Arbeit, Wochenplan und individuelle Förderung

- **Würfelreise:** Tunwörter, in der Grundform stehend, werden im Kreis oder in einer Reihe ausgelegt. Ein Muggelstein liegt auf dem ersten Tunwort. Ein Kind würfelt mit einem **Ich-, Du-, Er-Würfel** (159) und einem **Zeitenwürfel** (134). Es bildet die gewünschte Form und spricht sie laut aus. Nachdem alle Mitspieler das Wort auf einem Block notiert haben, kontrollieren sich die Kinder gegenseitig.

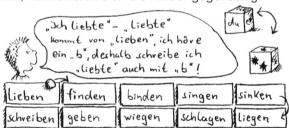

Nun rückt der Muggelstein ein Feld weiter, das Spiel beginnt von neuem.

- **Zuordnungs- und Aufschreibübung:** Für diese Übungsform eignen sich einfache schmale Klapp-Fotoalben. Jede „Hüllenreihe" muss einmal in der Mitte auseinander geschnitten werden, damit vier aufklappbare Reihen entstehen. Die zusammengehörenden Wörter stehen dabei nicht in einer Reihe, die Kinder müssen sie vielmehr durch Umklappen zusammenbringen.

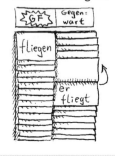 

Richtig schreiben

Auf einen Blick

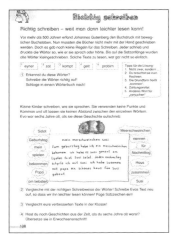

Das Auer Sprachbuch 3, S. 108

1. Pädagogisch-didaktische Überlegungen

Die erste Hälfte von **Seite 108** befasst sich noch einmal mit der **Geschichte der Wörter**. Bis 1901 gab es keine vereinheitlichte Rechtschreibung, viele Wörter wurden je nach Dialekt und Aussprache verschriftet. Die für uns fehlerhaft wirkenden Wörter waren demnach in der damaligen Zeit korrekt. Das Buch zeigt dies anhand einiger Beispiele auf.

Die zweite Hälfte thematisiert das **Rechtschreibverhalten von Schreibanfängern:** So lange sie noch keine Einsicht in das Regelsystem der Rechtschreibung entwickelt haben, schreiben Kinder so, wie sie sprechen.
Da das Rechtschreibenlernen ein langwieriger Prozess ist, der die kleinen Fortschritte nur schwer erkennen lässt, beinhaltet u. a. das Mitbringen eigener Schriften aus der Schreibanfangszeit die Chance, positive und sicherlich auch motivierende Rechtschreiberfahrungen zu sammeln: „Ich habe inzwischen viel dazugelernt." „Ich darf auch weiter Fehler machen, denn ich kann aus ihnen lernen."

2. Vorschläge zu Unterricht und Übung

- **Zu Aufgabe 1:** Die fünf Wortkarten (eyner, zal, ...) hängen an der Tafel. Die Kinder vermuten, dass es sich um „alte" Wörter handelt und schlagen Übersetzungsmöglichkeiten vor. Der Sachtext im Buch bestätigt diese Vermutungen. Er erklärt: Vor 500 Jahren gab es noch keine einheitliche Rechtschreibung, jeder schrieb so, wie er sprach. Mit den Tipps für die Lösung überprüfen die Kinder nun ihre eigenen Übersetzungsvorschläge.

- **Zu Aufgabe 2 und 3:** Auch kleine Kinder schreiben oft so, wie sie sprechen, da sie die Regeln der deutschen Rechtschreibung noch nicht kennen. Dies wird an dem kurzen Text vom „Meerschweinchen Susi" ersichtlich. In Partnerarbeit „verbessern" die Kinder nun die Geschichte, dabei stehen ihnen als Korrekturhilfe die richtig geschriebenen Wörter im Buch zur Verfügung. Da sie auch die Satzzeichen einfügen müssen, wiederholen alle gemeinsam im Vorfeld, dass das 1. Wort im Satz großgeschrieben werden muss.
Mittels eines Kontrolltextes am Overheadprojektor überprüfen die Zweierteams zum Schluss noch einmal ihr Arbeitsergebnis.

- **Zu Aufgabe 4:** Oft existieren noch kleine Geschichten aus der Schreibanfangszeit der Kinder. Eigene Geschichten mit den Fehlern von damals in die „Erwachsenenschrift" zu setzen, beinhaltet sicherlich zwei positive Elemente: Zum einen erkennen die Kinder ihren Lernfortschritt und zum anderen wird ihr Blick noch einmal auf jedes einzelne Wort gerichtet und anhand erlernter Rechtschreibregeln überprüft.

3. Anregungen für Freie Arbeit, Wochenplan und individuelle Förderung

- Aus **alten Schriften** suchen die Kinder Wörter heraus, die sich von unserer Rechtschreibung absetzen. Sie schreiben die Wörter auf Karten und „übersetzen" sie. Aus den Karten entsteht ein kleines Lexikon, welches z. B. der Ausstellung „Wie es früher war" beigefügt werden kann.

- Im Wochenplan verbessern die Kinder kurze **Fehlertexte**. Die Lösungswörter können dazu am Rand des Blattes vermerkt werden.

- Kinder verfassen selbst Sätze, in denen der **„Fehlerteufel"** sein Unwesen getrieben hat. Der richtige Satz ist auf der Rückseite vermerkt. Ein anderes Kind kann nun den Fehlersatz verbessern und seine Arbeit selbst mit Hilfe des Lösungssatzes kontrollieren.

Richtig schreiben

Auf einen Blick

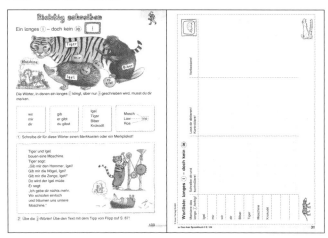

Das Auer Sprachbuch 3, S. 109

Das Auer Rechtschreibheft 3, S. 31

1. Pädagogisch-didaktische Überlegungen

Thema von **Seite 109** sind Wörter, in denen das *i* lang klingt, jedoch nicht mit *ie* verschriftet wird. Diese wenigen Ausnahmewörter gehören zu den Merkwörtern und müssen mit Hilfe vielfältiger, möglichst mehrere Sinne ansprechenden, Lern- und Einprägetechniken eingeübt werden. Zu den Merkwörtern *Igel, mir, dir, wir* aus der 2. Jahrgangsstufe kommen nun folgende Wörter hinzu: *Tiger, Biber, Krokodil, Maschine, Lawine, Rosine, gib, er gibt, du gibst*. Ausgangspunkt ist eine motivierende bildliche Darstellung als optische Merkhilfe, die später auch als Anregung zur Gestaltung eines eigenen Merkplakates dienen kann. In **Aufgabe 2** sollen sich die Kinder die Merkwörter innerhalb eines Kontextes merken. Die Einbettung der Wörter in den Satzzusammenhang ist besonders für die Verwendung der Fürwörter sowie der flektierten Formen des Verbs *geben* wichtig.

2. Vorschläge zu Unterricht und Übung

- **Möglicher Einstieg:**
Die bildliche Darstellung wird auf Folie kopiert und die i-Wörter mit einem Papierstreifen abgeklebt. Nun klappt der Lehrer immer einen Papierstreifen für kurze Zeit hoch, die Schüler lesen das Wort und schreiben es auf ihren Block. Nach einem gemeinsamen Vergleich der Eigenschreibung mit der Vorlage folgt ein Unterrichtsgespräch über die besondere Schreibung des langen i-Lautes. Dabei sprechen die Kinder die Wörter gedehnt in Silben, zeichnen Silbenbögen, markieren die orthographische Merkstelle an der Folie und kommentieren diese.

Beispiel: „Tiger schreibe ich mit i".

Im Anschluss daran könnten eigene Sätze mit i-Wörtern überlegt werden, um die Merkwörter im eigenen Kontext der Schüler zu verwenden.

- **Zu Aufgabe 1:** Zur Sicherung der Rechtschreibung und Förderung der Motivation bietet es sich an, die Merkplakate in Gruppenarbeit gestalten und anschließend präsentieren zu lassen. Als Hausaufgabe erstellen die Kinder eine eigene Merkseite und tragen die Merkwörter anschließend in ihr **Mein-Gewusst-wie-Heft** ein.

- **Zu Aufgabe 2:** Hier wird auf den Abschreib-Tipp von Flipp verwiesen. Es ist sehr wichtig, die Methode des richtigen Abschreibens immer wieder einzuüben, stellt sie doch als Strategie des „Lernen lernens" eine wichtige Weiche auf dem Weg zum selbstständigen, richtigen Schreiben. Nach dem Schreiben werden wiederum die orthographischen Merkstellen markiert.
Varianten: Laufdiktat, Dosendiktat, Streifendiktat

3. Anregungen für Freie Arbeit, Wochenplan und individuelle Förderung

- **Erstellen eines „i-Plakates" mit Bildwörtern**

- **Finden weiterer zusammengesetzter Namenwörter mit Hilfe des Wörterbuches**

- **Würfelspiel: Merkwörter-Rennen (153/154)**

- **Erfinden eigener Rätsel zu den i-Wörtern für die Merkwörter-Kartei**

  Das Tier ist sehr gefährlich. Es lebt auf dem Nil.

- **Satz-Schätze mit i-Wörtern**
(→ Das Auer Sprachbuch 3, S. 93)

- **Arbeit mit der Übungskartei**

Richtig schreiben

Auf einen Blick

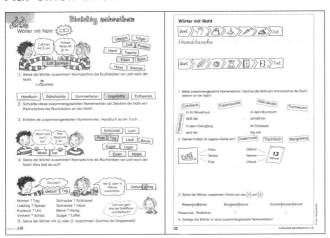

Das Auer Sprachbuch 3, S. 110   Das Auer Rechtschreibheft 3, S. 32

1. Pädagogisch-didaktische Überlegungen

Das Zusammensetzen von Namenwörtern zu einem neuen Wort ist den Kindern bereits aus der 2. Klasse vertraut. Schritt für Schritt werden auf **Seite 110** die „Nahtstellen" von zusammengesetzten Wörtern „unter die Lupe" genommen, insbesondere „Nahtstellen" mit orthographischen Besonderheiten:
– Beim Zusammentreffen zweier gleicher Mitlaute durch das Zusammensetzen muss auf die Verschriftung beider Buchstaben geachtet werden.
– Einige zusammengesetzte Namenwörter werden über einen Verbindungsbuchstaben zusammengehalten. Vor allem das Verbindungs-s ist für viele Kinder beim Aufschreiben häufig noch recht schwierig; sie verschriften es oft als z. Das Verstehen des „Bauplans" dieser Wörter ist Voraussetzung für mehr Sicherheit beim Schreiben.

2. Vorschläge zu Unterricht und Übung

● **Zu den Aufgaben 1 bis 3:** An der Tafel hängen zunächst zwei Wortkarten in unterschiedlicher Farbe:

Die Kinder wissen bereits aus der 2. Klasse, wie man zwei Namenwörter zusammensetzt: Die „Nahtstelle" des Wortes ist eine „Lupenstelle", da der Großbuchstabe des zweiten Wortes nun klein geschrieben werden muss.
Die Kinder ersetzen so den Großbuchstaben auf der Wortkarte durch einen Kleinbuchstaben, notieren anschließend das neue Wort auf dem Block und markieren die Nahtstelle.

In einer Partnerarbeit üben sie noch einmal das Bilden und Aufschreiben einfacher Zusammensetzungen. Dazu erhalten jeweils zwei Kinder entsprechendes Wortmaterial, sie suchen passende Zusammensetzungen und notieren wiederum die Wörter mit Kennzeichnung der Nahtstellen.

● **Zu Aufgabe 4:** An der Tafel entsteht aus den Wortkarten *Motor* und *Rad Motorrad*. Als Besonderheit dieses zusammengesetzten Wortes entdecken die Kinder: An der Nahtstelle kommen hier zwei gleiche Buchstaben zusammen. Beim Aufschreiben müssen beide Buchstaben berücksichtigt werden.

● **Zu Aufgabe 5:** Die beiden Wörter *Geburt* und *Tag* an der Tafel führen zu einer neuen Schwierigkeit beim Zusammensetzen: Nur mit Hilfe des Verbindungsbuchstabens *s* lassen sich hier die Wörter zusammenfügen. Das neue Wort erhält so eine doppelte Nahtstelle. Entsprechendes gilt für *Suppe* und *Löffel* und den Verbindungsbuchstaben *n*.

3. Anregungen für Freie Arbeit, Wochenplan und individuelle Förderung

● **Wörterpuzzle**

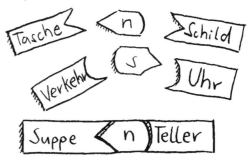

● **Fächerkarten**

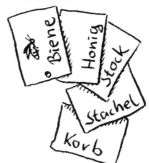

Geburtstag – Kind
– Feier
– Kerze
– Brief
– Kuchen

Liebling – Farbe
– Essen
– Fach
– Buch
– Land

Beispiel: Bienenhonig

● **Lauf- oder Dosendiktate**

Die Schnecke wohnt im Schneckenhaus.
Tim feiert seinen neunten Geburtstag.
Papa sucht seinen Schraubenschlüssel.
Lisa holt den Suppenlöffel aus der Küche.

Richtig schreiben

Auf einen Blick

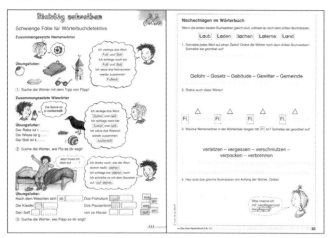

Das Auer Sprachbuch 3, S. 111   Das Auer Rechtschreibheft 3, S. 33

1. Pädagogisch-didaktische Überlegungen

Auf **Seite 111** wird das Nachschlagen als elementare Arbeitstechnik der Informationsbeschaffung weiter eingeübt und gefestigt. Die angebotenen Übungen dienen vor allem dazu, komplex gebildete Wörter so zu vereinfachen, dass sie im Wörterbuch aufgefunden werden können. Dazu müssen die Schüler lernen, Wörter zu „zerlegen" **(Aufgabe 1/2)** oder sie auf ihre Grundform zurückzuführen **(Aufgabe 3)**. Die Leitfiguren Flipp und Flo geben hier den Kindern wichtige Tipps.

Die Arbeit mit dem Wörterbuch stellt einen wichtigen Eckpfeiler der Selbstständigkeit des Kindes dar. Es ist deshalb wichtig, die Fähigkeiten und Fertigkeiten zum schnellen und sicheren Nachschlagen durch regelmäßige und vielfältige Kurzübungen im täglichen Unterricht zu festigen.

2. Vorschläge zu Unterricht und Übung

- Vor der Bearbeitung der „schwierigen Fälle" erhalten die Schüler verschiedene Aufgaben zur Orientierung im Wörterbuch.

  Beispiele:
  – Suche das erste Wort mit dem Buchstaben G, H, … S.____
  – Suche das Gegenteil von trocken! S.____
  – Suche das folgende Wort und schreibe es mit Vorgänger und Nachfolger auf: …
  – Rätsel: Schlage den Namen der Frau nach, die auf Besen reiten und fliegen kann! S.____
  – Spiele deinem Nachbarn ohne Worte das siebte Wort mit I vor!

- **Zu Seite 111:** Eine Tasche enthält z. B. folgende Gegenstände: Erdnuss, Sonnenbrille, Fingerring, Handtasche, Handbürste, Fußball. Jeweils ein Schüler umschreibt einen Gegenstand, die „Klassendetektive" erraten diesen. Im Anschluss werden die Gegenstände in alphabetischer Reihenfolge angeordnet. Nun erhalten die Schüler den Auftrag, die richtige Schreibung der Gegenstandsnamen nachzuschlagen und die Seitenzahl zu notieren. Dabei erkennen sie, dass manche der Wörter nicht im Wörterbuch aufzufinden sind. Sicherlich können einige Kinder ihren Mitschülern bereits Hilfestellungen geben. In einem Unterrichtsgespräch wird nun die Besonderheit der Wörter besprochen und diese mit Hilfe des Tipps von Flipp in Wortteile zerlegt. Ähnlich wird bei den Verben mit Vorsilben und den zusammengesetzten Adjektiven verfahren. Hier ist es wichtig, an die Groß-/Kleinschreibung zu erinnern.
  Nun erhalten die Schüler als „Übungsfutter" die **Aufgaben 1, 2 und 3**.

- Zur weiteren Vertiefung bietet sich in einer Folgestunde ein „Stationentraining für Wörterbuchdetektive" mit verschiedenen Übungen zur Orientierung im Wörterbuch an.

  Beispiel:

Station 1 – Detektiv Doppellaut
Suche sechs Wörter mit doppeltem Selbstlaut! Ordne sie nach dem Abc und notiere die Seitenzahl!   aa / oo / ee

3. Anregungen für Freie Arbeit, Wochenplan und individuelle Förderung

- **Karteikarten für Wörterbuchdetektive**
  Orientierung im Wörterbuch mit Arbeitsaufträgen, Kontrolle – wo möglich – auf der Rückseite.

  Beispiele:

Suche in deinem Wörterbuch das 4. Wort mit M! Schreibe es mit Vorgänger und Nachfolger auf!

Suche im Wörterbuch zu jedem Buchstaben ein Wort, das du magst! Schreibe die Wörter mit Seitenzahl auf!

Richtig schreiben

Auf einen Blick

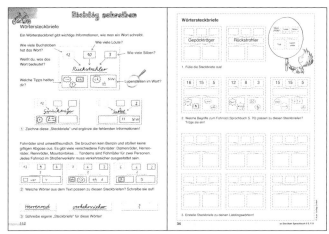

Das Auer Sprachbuch 3, S. 112   Das Auer Rechtschreibheft 3, S. 34

Anschließend wird ein Wort an der Tafel zum Gegenstand der genauen Betrachtung. Alle Informationen, die dieses Wort genau beschreiben, sollen gesammelt werden. Die Kinder überlegen dazu selbst: Was kann an dem Wort „erforscht" (beschrieben, gezählt) werden? Der Steckbrief für das Wort entsteht so nach und nach.

Im Anschluss daran erhält jede Gruppe ein weiteres Wort auf einer Wortkarte sowie ein leeres „Steckbrief-Formular" (am besten in Zeichenblockgröße). Nachdem alle Informationen – aber noch nicht das Wort selbst – eingetragen sind, trifft sich die Klasse im Halbkreis vor der Tafel. Der erste Steckbrief wird an die Tafel gehängt. Die andere Kinder sollen nun das richtige Wort „aufspüren". Dafür stehen mehrere Wörter zur Auswahl. Welches passt ganz genau?

1. Pädagogisch-didaktische Überlegungen

Ein **Steckbrief** beschreibt eine Person, ein Tier oder ein Ding genau und informiert in kurzen Aussagen über alle typischen Merkmale.
Auch Wörter haben solche unverwechselbare „Baupläne", die es auf **Seite 112** gilt, mit „detektivischem Gespür" zu entschlüsseln. Dazu legen die Kinder zunächst bestimmte „Beschreibungsmerkmale" für Wörter fest:
- **Buchstabenanzahl:** Wörter bestehen aus Buchstaben, die gezählt werden können, wobei die Anzahl der zu hörenden Laute nicht immer der Buchstabenanzahl gleichzusetzen ist.
- **Silbenanzahl:** Wörter bestehen aus Silben, die ebenfalls gezählt werden können.

Das Wissen um rechtschriftliche Besonderheiten, das sich die Kinder im Laufe der vorangegangenen Schuljahre angeeignet haben, differenziert nun weiter den analytischen Blick auf Wörter und hilft die „Steckbriefe" zu vervollständigen.
- **Nachdenkwörter:** Viele Wörter enthalten Lupenstellen. Die meisten davon sind durch eine Regel erklärbar.
- **Merkwörter:** Ausnahmen muss sich der Schreiber einprägen und merken.

2. Vorschläge für Unterricht und Übung

Den Kindern ist der Begriff „Steckbrief" sicherlich aus Cowboyfilmen sowie von Fundanzeigen her bekannt. Nach Besprechung der typischen Merkmale eines Steckbriefes schreiben und zeichnen die Kinder zunächst einen Steckbrief zu einer Person, einem Tier oder einem Ding (z. B. eine knappe aber möglichst genaue Beschreibung des Mäppchens, Fahrrades oder Wellensittichs für die Zeitungsrubrik: Gesucht – gefunden).

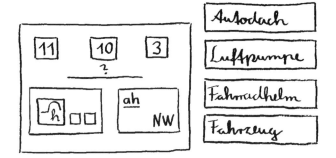

Auch in der Gruppe kann dieses Spiel im Anschluss noch einmal gespielt werden.
Anschließend lösen die Kinder **Aufgabe 1** im Buch. **Aufgabe 2** sollte als differenzierende Aufgabenstellung, z. B. im Rahmen des Wochenplans, angeboten werden.

3. Anregungen für Freie Arbeit, Wochenplan und individuelle Förderung

- Neue Steckbriefe entstehen mit Wörtern aus dem Grundwortschatz oder bei jedem neuen Rechtschreibfall. Die Rätsel können dann im Rahmen des Wochenplans ausgetauscht und gelöst werden.

Richtig schreiben

Auf einen Blick

Das Auer Sprachbuch 3, S. 113

1. Pädagogisch-didaktische Überlegungen

Auf **Seite 113** wird die Großschreibung von Anredefürwörtern in der Höflichkeitsform geübt.
Es sollte den Schülern verdeutlicht werden, dass bei Personen, die mit „Sie" angesprochen werden, die Anredefürwörter großgeschrieben werden.
Aufgabe 1 greift die reale Situation eines Dankesbriefes an den Bürgermeister auf. Es sind die Anredefürwörter *Sie, Ihr, Ihre, Ihren, Ihrem, Ihnen* einzusetzen.
In **Aufgabe 2** wird die Kleinschreibung der Anredefürwörter bei befreundeten Personen herausgestellt.

2. Vorschläge zu Unterricht und Übung

- Als Einführung könnte ein Schüler den Brief an den Bürgermeister vorlesen. Immer wenn ein Anredefürwort kommt, verbeugen sich die Mitschüler.

- **Zu Aufgabe 2:**
Nachdem der Brief an Frau Müller in der Höflichkeitsform geschrieben wurde, könnten verschiedene Briefe mit Fehlern in der Anredeform bearbeitet werden.

Beispiel:

> Sehr geehrter Herr Meier,
> ich möchte mich heute bei dir für das Geschenk zu meiner Kommunion bedanken. Ich habe mich über das T-Shirt sehr gefreut. Du hast genau meinen Geschmack getroffen. Ich soll dir auch von meinen Eltern liebe Grüße ausrichten. Über ein baldiges Wiedersehen mit dir würde ich mich sehr freuen.
> Es grüßt dich herzlichst
>   deine Angela

3. Anregungen für Freie Arbeit, Wochenplan und individuelle Förderung

- **Höflichkeitskönig**
Auf Karteikarten werden verschiedene Briefe ohne die Anredefürwörter gesammelt und laminiert. Die Schüler setzen die fehlenden Wörter ein.

- **Wie geht es richtig weiter?**
Auf Karteikarten werden Anreden geschrieben, die Schüler setzen den Brief mit einigen Sätzen fort.

Beispiele:

> Sehr geehrter Herr Dr. Schmid, _____
> _____
> _____

> Liebe Tante Hanni, _____
> _____
> _____

> Lieber Papa, _____
> _____
> _____

Richtig schreiben

Auf einen Blick

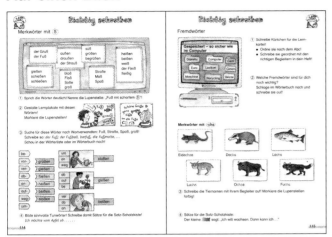

Das Auer Sprachbuch 3, S. 114/115

1. Pädagogisch-didaktische Überlegungen

Auf diesen Sprachbuchseiten wird die Schreibung weiterer Wortgruppen mit orthographischen Merkstellen auf vielfältige Weise eingeübt, um diese dadurch weitgehend zu automatisieren. So lernen die Kinder auf **Seite 114** Merkwörter mit *ß* kennen, indem sie diese Wörter deutlich sprechen, die Lupenstelle benennen und markieren. Die Unterscheidung zwischen **stimmlosem, scharfem ß** nach Zwielaut und Langvokal und **stimmlosem ss** nach Kurzvokal ist für Drittklässler noch sehr schwierig und erfordert deshalb das Einüben des scharfen ß als Merkelement.

Zu Seite 115: Die Schreibweise vieler Fremdwörter entspricht nicht unserer lautorientierten Schrift und muss deshalb eingeprägt werden. Besonders wichtig ist hierbei die Bedeutungsverhaftung der Fremdwörter. Die Verschriftung des **ks-Lautes** als *chs* macht deutlich, dass manchmal lautliche Besonderheiten auftreten, die man auch durch genaues Artikulieren nicht hörbar machen kann. Die Kinder erfahren, dass ein Laut manchmal durch verschiedene Buchstabenvarianten – hier *chs* – verschriftet wird. Auch diese Wörter müssen gelernt werden.

2. Vorschläge zu Unterricht und Übung

- **Zu Seite 115:** Um die Bedeutung der Fremdwörter möglichst genau zu erschließen und gleichzeitig eine visuelle Merkhilfe für das richtige Schreiben zu geben, ist es wichtig, mit konkreten Gegenständen bzw. Bildern zu arbeiten. Diesen werden die Fremdwörter auf Schildern zugeordnet. So erhält man eine klasseneigene Fremdwörter-Ausstellung, die immer wieder ergänzt werden kann.

- Zur Einführung der Tiernamen mit *chs* bietet sich die Arbeit in Gruppen an. Jede Gruppe erhält einen Tiernamen, zu dem sie sich ein Beschreibungsrätsel oder eine pantomimische Darstellung überlegt. Die erratenen Tiernamen werden an der Tafel fixiert und im Anschluss im Hinblick auf ihre Lupenstellen genau betrachtet.

3. Anregungen für Freie Arbeit, Wochenplan und individuelle Förderung

- **Lernplakat für Merkwörter mit ß:** (Gestaltungsvorlage → Das Auer Rechtschreibheft 3, S. 35)

- **Wortliste: Merkwörter mit ß** (→ Das Auer Rechtschreibheft 3, S. 36)

- **Fremdwörter üben: Kreuzworträtsel** (→ Das Auer Rechtschreibheft 3, S. 37)

- Eintragen der Merkwörter in **Mein Gewusst-wie-Heft, Seiten 16, 31**.

- Erstellen von **ß-Rätselkarten** für die Übungskartei

- **Unser eigenes Fremdwörter-Lexikon**
  Ein Schulheft wird alphabetisch unterteilt. Nun können die für die Klasse relevanten Fremdwörter nach und nach eingetragen werden.

- Erstellen klasseneigener **Fremdwörter-Stöpselkarten** mit Hilfe verschiedener Lexika

- **Würfelspiel: Merkwörter-Rennen** (153/154)

Namenwort-Domino

	 eine Kuh …	 viele Kühe	 ein Pferd …
 viele Pferde	eine Katze …	 viele Katzen	eine Schnecke …
 viele Schnecken	 eine Gans …	 viele Gänse	 ein Vogel …
 viele Vögel	ein Schaf …	 viele Schafe	ein Hase …
 viele Hasen	 ein Wurm …	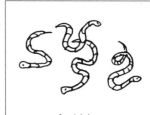 viele Würmer	ein Käfer …
 viele Käfer	eine Maus …	 viele Mäuse	

Würfelspiel für Namenwortforscher

Spielbrettvorschlag:

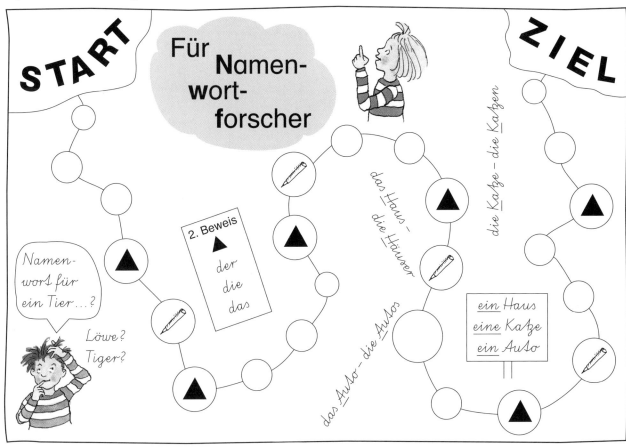

Spielregeln

1. Setze deine Spielfigur auf das Startfeld!
2. Würfle und ziehe die gewürfelte Augenzahl nach vorn!
3. Wenn du auf ein ▲-Feld kommst, musst du deinen Mitspielern 3 Namenwörter in Einzahl und Mehrzahl nennen. Schon genannte Namenwörter zählen nicht!
4. Wenn du auf ein ✏-Feld kommst, nimmst du ein Bildkärtchen und schreibst das dazu passende Namenwort in Einzahl und Mehrzahl auf! Auf der Rückseite kannst du kontrollieren!
5. Gewonnen hat der Spieler, der zuerst im Ziel ist.

Vorderseiten:

▶ Auf den Rückseiten der Kärtchen muss der Lehrer/die Lehrerin jeweils die Ein- und Mehrzahl mit Begleitern vermerken.

Beispiel:

ein Buch
das Buch
viele Bücher
die Bücher

ICH TRÄUME MIR EIN LAND

Ich träume mir ein Land,
da wachsen tausend Bäume,
da gibt es Blumen, Wiesen, Sand
und keine engen Räume.
Und Nachbarn gibt's, die freundlich sind,
und alle haben Kinder,
genauso wild wie du und ich,
nicht mehr und auch nicht minder.

Ich träume mir ein Land,
da wachsen tausend Hecken,
da gibt es Felsen, Büsche, Strand
und kleine, dunkle Ecken.
Und Nachbarn gibt's, die lustig sind,
und alle feiern Feste,
genauso schön wie deins und meins,
und keines ist das beste.

Ich träume mir ein Land,
da wachsen tausend Bilder,
da gibt es Rot und Grün am Rand
und viele bunte Schilder.
Und Nachbarn gibt's, die langsam sind,
und alles dauert lange,
genauso wie bei dir und mir,
und keinem wird dort bange.

Erika Krause-Gebauer

Aus: Gelberg, H.-J. (Hrsg.): Überall und neben dir. Weinheim/Basel: Beltz Verlag 1986, Programm Beltz & Gelberg, Weinheim

Der Frieden

Die Angst vor Streit und Hass und Krieg,
lässt viele oft nicht ruhn.
Doch wenn man Frieden haben will,
muss man ihn selber tun.

Der Frieden wächst, wie Rosen blühn,
so bunt, so schön und still.
Er fängt bei uns zu Hause an,
bei jedem, der ihn will.

Vom Frieden reden hilft nicht viel,
auch nicht, dass man marschiert.
Er kommt wie Lachen, Dank und Traum,
schon wenn man ihn probiert.

Man braucht zum Frieden Liebe,
natürlich auch Verstand,
und wo es was zu heilen gibt:
jede Hand.

Eva Rechlin

Aus: Gelberg, H.-J. (Hrsg.): Die Stadt der Kinder. Weinheim/Basel: Beltz Verlag 1999, Programm Beltz & Gelberg, Weinheim

Ein Sinnesspaziergang durch den Wald

Beispiele für Hintergrundmusik:
„Forest Piano" (Dan Gibsons Solitudes 1996), Kitaro: „Symphonie of the Forest"
(in: CD „Dream", Geffen GED 24477), Andreas Vollenweider: „In the Wood"

Entspannungsanleitung:
Setze dich ganz bequem hin, lege deinen Kopf auf den Tisch, mache es dir richtig gemütlich! Schließe jetzt deine Augen und werde ganz ruhig! Achte nun besonders auf deinen Atem: Du atmest ganz ruhig, dein Atem kommt ... und geht ... ganz von selbst ...
Du wirst ganz ruhig ... vielleicht so wie vor dem Einschlafen ...

Vorstellungsbilder:
Stell dir vor: Heute ist ein wunderschöner Herbsttag, die Sonne scheint und du gehst im Wald spazieren. Du gehst heute sehr gerne in den Wald, er ist dir nun schon vertraut und du kannst einige Baumarten erkennen.
Du läufst auf dem lehmigen Waldboden, der unter deinen Schritten ein wenig nachgibt. Um dich herum siehst du die Blätter der Laubbäume in bunten Farben leuchten. Du freust dich an ihrer Schönheit und atmest dabei die angenehm riechende Waldluft tief ein ...
Du gehst ein Stück weiter und wirbelst dabei mit deinen Füßen das heruntergefallene Herbstlaub auf ... Dir gefällt es, wie die Blätter lustig durch die Luft fliegen und rascheln.

Du kommst an einen Baum, unter dem schon ein großer Blätterhaufen liegt. Fröhlich springst du hinein und hältst dich am dicken Stamm des Baumes fest ... Unter deinen Fingern spürst du die Rinde dieses Baumes, vielleicht ist sie ganz glatt und fest – vielleicht auch rau und rissig ... Dein Blick gleitet den Stamm hinauf und du siehst die verzweigten Äste, die sich sanft im Wind hin und her bewegen. Vielleicht tragen die Äste noch ein paar Blätter, vielleicht kannst du auch noch Früchte des Baumes erkennen ...
Du lehnst dich weiter zurück und siehst durch die Baumkrone den blauen Himmel und die Sonne, deren warme Strahlen auf dein Gesicht scheinen. Du genießt diesen warmen Tag vor dem Winter. Sanft gleitest du mit deinen Händen noch mal über die Rinde des Baumes ... Dann bückst du dich und hebst ein paar bunte Blätter auf ... Sie sehen aus, als würde die Sonne in ihnen leuchten.

Rückführung:
Nun verabschiedest du dich von diesem schönen Baum und dem Wald. Die Bilder werden immer blasser und du kommst langsam wieder in unser Klassenzimmer zurück. Öffne langsam deine Augen, strecke dich, dehne dich und atme dabei tief durch! Du fühlst dich erfrischt und ausgeruht, als wärst du gerade aufgewacht.

In unserem Wald

Text: Rolf Krenzer/Melodie: Ludger Edelkötter

2. In unsrer Stadt,
   da haben sie gehaust
   und ließen so viel Müll zurück,
   dass einem nur so graust.
   Die Stadt, die Stadt
   soll wieder sauber sein!
   Wir sammeln den vergammelten
   vergessnen Abfall ein.

3. In unserm Raum,
   da haben sie gehaust
   und ließen so viel Müll zurück,
   dass einem nur so graust.
   Der Raum, der Raum
   soll wieder sauber sein!
   Wir sammeln den vergammelten
   vergessnen Abfall ein.

Aus: Kreuzer, R./Edelkötter, L.: Mit Kindern unsere Umwelt schützen. Drensteinfurt: Impulse Verlag 2000. Alle Rechte: KiMu, **Ki**nder **Mu**sik Verlag GmbH, Velbert

Fürwörter- und Satzgliedtraining

Vorlage für den Würfel:

Verbkarten mit abgebildeten Tätigkeiten:

Datei, Dokument

Innerhalb von Programmen (Word, Internet, Explorer, …) arbeitest du in Dateien oder Dokumenten. Du kannst deine Daten, zum Beispiel wenn du einen Text schreibst, als Datei abspeichern.

Doppelklick

Wenn du zweimal schnell die linke Maustaste drückst, löst du einen Doppelklick aus. Damit kannst du Programme starten und Dateien öffnen.

Download
(= daunlod)

Das Wort Download besteht aus dem englischen Wort down = herunter und load = laden. Bei einem Download werden Daten einer fremden Datenquelle auf deinen Computer übertragen.

E-Mail
(= ie-mel)

Mit E-Mail (electronic mail = elektronische Post) kannst du über das Internet Informationen und Briefe mit deinen Freunden austauschen.

Festplatte

Auf der Festplatte deines Rechners sind deine Dateien und Programme gespeichert.

Internet

Das Internet (inter = zwischen, net = Netz) ist ein weltweites Netz aus Computern, die über das Telefonnetz miteinander verbunden sind. Es ist damit das größte Rechner-Netzwerk der Welt.

Mailbox

Die Mailbox ist ein elektronischer Briefkasten, in dem all deine E-Mails gespeichert werden.

Provider
(= proweider)

Provider sind Anbieter von Internet-Zugängen. Sie verbinden deinen Computer mit anderen Computern des Internets.

Brennen

Brennen wird das Speichern von Daten auf einer CD-ROM genannt. Zum Brennen benötigst du einen CD-Brenner und eine spezielle Software, das ist ein Programm, das du auf deinen Computer installieren musst.

Button
(👂 = batten)

Button ist der englische Ausdruck für Knopf. Klickst du auf einen Button, passiert immer irgend etwas. Wenn du z. B. beim Mailen auf den Button „send" klickst, wird deine E-Mail abgeschickt.

Cursor
(👂 = körser)

Der Cursor ist der Mauszeiger, den du durch Bewegungen der Maus über den Bildschirm jagen kannst.

Archivieren

Daten werden archiviert, wenn du sie nicht nur auf eine Festplatte deines Rechners, sondern zusätzlich auf einer Diskette oder CD-ROM speicherst. Danach kannst du sie immer wieder finden und weiter damit arbeiten.

Betriebssystem

Das Betriebssystem sorgt dafür, dass wichtige Funktionen miteinander verbunden sind. Der PC (= Personal Computer) braucht also ein Betriebssystem, damit Programme, Monitor, Festplatte, Tastatur, … zueinander verständigen können. Ein bekanntes Betriebssystem heißt Windows.

Browser
(👂 = brauser)

Ein Browser (to browse = blättern, stöbern) ist ein Programm, das die Seiten des Internets auf deinem Monitor darstellen kann. Üblich ist der „Internet Explorer" oder „Netscape".

CD-ROM

CD-ROM ist die Abkürzung für **com**pact **d**isc – **r**ead **o**nly **m**emory. Auf einer CD sind Daten, z. B. Musikstücke, und komplette Programme, z. B. Spiele, gespeichert.

Bit

Bit ist die Abkürzung für **b**inary dig**it** und steht für die kleinste Speichereinheit eines Rechners. 8 Bit ergeben ein Byte (B), 1024 B ergeben ein Kilobyte (KB), 1024 KB ergeben einen Megabyte (MB) und 1024 MB ergeben 1 Gigabyte (GB).
Ein GB entspricht einer Datenmenge von 200 000 vollgeschriebenen DIN-A4-Seiten.

zu Das Auer Sprachbuch 3 S. 25

Wortkarten zum Tunwörterbingo

ich schlafe	ich wiege	ich nehme	ich falle
ich vergesse	ich stehe	ich komme	ich gebe
ich sehe	ich halte	ich beginne	ich finde
ich singe	ich lese	ich fange	ich fliege
ich bleibe	ich bringe	ich esse	ich fahre
ich gehe	ich gewinne	ich hänge	ich helfe
ich laufe	ich nehme	ich rieche	ich schlafe
ich trage	ich trinke	ich verliere	ich ziehe

ich schlief	ich wog	ich nahm	ich fiel
ich vergaß	ich stand	ich kam	ich gab
ich sah	ich hielt	ich begann	ich fand
ich sang	ich las	ich fing	ich flog
ich blieb	ich brachte	ich aß	ich fuhr
ich ging	ich gewann	ich hing	ich half
ich lief	ich nahm	ich roch	ich schlief
ich trug	ich trank	ich verlor	ich zog

1. Vergrößern Sie die Kopiervorlagen auf DIN-A4-Format und laminieren Sie diese!
2. Kopieren Sie die Arbeitskarten mehrmals (je nach Anzahl der Mitspieler)!
3. Schneiden Sie die Wortkarten aus!

KAUFEN SIE!!

Sei nicht dumm – kau **Gumm-Gumm**!

Für nur 20 Cent kaufst du dir ein Riesen-Kauvergnügen!
Denn nur mit **Gumm-Gumm** kannst du die Superblasen machen!

Kaugummiblasen – so groß wie ein Fußball!

Und jetzt neu: **Gumm-Gumm** gibt es in 3 superleckeren Geschmacksrichtungen:

Rot mit Himbeergeschmack!
Gelb mit Honiggeschmack!
Grün mit Apfelgeschmack!

Gumm-Gumm – das ist fruchtig-frischer Kaugenuss für garantiert zwei Stunden.

Und dazu in jeder **Gumm-Gumm**-Packung: ein supertolles Fußball-Bild für dein Sammelalbum.

Also: Sei nicht dumm – kauf **Gumm-Gumm**!

„Ach, schon wieder so ein langweiliges Pausenbrot. Jeden Tag dasselbe!
Michael, was hast du denn heute dabei?"

„**Mango-Milchschnitten** ist doch klar!
Nur die schmecken einfach wunderbar!
Mango-Milchschnitten machen fit!
Die sind der neuste Pausenhit!"

Ja, Kinder, **Mango-Milchschnitten** machen müde Schüler in der Pause wieder munter!

Bleibt fit und gesund mit **Mango-Milchschnitten**!
Saftig und süß im Geschmack,
so bleibt ihr immer auf Zack!

„Die nehm' ich morgen auch mit in die Pause!"

Wenn Sie ihre Familie mal so richtig verwöhnen wollen,
dann kaufen Sie zum Nachtisch **Schoki plus Sahne**!

Schoki plus Sahne ist der ultraneue Schokoladenpudding mit extra weicher Sahnecreme oben drauf.

Der neue **Schoki plus Sahne**
schmeckt deshalb:
Noch schokoladiger!
Noch sahniger!
Noch köstlicher!

Schoki plus Sahne – da wird auch Ihre Familie sagen:

„**Schoki plus Sahne** schmeckt so gut, wie's kein anderer Pudding tut!"

Domino zu den zusammengesetzten Wiewörtern

Start	🍋	gelb	🔩
neu	🥛	klar	⚡
schnell	🪞	glatt	🌱
grün	🍦	kalt	🔥
rot	🌧️	blau	🐻
stark	🪶	leicht	**Ziel**

zu Das Auer Sprachbuch 3 S. 34

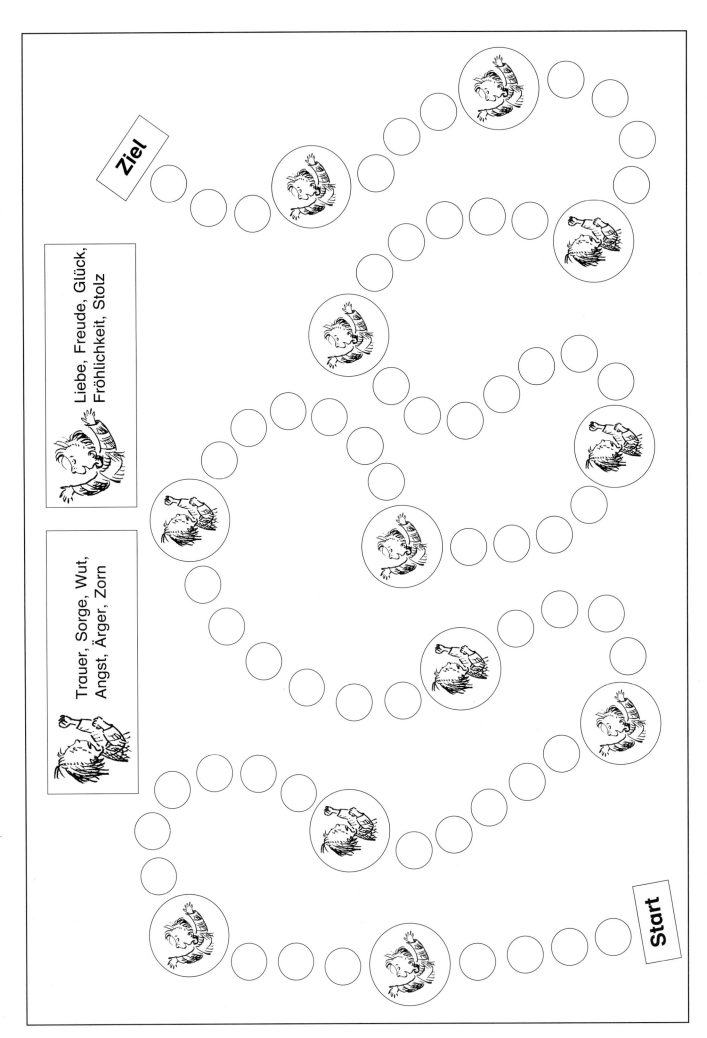

Ereigniskarten/Vorderseiten:

Du verspürst **Trauer**, weil dein Meerschweinchen gestorben ist. Sprich darüber! Rücke 1 Feld vor!	Du spürst **Wut**, wenn ein Mitschüler ungerecht behandelt wird. Erzähle, was du tun kannst! Gehe 2 Felder zurück!	Du spürst **Liebe**, wenn dich deine Eltern umarmen. Begründe dein Gefühl! Rücke 2 Felder vor!	Du empfindest **Glück**, wenn … Erzähle! Gehe 2 Felder zurück!
Du bist in **Sorge**, denn dein bester Freund muss operiert werden. Begründe deine Sorge! Du darfst nochmals würfeln!	Du empfindest **Trauer**, weil dein bester Freund in eine andere Stadt zieht. Begründe! Rücke 1 Feld vor!	Deine Großeltern kommen zu Besuch. Du verspürst **Freude**. Erzähle warum! Gehe 1 Feld vor!	Du empfindest **Stolz**, wenn du eine gute Note geschrieben hast. Begründe! Gehe 1 Feld zurück!
Beim Ballspielen hast du eine Fensterscheibe eingeworfen. Du hast **Angst**. Begründe dieses Gefühl! Gehe 2 Felder zurück!	Du hast **Angst**, wenn du alleine zu Hause bist. Erzähle, wie du dir helfen kannst! Gehe 3 Felder zurück!	Du hast heute **Glück**, denn dein Los ist ein Volltreffer. Erzähle! Gehe 2 Felder zurück!	Du empfindest **Freude**, wenn du mit deinen Freunden spielen kannst. Erkläre warum! Rücke 1 Feld vor!
Du hast **Ärger**, weil du deine Hausaufgaben vergessen hast. Wie kannst du dies vermeiden? Rücke 3 Felder zurück!	Du empfindest **Zorn**, weil dir deine Arbeit nicht gelingen will. Begründe! Du darfst nochmals würfeln!	Du singst und spielst mit deinen Freunden auf einer Geburtstagsparty. Deine **Fröhlichkeit** ist dir anzusehen. Begründe warum! Du darfst nochmals würfeln!	Du empfindest **Freude**, wenn du mit deinen Eltern in Urlaub fahren kannst. Begründe deine Freude! Du darfst nochmals würfeln!

Ereigniskarten/Rückseiten:

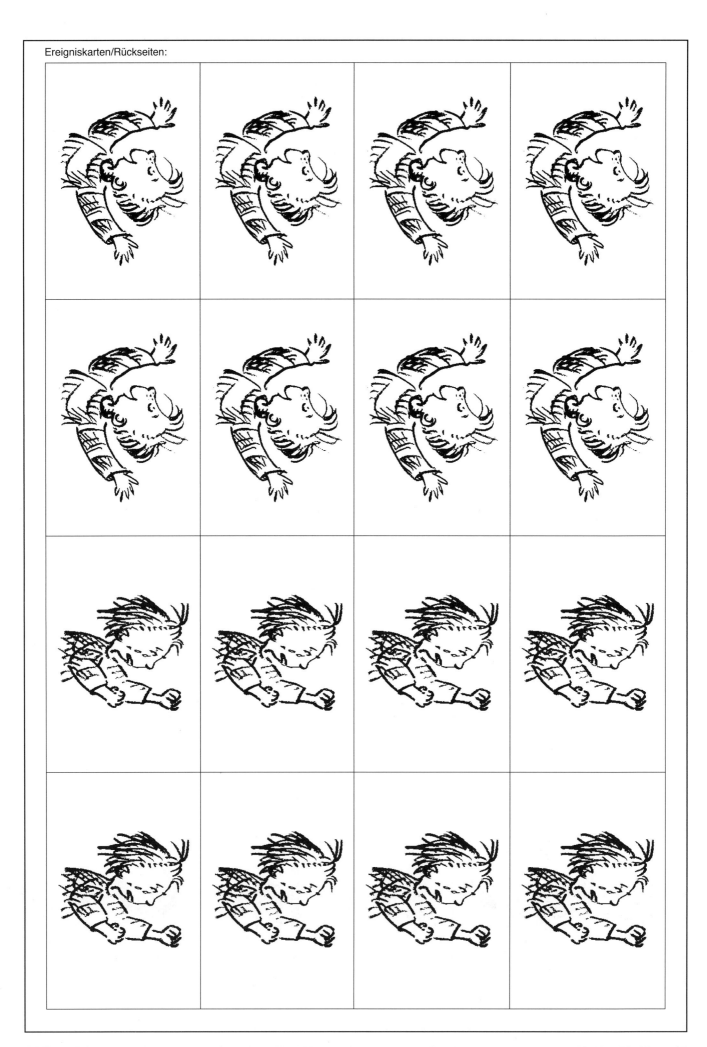

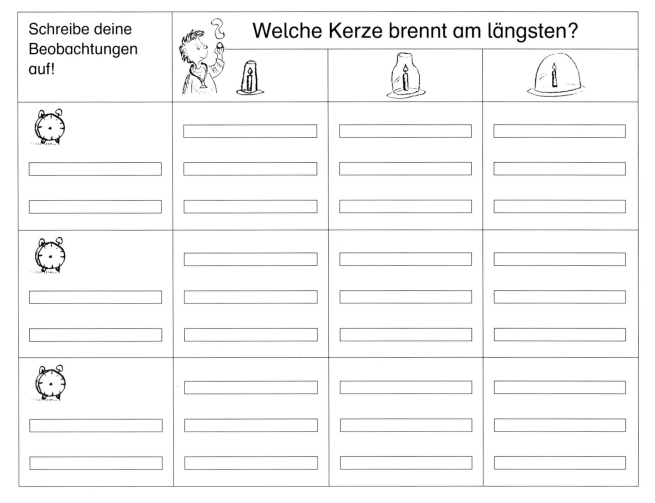

Vorschlag für einen Forscherbutton:

Für besondere FORSCHERDIENSTE verleihen wir

_____

die FORSCHERURKUNDE

_____, den _____
Die Klasse _____ der
_____

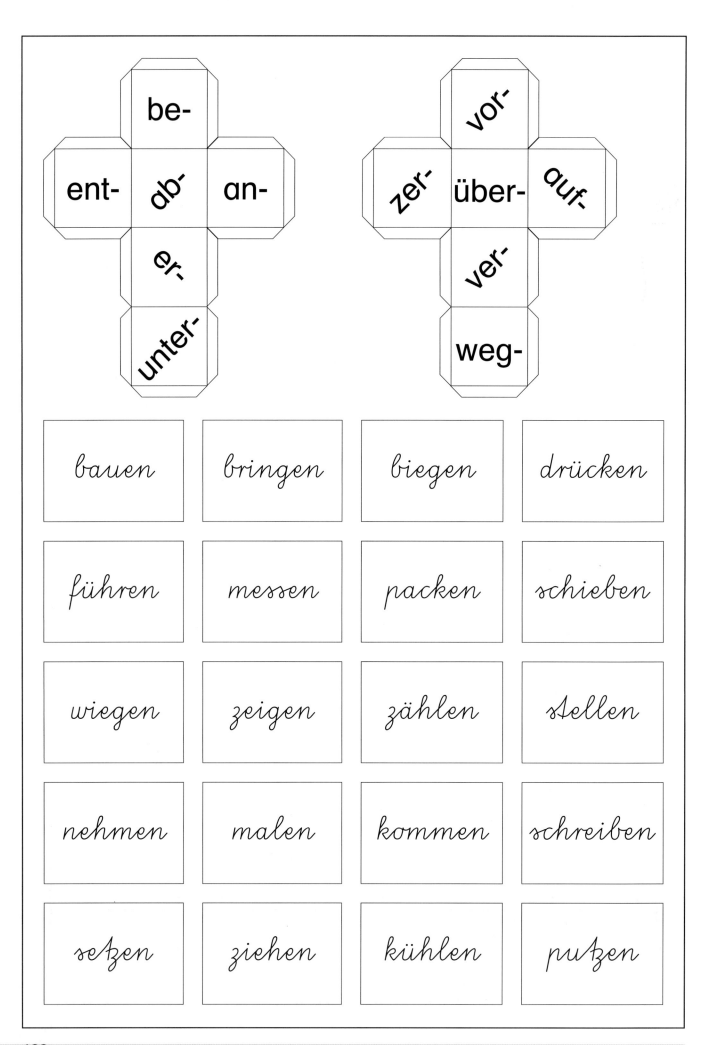

Fantasiereise durch die „Mutter Erde"

Der Lehrer/die Lehrerin beginnt zu sprechen:

Ich will dich heute auf einen kleinen Ausflug mitnehmen. Lege dazu den Kopf bequem auf deine Arme, schließe die Augen und versuche ruhig und gleichmäßig zu atmen: Atme tief ein … und langsam wieder aus … Es ist ganz still.

Ruhige Musik setzt ein.

Heute ist ein schöner, sonniger Tag. Du liegst auf einer Wiese und schaust in den blauen Himmel. Einige kleine Vögel ziehen vorbei. Du folgst ihnen mit deinen Augen. Sie lassen sich zwitschernd in der mächtigen Blätterkrone einer großen Buche nieder.
An der Buche lehnt eine Leiter. Wer die da wohl hingestellt haben mag?
Du richtest dich auf und schaust dich um.
Weit und breit ist kein Mensch zu sehen. Dafür siehst du ein paar Kühe. Wenn du ganz leise bist, kannst du vielleicht ihre Glocken hören. Und auf der anderen Seite entdeckst du ein Pferd, das genüsslich das saftige Gras verspeist.
Du stehst auf und gehst ein bisschen weiter über die Wiese einen kleinen Hügel hinauf. Die Sonne kitzelt ein wenig auf deiner Nase.
Du kommst an alten, knorrigen Bäumen vorbei und auf der Wiese blühen die Blumen in allen Farben.
Oben angekommen, schaust du noch einmal den Hügel hinunter. Alles schimmert in saftigem Grün, dazwischen siehst du die Farbtupfer der vielen Blumen.
Atme tief durch und genieße noch einmal diesen Blick! Und nachdem du wieder im Klassenzimmer angekommen bist und deine Augen geöffnet hast, kannst du mir berichten, was du alles auf deinem Ausflug erlebt hast.

Schreibe dein eigenes Rondeau!

Überschrift: _____

> Achte auf die zweite, vierte und siebte Zeile!

1 _____
2 ▶ _____
3 _____
4 ▶ _____
5 _____
6 _____
7 ▶ _____
8 _____

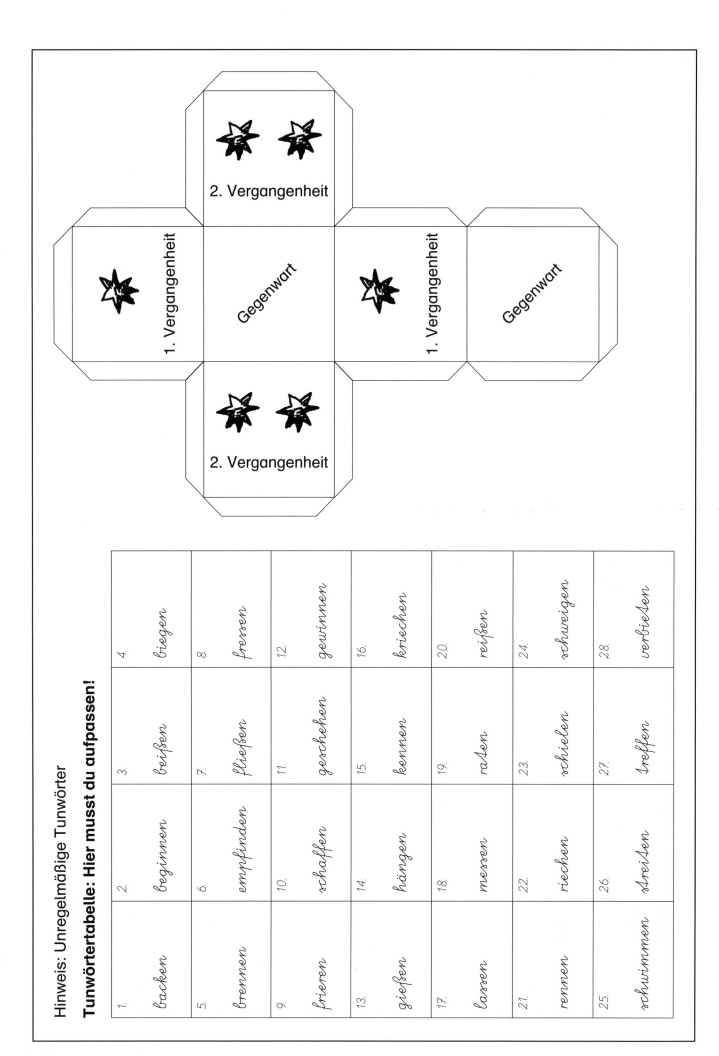

Hinweis: Regelmäßige Tunwörter

Tunwörtertabelle:

1. beobachten	2. blicken	3. blitzen	4. bohren	5. boxen	6. entdecken	7. erlauben	8. erleben
9. erzählen	10. fühlen	11. führen	12. glühen	13. grüßen	14. heizen	15. hoffen	16. impfen
17. informieren	18. kämmen	19. klettern	20. kratzen	21. kühlen	22. leuchten	23. nähen	24. nummerieren
25. nützen	26. packen	27. passen	28. quälen	29. rühren	30. sammeln	31. schalten	32. schimpfen
33. schmecken	34. schütteln	35. schützen	36. schwitzen	37. spazieren	38. spiegeln	39. stärken	40. steuern
41. stimmen	42. strömen	43. träumen	44. überqueren	45. verbrauchen	46. vereinen	47. verletzen	48. verpacken
49. verschmutzen	50. wählen	51. wärmen	52. wechseln	53. zählen	54. zeichnen	55. zielen	56. zittern

zu Das Auer Sprachbuch 3 S. 54/55

Spiel: Kapitän Langbeins Reise

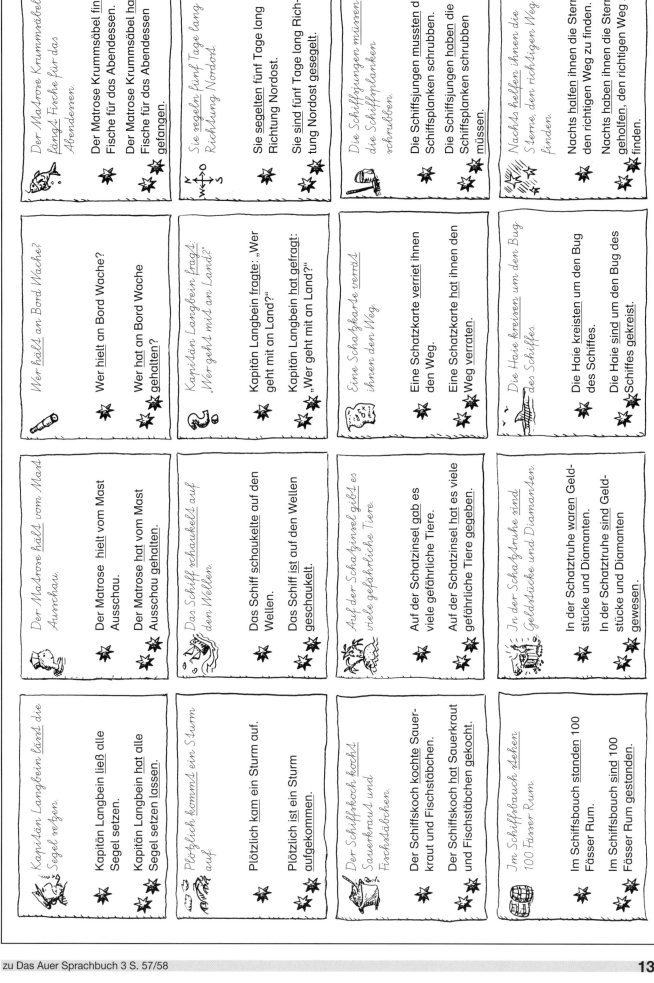

„Wenn ich behindert wäre" – Übungskarten zur eigenen Körpererfahrung

Aufgabe 1
Halte das Fernglas verkehrt herum vor die Augen und versuche, auf dem Seil zu balancieren!

Aufgabe 2
Ziehe dir zuerst die Boxhandschuhe an und versuche dann, so schnell wie möglich die Stiefel anzuziehen!

Aufgabe 3
Halte das Fernglas verkehrt herum und schreibe deinen Namen auf ein Blatt Papier!

Aufgabe 4
Stelle dich auf das Schaukelbrett und versuche, aus dem Becher zu trinken, ohne etwas zu verkleckern oder dich zu verschlucken!

Aufgabe 5
Nimm einen großen Schluck Wasser in den Mund und sage einen Satz, ohne zu sabbern!

Aufgabe 6
Verbinde dir die Augen mit einem Tuch und lass dich von deinem Partner zwischen den Hindernissen hindurch führen! Du darfst nirgends anstoßen.

Ein Loblied dem Ohr

Text und Melodie: Christa Zeuch

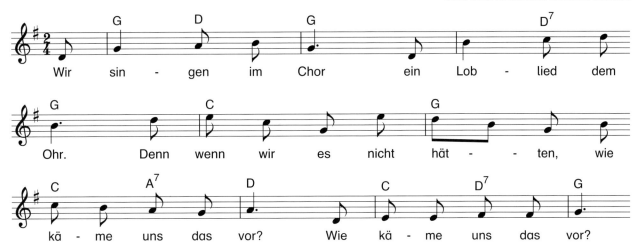

Wir singen im Chor ein Loblied dem Ohr. Denn wenn wir es nicht hätten, wie käme uns das vor? Wie käme uns das vor?

2. Die Welt ringsherum
   wär' still um und um.
   Und was die Augen sehen,
   blieb lautlos oder stumm.
   Blieb lautlos oder stumm.

3. Genau wie beim Peer:
   Der hat kein Gehör,
   war krank und hat's verloren
   und hört auch niemals mehr.
   Und hört auch niemals mehr.

4. So hört er auch nicht,
   was man zu ihm spricht.
   Er liest es von den Lippen
   und schaut uns ins Gesicht.
   Und schaut uns ins Gesicht.

5. Ein Loblied dem Peer:
   Der kann so viel mehr!
   Kann ohne Ohr verstehen,
   das fällt uns **mit** oft schwer.
   Das fällt uns **mit** oft schwer.

Aus: Zeuch, C.: Lisa, Lolle, Lachmusik. Würzburg: Arena Verlag 1987, © Christa Zeuch

Kreuzworträtsel zu Seite 84, Aufgabe 3

Zusätzliche Übung:

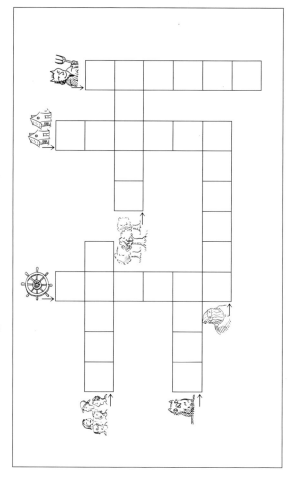

Wörterliste zu Seite 84, Aufgabe 2

Tuch	Turm
Zug	Bach
Gans	Wort
Topf	Glas
Ton	Hut
Ast	Vogel
Knopf	Salz
Kran	Hand
Bank	Apfel
Buch	Ball
Rad	Gras
Dach	Fuß

140

zu Das Auer Sprachbuch 3 S. 84

Übungen zu den Selbstlauten

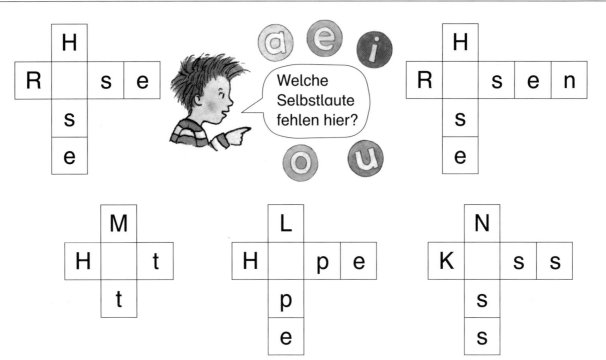

▶ 1. Löse die Rätsel!
2. Schreibe alle Namenwörter mit ihren beiden Begleitern ins Heft!
   Beispiel: *der Hase – ein Hase*

Geheim! Geheim! Geheim!

▶ Flipp und Flo schreiben Geheimbotschaften. Kannst du die Botschaften lesen?

▲ Schreibe die Botschaften in dein Heft!

 ein Ball viele Bälle ein Topf viele Töpfe ein Apfel

 viele Äpfel ein Rad viele Räder ein Buch  viele Bücher ein Dach

 viele Dächer ein Ast viele Äste ein Glas  viele Gläser ein Wort

 viele Wörter ein Turm viele Türme ein Kran  viele Kräne ein Wurm

 viele Würmer ein Blatt  viele Blätter ein Kopf  viele Köpfe ein Tuch

 viele Tücher ein Fuß viele Füße ein Zug  viele Züge eine Gans

 viele Gänse ein Knopf viele Knöpfe

Jo-Jo

Jan übt seit Tagen
ohne zu klagen
das Jo-Jo-Spiel.

Ja, Jan muss man loben,
er jagt es
von unten nach oben,
von oben nach unten,
viele Stunden.

Ja, Jan ist ein Meister!
Er wird immer dreister.
Er dreht es im Kreise
und schaukelt es leise,
doch mitten im Saus
ruht das Jo-Jo sich aus.

Heinrich Röbe

Das Jo-Jo-Spiel kommt aus Japan.

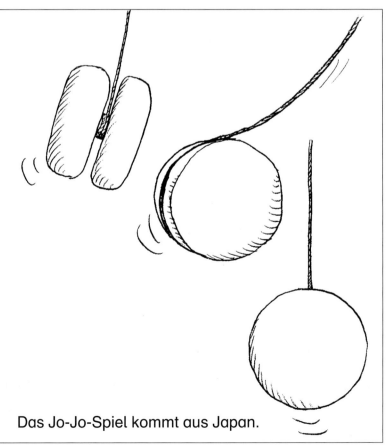

 START	 eine ...	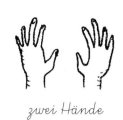 zwei Hände	 das ...
 die Schilder	 ein ...	 mehrere Kleider	 ein ...
 viele Räder	 der ...	 die Elefanten	 ein ...
 drei Hüte	 das ...	 die Bilder	 ein ...
 mehrere Zelte	 ein ...	 viele Kinder	 ein ...
 zwei Hunde	 der ...	 die Bärte	 ENDE

zu Das Auer Sprachbuch 3 S. 86

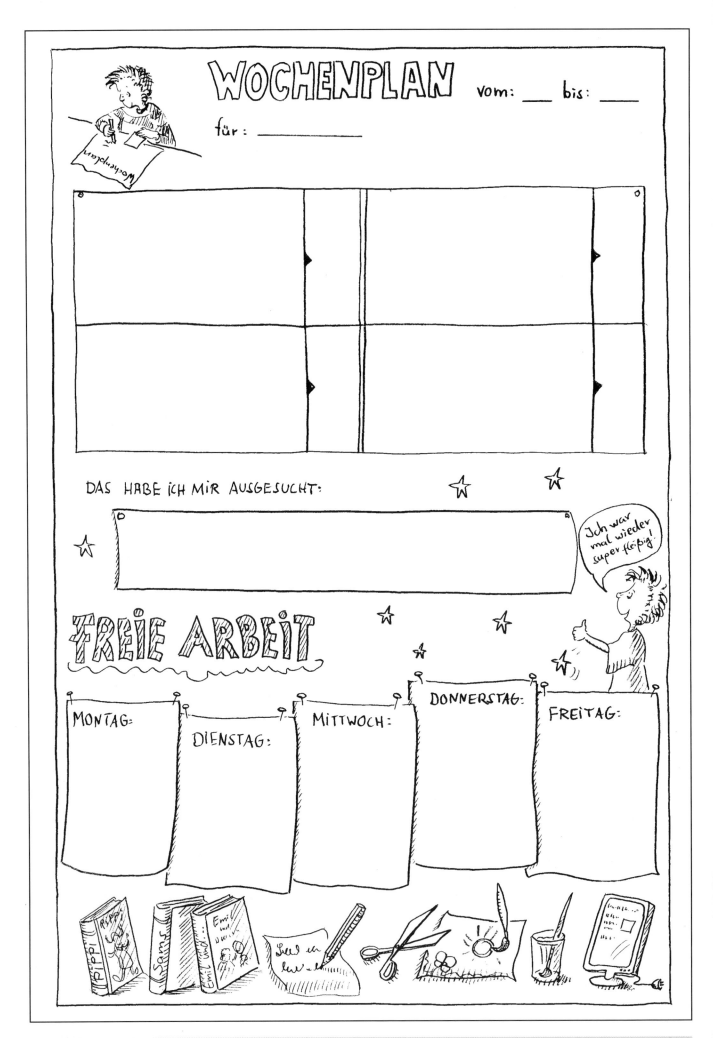

Kartenspiel: „Einsamer Bär"

		Hagebutte			
				Reh	
	Eiche		Himbeere		
Ahorn					Tanne

Buche	Farn	Hagebutte	Holunder	Specht	Wiesenchampignon
Brombeere	Eichhörnchen	Fuchs	Hirsch	Reh	Waldmaus
Birke	Eiche	Fliegenpilz	Himbeere	Knollenblätterpilz	Waldameise
Ahorn	Eberesche	Fichte	Hase	Kiefer	Tanne

Selbstlaut-Zwillinge

Symbolkarten

ee	aa	oo

Wortkarten – Bildkarten

Tee		See		Meer	
Beere		Schnee		Teer	
Klee		Haare		Saal	
ein paar		ein Paar		Aal	
Waage		Saat		Moor	
Moos		Boot		Zoo	
leer		Beet		Fee	

zu Das Auer Sprachbuch 3 S. 92

Kreuzworträtsel zu Wörtern mit aa, oo, ee

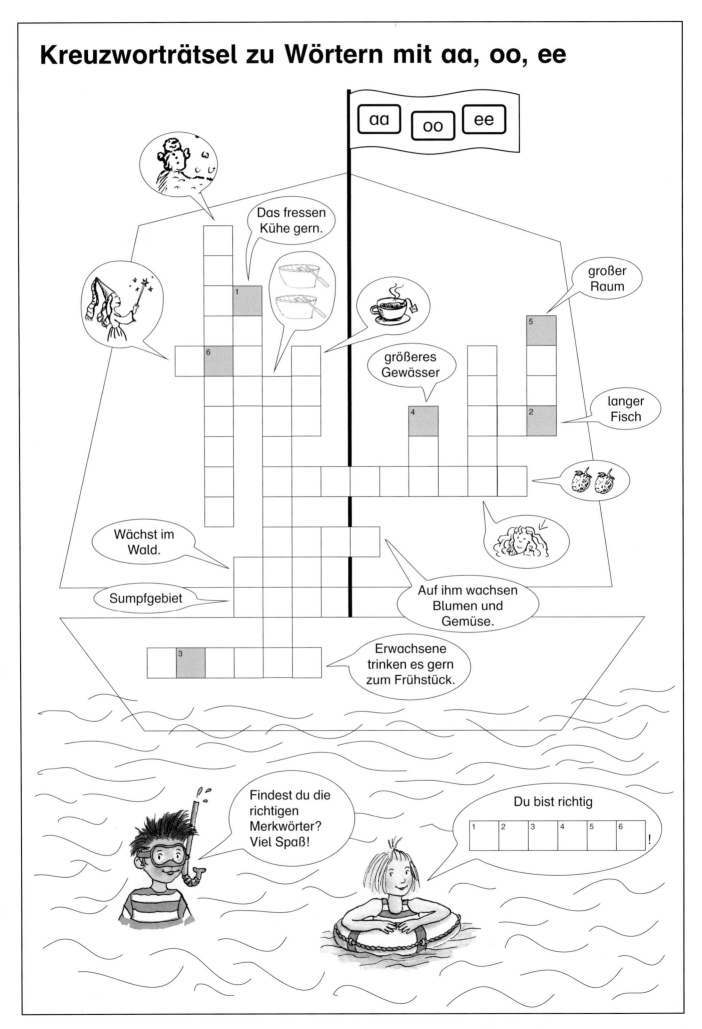

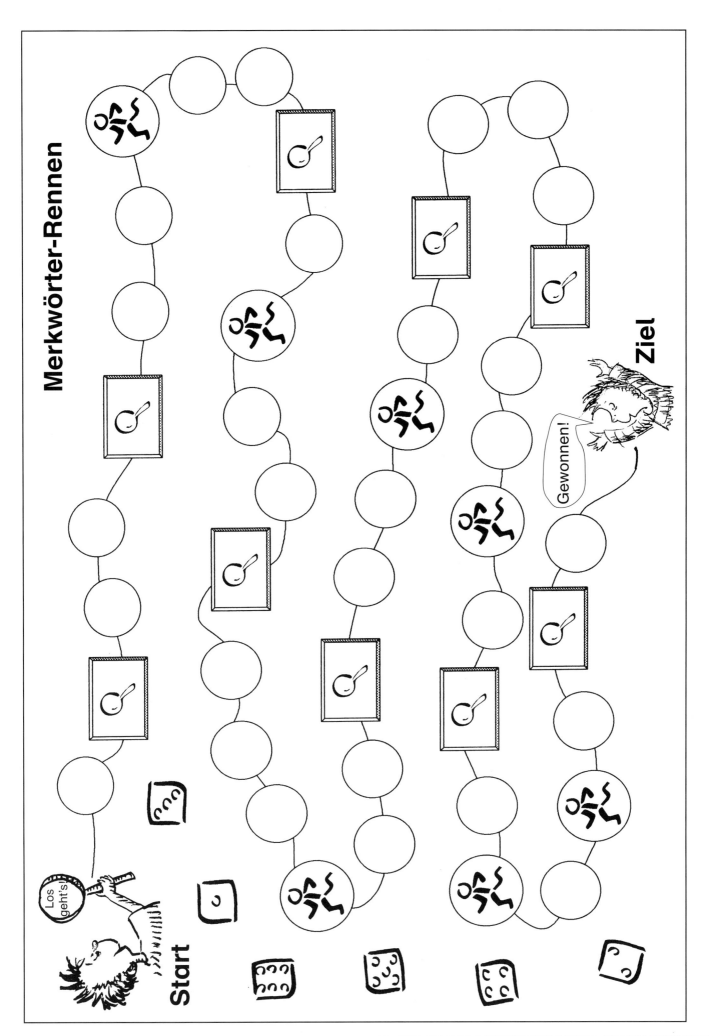

Partner-Würfelspiel: Merkwörter-Rennen

(Zu allen Richtig-Schreiben-Seiten, auf denen Merkwörter geübt werden.)

Material:
Wortliste/Karteikarten mit den jeweils zu übenden Merkwörtern, Spielsteine, Würfel, Spielplan, Aufgabenkärtchen, Aktionskärtchen

Kontrolle:
Mitspieler, Lehrer

Aufgabenkärtchen

 Lass dir von deinem Partner fünf schwierige Merkwörter diktieren! Markiere die Merkstelle farbig!	 Stelle deinem Partner drei Merkwörter-Rätsel! *Beispiel: Du trägst es auf dem Kopf: Haare*	 Schreibe fünf Merkwörter auswendig auf! Zeichne Silbenbögen! *Beispiel: die Maschine*	 Trenne vier Merkwörter durch Klatschen! Schreibe die Wörter in Silben getrennt auf! *die Fah - ne*
 Schreibe drei Merkwörter in die Luft! Sprich dabei in Silben mit!	 Schlage vier Merkwörter nach und notiere die Seitenzahlen! Wer von euch ist schneller?	 Schreibe fünf Merkwörter auf Karten für deine Übungskartei. Markiere die Merkstelle!	 Schreibe deinem Mitspieler vier Merkwörter auf den Rücken! Errät er sie?
 Diktiere deinem Mitspieler drei Merkwörter! Sprich dabei deutlich und kontrolliere genau!	 Erfinde einen lustigen Satz, in dem mindestens ein Merkwort vorkommt.	 Schlage drei Merkwörter nach und schreibe sie mit Vorgänger und Nachfolger auf!	 Wortartendetektiv: Nenne deinem Mitspieler zu zwei Merkwörtern die Beweise für die Wortart!

Aktionskärtchen

 Hüpfe auf einem Bein einmal um den Tisch!	 Stehe auf, drehe deinen Stuhl mit der Lehne zum Tisch und setze dich wieder!	 Klopfe deinem Mitspieler freundlich auf die Schultern!	 Erzähle deinem Mitspieler, wo du gern mit ihm Urlaub machen würdest!
 Sage etwas Gutes über deinen Mitspieler!	 Sage deinem Mitspieler, was du ihm schenken würdest, wenn du viel Geld hättest!	 Überkreuze deine Arme, lege sie auf die Schultern und verbeuge dich!	 Laufe rückwärts bis zur Tür und wieder zurück!

  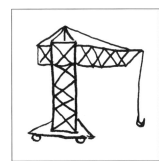 

   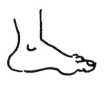

zu Das Auer Sprachbuch 3 S. 98

Ratz-Fatz-Song

Komposition: Sandra Städele

Vorschlag zum Aufbau des Sprachstücks:
Die Teile ①. bzw. ⑥. werden als Einleitung und Schluss von allen Kindern mit zunehmender Lautstärke (crescendo) jeweils 4-mal gesprochen. Ganz zum Schluss rufen alle laut: „Ratz-Fatz!"
Für die Teile ②.–⑤. werden 4 Gruppen gebildet, die zunächst das Sprechen gut einüben. Anschließend setzt jede Gruppe aufbauend nacheinander ein.

Vorschläge für den Einsatz von Instrumenten:

Handtrommel   Rasseln   Claves (Schlagstäbe)   Triangel

Beschriftungsbild zu „tz"

Arbeitsaufträge:
- Gestalte das Bild!
- Schreibe möglichst viele Wörter mit „tz" hinein!

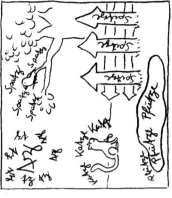

Beispiel

Beschriftungsbild zu „ck"

Arbeitsaufträge:
- Gestalte das Bild!
- Schreibe möglichst viele Wörter mit „ck" hinein!

Beispiel

zu Das Auer Sprachbuch 3 S. 99

Schneckenrennen

Hinweis: Jeweils ein Start- und Zielfeld in der gleichen Farbe anmalen.

So spielt ihr das Schneckenrennen:

Das Spiel ist für 4 Mitspieler. Jeder Spieler erhält eine Schnecke. Zwei Farben des Farbenwürfels passen zu keiner Schnecke. Vor dem Spiel müsst ihr gemeinsam ausmachen, was die beiden Farben bedeuten, wenn sie gewürfelt werden, z. B. könnte eine Farbe bedeuten, dass der Spieler noch einmal würfeln darf. Oder eine Farbe bedeutet: Alle Spieler dürfen ein Feld weiterrücken. Es wird der Reihe nach gewürfelt. Wenn die gewürfelte Farbe zu deiner Schnecke passt, darfst du ein Feld vorrücken und die Aufgabe lösen:

 Du kommst auf ein Feld mit einem Bild. Schreibe das Wort auf den Block, lass deine Mitspieler kontrollieren, ob du richtig geschrieben hast!

 Du kommst auf ein Feld mit einem Tunwort. Würfle mit dem ich-, du-, er-Würfel und schreibe das Tunwort in der gewürfelten Form auf!

 Du kommst auf ein Feld mit einem Schnecken-Rätsel. Überlege, welches ck-Wort in dem Rätsel steckt und schreibe es auf! Auch hier sollen deine Mitspieler kontrollieren!

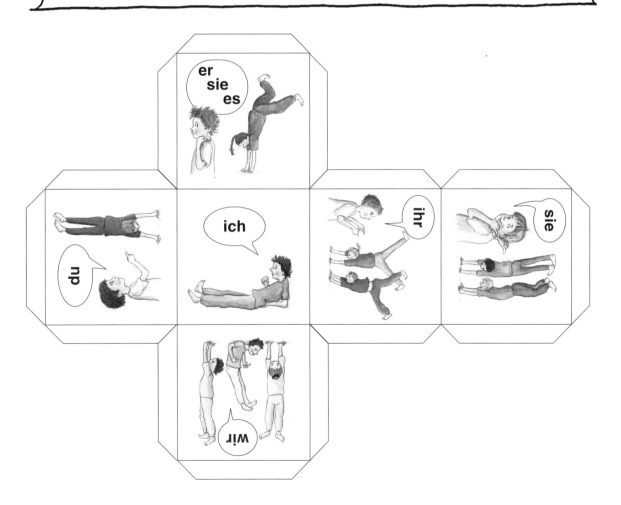

Gummimaschine

eckig	schrecklich	durstig	vorsichtig	freundlich	natürlich	giftig	ängstlich	schmutzig
der Durst	der Freund	die Vorsicht	die Ecke	der Schreck	der Schmutz	die Angst	das Gift	die Natur

haarig	wolkig	feindlich	hungrig	fettig	täglich	feierlich	fraglich	stündlich
der Hunger	der Feind	das Haar	die Stunde	die Wolke	die Frage	das Fett	der Tag	die Feier

1. Kleben Sie die Kopiervorlagen auf einen festen Karton und laminieren Sie diesen!
2. Schneiden Sie die schwarzen Ecken aus!
3. Für jede Vorlage wird ein Gummiring benötigt.

Zauberschablone

1. Kopieren Sie die Schablone auf Tonpapier und laminieren Sie dieses!
2. Die schraffierten Felder bitte ausschneiden!
3. Klammern Sie die Schablone entlang der gestrichelten Linien auf eine entsprechend starke Rückwand!
4. Nun können die entsprechenden Streifen 1/1 oder 2/2 eingeschoben werden.

Jetzt können die Kinder zaubern: Links erscheint ein Tunwort, rechts kann das passende Namenwort dazu gesucht werden.

Viel Spaß!

Sheet 2

die Sauberkeit	die Krankheit	die Schwierigkeit	die Flüssigkeit	die Empfindung	die Impfung	die Wohnung	die Verletzung	die Dunkelheit
wohnen	impfen	dunkel	schwierig	krank	empfinden	flüssig	sauber	verletzen

Sheet 1

die Entfernung	die Tapferkeit	die Zeichnung	die Dummheit	die Dunkelheit	die Schönheit	die Fröhlichkeit	die Ehrlichkeit	die Herstellung
zeichnen	dunkel	schön	herstellen	tapfer	ehrlich	dumm	fröhlich	entfernen

zu Das Auer Sprachbuch 3 S. 101

Wörterzug ver- oder vor-

? ? ?   ver- oder vor-   ? ? ?

Deine Aufgabe:
Du bekommst hier einen Wörterzug und verschiedene Kärtchen zum Ausschneiden:
Vorsilbe – Wortstamm – Endung
1. Lege die passenden Wortbausteine zu einem Wort auf den Zug: Jeder Wortbaustein erhält ein Zugabteil.
2. Schreibe die gefundenen Wörter auf und achte besonders auf die richtige Schreibung der Vorsilben ver-/vor-!

Manchmal passen auch beide **Vor**silben

Wortstammkärtchen (evtl. rot anmalen)

schreib	sprech	brenn	letz	lern	tusch
les	trag	lauf	zaub	rat	such	spiel

Endungskärtchen (evtl. blau anmalen)

-en   -en   -en   -en   -en   -en   -en   -en   -en

-en   -en   -en

Vorsilbenkärtchen (evtl. blau anmalen)

ver-   ver-   ver-   ver-   ver-   ver-   ver-   ver-

vor-   vor-   vor-   vor-   vor-   vor-   vor-   vor-

Stoffverteilungsplan mit Verknüpfungen der Lernbereiche im Sprach- und Lesebuch

	Sprechen und Gespräche führen	Für sich und andere schreiben – Texte verfassen	Für sich und andere schreiben – Richtig schreiben (S. 84–127)	Sprache untersuchen	Lesen und mit Literatur umgehen*
Wir von der dritten Klasse (S. 4–11)	• Gesprächsregeln weiterentwickeln und anwenden (Klassenkonferenz/Klassenrat) • dem Gesprächspartner aufmerksam zuhören • Gesprächsinhalte aufnehmen und weiterführen („Gesprächsstein") • Konflikte sprachlich bewältigen (Streitschlichter) • einfache Sachverhalte erfassen und beschreiben • andere im Gespräch überzeugen (Stichpunkte für eine Rede nutzen) • einfache Informationen einholen (Vorschläge für das Klassenzimmer)	• Ideen für die Gestaltung von Texten sammeln (Unsere-Klasse-ist-klasse-Plakat) • Anliegen, Wünsche und Meinungen äußern und begründen (Wandzeitung, Konferenzbuch, …) • Gestaltungsmittel beim Sprechen einsetzen (Pausen, Gestik, Mimik) • Änderungsvorschläge schriftlich formulieren (Wünsche aufschreiben und begründen)	• Wiederholen: Selbstlaute, Umlaute, Mitlaute, seltene Mitlaute (Qu, X, J, C) • Verschriftung lautgetreuer Wörter ausbauen • Strategie: Wörter verlängern (Auslaut- und Konsonantenverhärtung) • Arbeitstechniken: Abschreib-Tipp, Fehler berichten • Wörter und Sätze sicher aufschreiben Rechtschreibstrategien anwenden (Grundform, a-ä, -ig) • Sätze sicher aufschreiben (Abschreiben mit dem Abschreib-Tipp) • Arbeitstechniken sichern: Anlegen und Führen einer Regel-Kartei	• Beweise für Namenwörter wiederholen • Wortbildungsmöglichkeiten durch Zusammensetzungen erproben • Wiederholen: der Satz als Sinneinheit; Satzschlusszeichen: Punkt	**Wir von der dritten Klasse** • Du und ich S. 11 • König und Königin S. 12 • Mit dir/Bissige Wörter S. 13 • Astrids Klasse/Die Überraschung S. 14/15 • Schweine-Pause S. 16/17 • Das Bauchweh S. 18 • Lernen ist wie atmen S. 19 • Pippi in der Schule S. 20/21 • Sich mögen S. 22 • Wirf mir den Ball zurück, Mitura! S. 23
Der Natur auf der Spur (S. 12–19)	• über Erlebnisse im Wald sprechen, zunehmend zuhörerbezogen sprechen • Sachzusammenhänge begrifflich klar darstellen, Fachbegriffe verwenden • Lebewesen (Tiere, Pflanzen) treffend beschreiben • Regeln für Diskussionen erarbeiten und anwenden • zu Bildern, Stichwörtern und Sätzen erzählen	• Rätseltexte verfassen, dabei Informationsquellen nutzen (Waldtierrätsel/Baumquiz) • Anliegen, Wünsche, Meinungen äußern und begründen: Stichpunkte notieren (was uns ärgert – was wir tun wollen) • kreatives Schreiben: (Haiku) nach Bauplan • eine Sachkartei anlegen (Thema Wald) • einfache Überarbeitungsstrategien anwenden (sachliche Richtigkeit, Verständlichkeit)	• Strategie: Ableitungen (ä-a, äu-au) • Strategie: Wörter mit orthographischen Merkstellen (ä-Wörter ohne a-Verwandte, Wörter mit Doppel-Selbstlaut) • Ordnen: Mitsprech-, Nachdenk-, Merkwörter • mit dem Wörterbuch arbeiten • Ordnen nach dem Abc • mit der Regelkartei arbeiten • Texte sinnvoll üben	• mit Satzgliedern experimentieren und die Wirkung von Umstellungen erkunden (nach Satzgegenstand, Satzaussage, Satzergänzung im 4. Fall fragen) • die Bedeutung des Klangs für den Sinn von Sätzen erkennen • Namenwörter durch Fürwörter ersetzen und deren Leistung untersuchen (Ersatz-, Weglassprobe) • Fachbegriffe: Fürwort, Satzglied	**Wald** • Biologie S. 35 • In einem Baum S. 35 • Der Boden – ein Zuhause für Tiere S. 36/37 • Tiere im Herbstwald S. 38/39 • Tagebuch einer Ameise S. 40/41 • Kommissar Focks ermittelt S. 42 • Tierrätsel/Abenteuer in der Nacht S. 45
Medien – Fenster zur Welt (S. 20–27)	• zunehmend zuhörerbezogen über alltägliche Erlebnisse sprechen (Zeitungsberichte als Ausgangspunkt) • Informationen einholen und an andere weitergeben (Nachrichten aus aller Welt) • Fachbegriffe verwenden (Oberbegriffe aus der Computerwelt) • Merkmale mündlicher und schriftlicher Sprache benennen (Interview, Bericht, Unterhaltung) • den richtigen Gebrauch der Sprechsprache üben • auf gute Artikulation achten • auf Tonträger sprechen (Nachrichtensendung für Kinder) • ein Hörspiel aufnehmen	• Stichpunkte notieren und verwenden (Infowand Fernsehen/Fernsehplan) • Informationsquellen nutzen • aus Stichpunkten einen zusammenhängenden Text formulieren • zu Texten schreiben (Rezension Lieblingssendung, E-Mails austauschen)/auf Texte antworten: Brieffreundschaften im Internet • den Computer als Schreib- und Überarbeitungsinstrument nutzen • einfache Überarbeitungsstrategien: Genauigkeit, Reihenfolge, wörtliche Rede, Nachvollziehbarkeit • ein Drehbuch für ein Hörspiel schreiben	• Fehler durch Nachschlagen im Wörterbuch berichtigen • in einem Text Mitsprech-, Nachdenk- und Merkwörter unterscheiden • Wörter strukturieren: in Sprech-/Schreibsilben zerlegen • Fremdwörter: Fachbegriffe aus der Computer-Sprache	• 3. Beweis für Tunwörter • Zeitbezüge auf verschiedene Weise sprachlich ausdrücken: Zeitangaben, Veränderung des Tunworts in der 1. und 2. Vergangenheit • Fachbegriffe: Gegenwart, 1./2. Vergangenheit • Endbausteine bei Verben (Verbindung zum Bereich „Richtig schreiben") • Zeitformen der unregelmäßigen Verben üben	**Medien** • Computerlied S. 47 • Elektronische Post S. 48/49 • Computer S. 50/51 • Hans, der Hacker S. 50/51 • Kinder machen Radio S. 52/53 • Donald Duck S. 54/55

* Die angegebenen Seiten beziehen sich auf Das Auer Lesebuch 3.

	Sprechen und Gespräche führen	Für sich und andere schreiben – Texte verfassen	Für sich und andere schreiben – Richtig schreiben (S. 84–127)	Sprache untersuchen	Lesen und mit Literatur umgehen*
Werbung weckt Wünsche (S. 28–35)	• Merkmale mündlicher und schriftlicher Sprache benennen (mit Werbesprüchen in Aktion treten) • den richtigen Gebrauch der Sprechsprache üben • auf gute Artikulation achten (Atemtechnik) • auf Tonträger sprechen • kurze Szenen zu Spielfiguren entwickeln und gestalten • Gegenstände treffend beschreiben (Wiewörter)	• einen Text planen, dabei Absicht und Adressat berücksichtigen (Werbetexte) • erfundene Geschichten unterhaltsam aufschreiben (wörtliche Rede/treffende Wörter) • einfache Überarbeitungsstrategien anwenden (Reihenfolge, Verständlichkeit, Sätze umstellen, treffende [Wie]wörter)	• Lautqualitäten unterscheiden (betonte Selbstlaute) • Wörter nach Sprechsilben und orthographischer Schreibweise trennen • Strategien erkennen und anwenden: Wörter mit doppeltem Mitlaut; Wörter mit tz, ck	• sprachliche Äußerungen im Zusammenhang mit Mimik, Gestik und Intonation untersuchen • unterschiedliche Möglichkeiten, Aufforderungen auszudrücken • Wortbildungsmöglichkeiten durch Zusammensetzungen: zusammengesetzte Wiewörter • situationsbezogene Wortfelder erarbeiten und Möglichkeiten treffender Versprachlichung erproben (Wortfeld sagen) • wörtliche Rede als Gestaltungsmittel kennen und situationsgemäß verwenden (Redebegleitsatz) • Fachbegriffe: wörtliche Rede, Begleitsatz	**Werbung weckt Wünsche** • Werbefernsehen/Werbung S. 59 • Die Spaghettifrau S. 60–62 • Keiner auf der Welt S. 63 • Das Sams kauft ein S. 64/65
Typisch Mädchen? Typisch Junge? (S. 36–43)	• Gesprächsbeiträge aufnehmen und weiterführen (Umfragen durchführen und auswerten) • Sprachkonventionen erlernen und anwenden (Auskunft einholen) • Gesprächsregeln weiterentwickeln und anwenden (zuhören, nachfragen, Stellung nehmen) • Möglichkeiten erproben, Konflikte sprachlich auszutragen (andere Meinung gelten lassen, passende Sprachmuster kennen und verwenden); Lösungen diskutieren, begründen	• Schreibsituationen nutzen und Gestaltungsideen entwickeln • Stichpunkte notieren und verwenden (ein Klassenzimmer für Jungen und Mädchen) • Freie Texte (Ich bin verletzt, wenn …) • Meinungen äußern (Schülerzeitung) • sich über das Textverständnis mündlich und schriftlich austauschen	• Wortbausteine erkennen und als Hilfe für das Richtigschreiben nutzen (-ig, -lich, -ung, -heit, -keit, ver-, vor-) • Strategien erkennen und anwenden: Großschreibung von abstrakten Namenwörtern • Wörter mit orthographischen Merkstellen erarbeiten, einprägen und anwenden (Wörter mit h nach langem Selbstlaut) • Strategien erkennen und anwenden: Verlängern von Wörtern (silbentrennendes h) • Besonderheiten entdecken • Strategien erkennen und anwenden: der i-Laut in der Schreibweise ie	• die Kenntnisse über das Namenwort auf Abstrakta übertragen (Gefühle, Zeit, Ereignis), Beweise für Namenwörter wiederholen • unterschiedliche Möglichkeiten vergleichen, Aufforderungen auszudrücken (Sprache kann verletzen) • die bedeutungsgebende bzw. -ändernde Funktion von Nachsilben (-ung, -heit, -keit) erproben und kennen (Verbindung zum Bereich „Richtig schreiben")	**Verschieden sein ist normal** • Rosalinde hat Gedanken im Kopf S. 90–92 • Starke Kinder S. 93 • Löwenzahn und Seidenpfote S. 94–97
Feuer – Erde – Wasser – Luft (S. 44–51)	• Sachzusammenhänge begrifflich klar darstellen, Fachbegriffe verwenden • Gesprächsbeiträge aufnehmen und weiterführen (nachfragen, zu Gehörtem Fragen stellen, …) • Sprache spielerisch umsetzen (Bewegung, Stimme, Musik) • auf gute Artikulation achten	• Sichtpunkte notieren und verwenden (Gedankenplan) • in kreativitätsanregenden Situationen schreiben (ein Leporello zu den vier Elementen basteln) • freie Texte (Leben in der Steinzeit) • Sachtexte über Vorgänge nach genauer Beobachtung verständlich verfassen, Begründungen • einfache Überarbeitungsstrategien anwenden (Nachvollziehbarkeit) • Infoquellen nutzen • kreative Schreibspiele (Rondeau – ein Gedicht nach Bauplan verfassen)	• Sätze sicher aufschreiben • Fehler berichtigen • mit dem Wörterbuch umgehen • Strategien erkennen und anwenden (Verlängern, Ableitungen, Wortbausteine, Trennen in Schreibsilben, Grundform suchen) • Merkwörter üben • Wörter strukturieren (Schreibsilben)	• situationsbezogene Wortfelder erarbeiten und Möglichkeiten treffender Versprachlichung erproben (Wasserwörter – Feuerwörter) • die bedeutungsgebende bzw. -ändernde Funktion von Vorsilben (ver-, vor-, …) erproben und kennen, neue Wörter bilden, in Sätzen verwenden	**Feuer und Licht** • Der Sonnengesang des heiligen Franziskus S. 121 • Prometheus S. 122/123 • Wie das Feuer auf die Erde kam S. 124 • Der Griff nach dem Feuer S. 125 • Der Drache S. 126–129 • Das Feuer S. 130 • Feurige Tiere S. 131

* Die angegebenen Seiten beziehen sich auf Das Auer Lesebuch 3.

	Sprechen und Gespräche führen	Für sich und andere schreiben – Texte verfassen	Für sich und andere schreiben – Richtig schreiben (S. 84–127)	Sprache untersuchen	Lesen und mit Literatur umgehen*
Unser Ort – früher und heute (S. 52–59)	• Interessant und spannend erzählen (Stichpunkte, Begründungen) • Geschichten gemeinsam erfinden (Wie unser Ort entstanden ist) • Gestaltungsmittel erproben (Betonung, Sprechtempo, Mimik, Gestik bei einer Rede beachten) • Unterschiede zwischen gesprochener und geschriebener Sprache erkennen (2. Vergangenheit) • Fragen formulieren	• einen Text planen und Absicht und Adressat berücksichtigen • Erkenntnisse aus vorhergehenden Textüberarbeitungen einbeziehen • Informationsquellen nutzen • Stichpunkte notieren und verwenden • erfundene Geschichten unterhaltsam aufschreiben (ein Märchen fortsetzen) • sprachliche und gestalterische Mittel bewusst gebrauchen (sich für eine Zeitstufe entscheiden – Gegenwart/2. Vergangenheit)	• mit dem Wörterbuch und Wörtersammlungen umgehen • Fehler berichten (Nachschlagen) • Wörter durch Nachschlagen im Wörterbuch üben • Zeitformen der unregelmäßigen Verben üben • Sätze sicher aufschreiben • Strategie: Verlängern durch Bilden der Grundform bei Verben, Wortstamm markieren)	• Möglichkeiten kennen, Zeitbezüge sprachlich auszudrücken (Veränderungen des Tunworts kennen und richtig gebrauchen) • Zeitformen der unregelmäßigen Verben üben	**Aus alter Zeit** • Das Karussell S. 133 • Urgroßmutter erzählt S. 134/135 • Unser Schulmuseum S. 138/139 • Große Wäsche S. 140/141 • Der Wasservogel S. 176/177
Das macht uns zusammen Spaß (S. 60–67)	• über Erfahrungen zunehmend zuhörerbezogen sprechen • Gesprächsbeiträge aufnehmen und weiterführen • Gestaltungsmittel erproben (Körpersprache – Mimik und Gestik einsetzen)	• einen Text planen und Absicht und Adressat berücksichtigen • zu Texten schreiben, auf Texte antworten (Briefwechsel mit anderen Schulen – auch E-Mail) • sprachliche und gestalterische Mittel bewusst gebrauchen • Erkenntnisse aus vorhergehenden Textüberarbeitungen einbeziehen (einen Fremdtext überarbeiten, Korrekturzeichen verstehen) • sich über das Textverständnis mündlich und schriftlich austauschen • einfache Überarbeitungsstrategien anwenden	• Wörter mit orthographischen Merkstellen erarbeiten, einprägen und anwenden: langes i, doch kein ie • Wörter, Sinnschritte und Sätze sicher aufschreiben • mit dem Wörterbuch umgehen • Fehler berichten durch Vergleichen mit der Vorlage	• Beispiele für verschiedene sprachliche Symbolsysteme finden, erproben und werten (Blindensprache, Gebärdensprache, Fingeralphabet) • sprachliche Äußerungen im Zusammenhang mit Mimik, Gestik und Intonation untersuchen • mit Satzgliedern experimentieren und die Wirkung der Umstellung erkunden (Umstellprobe, Sätze verkürzen, Klangprobe)	**Verschieden sein ist normal** • Das Lied vom Anderswerden S. 85 • Gökan hat Mut S. 86/87 • In einem fremden Land S. 88/89 • Blinde Kinder S. 98/99 • Ein Arm für Jennifer S. 100/101 • Ein Freund ist jemand ... S. 102/103
Mit dem Fahrrad unterwegs (S. 68–75)	• Geschichten gemeinsam erfinden (zu Bildern – Familienausflug – erzählen) • Informationen durch Befragen und Nachfragen einholen und an andere weitergeben (Fachbegriffe verwenden)	• Stichpunkte notieren und verwenden (Thema „Fahrrad") • Sachtexte verständlich verfassen (die Geschichte des Fahrrads) • Texte für sich und andere gestalten (Plakatwand „Umweltfreundliches Fahrrad") • in kreativitätsanregenden Situationen schreiben (Fantasiegeschichte, Reiseerlebnis mit dem Fahrrad der Zukunft) • sich über das Textverständnis mündlich und schriftlich austauschen (inhaltliche Genauigkeit, formale Richtigkeit) • einfache Überarbeitungsstrategien anwenden (Leserfreundlichkeit)	• Wortzusammensetzungen erkennen und für das Richtigschreiben auswerten: Wörter mit Fugen-s, Zusammentreffen gleicher Buchstaben • Wortbausteine erkennen und als Hilfe für das Richtigschreiben nutzen: Wortstamm • mit dem Wörterbuch umgehen (Zusammensetzungen erkennen) • Strategien anwenden: Wörtersteckbriefe erstellen (Besonderheiten kommentieren)	• Wortbildungsmöglichkeiten durch Zusammensetzungen erproben und nutzen (Verbindungsbuchstaben, Fugen-s) • Wortfamilien zusammenstellen und nach dem Stammprinzip schreiben lernen • Satzteile zusammensetzen (Sinnbezug)	**Fahrrad fahren** • Ich und mein Fahrrad S. 161 • Das Rad S. 162/163 • Wer erfand das Fahrrad? S. 164/165 • Der kleine Tiger braucht ein Fahrrad S. 166/167 • Wie der Radweg zu seinem Namen kam S. 168/169 • Mai Rod/Mein Rad S. 170 • Da lacht ein Fahrrad S. 171

* Die angegebenen Seiten beziehen sich auf Das Auer Lesebuch 3.

	Sprechen und Gespräche führen	Für sich und andere schreiben – Texte verfassen	Für sich und andere schreiben – Richtig schreiben (S. 84–127)	Sprache untersuchen	Lesen und mit Literatur umgehen*
Ein Pausenhof nach Wunsch (S. 76–83)	• Gesprächsbeiträge aufnehmen und weiterführen (Ideen für den Traum-Pausenhof, Arbeitsergebnisse der Gruppen vorstellen) • Gesprächs- und Arbeitsregeln weiterentwickeln und anwenden	• einen Text planen und den Adressaten berücksichtigen (Einladung an den Bürgermeister) • Anliegen, Wünsche und Meinungen äußern und begründen • verschiedene Schreibsituationen nutzen und gestalten (Kartei: Turnübungen mit der Zeitung) • in kreativitätsanregenden Situationen schreiben (fantastische Pausengeschichte nach Bildern) • sich über das Textverständnis mündlich und schriftlich austauschen (Geschichten gemeinsam überarbeiten) • einfache Überarbeitungsstrategien anwenden (wörtliche Rede, Spannung, treffende Wörter, …)	• Großschreibung von Anredefürwörtern der Höflichkeitsform • Wörter mit orthographischen Merkstellen: Wörter mit ß, Fremdwörter • Wortbausteine als Hilfe für das Richtigschreiben nutzen (be-, vor-, ab-) • Wiederholung: Teststrecke „Richtig schreiben"	• Situationsbezogene Wortfelder erarbeiten („gehen") • mit Satzgliedern experimentieren und die Wirkung der Umstellung erkunden, Sätze wachsen lassen, Sätze kürzen) • Satzgegenstand und Satzaussage bestimmen und in ihrer Funktion erkennen, Satzaussage im Aussagesatz an 2. Stelle	**Freunde? Freunde!** • Ein Freund ist jemand … S. 102/103 • Neben mir ist noch Platz S. 104/105 • Elvira ist prima S. 106 • Lückenbüßer S. 106 • Sonderbar S. 107 • Freunde S. 108/109 • Angst und Mut S. 110/111

* Die angegebenen Seiten beziehen sich auf Das Auer Lesebuch 3.

Attraktive Lehrwerke von Auer!

Schülerbücher
vierfarbig, mit flexiblem, abwaschbarem Einband

1./2. Jahrgangsstufe
136 S., 19 × 26 cm
Best.-Nr. **3263**

3. Jahrgangsstufe
128 S., 19 × 26 cm
Best.-Nr. **3266**

4. Jahrgangsstufe
128 S., 19 × 26 cm
Best.-Nr. **3269**

Lehrerhandbücher
Mit Kopiervorlagen

1./2. Jahrgangsstufe
160 S., DIN A4, kart.
Best.-Nr. **3265**

3. Jahrgangsstufe
168 S., DIN A4, kart.
Best.-Nr. **3268**

4. Jahrgangsstufe
Ca. 160 S., DIN A4, kart.
Best.-Nr. **3271**

Schülerbücher
vierfarbig illustriert, gebunden

2. Jahrgangsstufe
164 S., 19 × 26 cm
Best.-Nr. **3272**

Jedem Lesebuch liegt bei:
Der Auer Lesepass
2. Jahrgangsstufe
4 S., DIN A5   Best.-Nr. **3557**

Der Auer Lesepfeil
Best.-Nr. **8031**

„Der Auer Lesepass" und „Der Auer Lesepfeil" werden jedem Lesebuch der 2. Jahrgangsstufe gratis beigelegt. Sollten Sie weitere Exemplare benötigen, können Sie diese mit den zugehörigen Bestellnummern kostenlos nachbestellen.

Das Auer Sprachheft

1./2. Jahrgangsstufe
40 S., DIN A4, kart.
Best.-Nr. **3463**

3. Jahrgangsstufe
48 S., DIN A4, kart.
Best.-Nr. **3464**

4. Jahrgangsstufe
Ca. 48 S., DIN A4, kart.
Best.-Nr. **3465**

Das Auer Rechtschreibheft

1./2. Jahrgangsstufe
44 S., DIN A4, kart.

Im Preis inbegriffen: DIN-A5-Heft zum Üben des GWS (68 S.):
- für **Rechtshänder**
  Best.-Nr. **3264**
oder
- für **Linkshänder**
  Best.-Nr. **3488**

3. Jahrgangsstufe
48 S., DIN A4, kart.
Best.-Nr. **3267**

Inkl. „Mein Gewusst-wie-Heft":
DIN-A5-Heft zum Üben des GWS mit Hilfe von Rechtschreibstrategien (68 S.)

4. Jahrgangsstufe
48 S., DIN A4, kart.
Best.-Nr. **3270**

3. Jahrgangsstufe
192 S., 19 × 26 cm
Best.-Nr. **3274**

Lehrerhandbücher
mit Kopiervorlagen

2. Jahrgangsstufe
88 S., DIN A4, kart.
Best.-Nr. **3273**

3. Jahrgangsstufe
Ca. 88 S., DIN A4, kart.
Best.-Nr. **3275**

Auer BESTELLCOUPON

Ja, bitte senden Sie mir/uns

___ Expl. _____ Best.-Nr. _____
___ Expl. _____ Best.-Nr. _____
___ Expl. _____ Best.-Nr. _____
___ Expl. _____ Best.-Nr. _____
___ Expl. _____ Best.-Nr. _____
___ Expl. _____ Best.-Nr. _____
___ Expl. _____ Best.-Nr. _____
___ Expl. _____ Best.-Nr. _____

mit Rechnung zu.

Bitte kopieren und einsenden an:

**Auer Versandbuchhandlung
Postfach 11 52
86601 Donauwörth**

Meine Anschrift lautet:

Name/Vorname

Straße

PLZ/Ort

Datum/Unterschrift

Rund um die Uhr bequem bestellen!
Telefon: 01 80 / 5 34 36 17
Fax: 09 06 / 7 31 78
E-Mail: info@auer-verlag.de